【新装版】京都の歴史を足元からさぐる

丹後・丹波・乙訓の巻

森浩一——著
［協力］高野陽子＋三浦到

学生社

ぼくが大学生のときに古代学を提唱しだした。
そのころ父の於菟《おと》次郎《じろう》がぼくの編集していた雑誌の表紙に書いてくれた。
自由奔放な姿は今のぼくの理想である。

新装版　再刊に寄せて

同志社女子大学名誉教授　森　淑子

夫・森浩一が七十歳代の半ばから八十歳代にかけて取り組んだ『京都の歴史を足元からさぐる』シリーズが新装版として再刊されることになり、大変うれしく思います。

夫は人工透析の治療を受けるようになって、それまでのように遠方まで赴くことが難しくなりました。かつて訪ねた地であっても、文章に書く以上は、現状を自分の眼で確かめたい。それができるのは京都だ、ということで、長年住んでいながらあまり文章に書いてこなかった京都を対象に選んだのです。

夫が体調を崩したころ、私は大学の教員を定年退職しました。専門は全く違う分野で、在職中は「あなたはあなた、私は私」という夫婦でした。新婚旅行と中国への団体旅行しか一緒に旅したことはありませんでしたが、夫が京都の調査に私を誘ったのは、自分の仕事を見せたい気持ちもあったのでしょう。夫の解説を聞きながら遺跡や社寺を巡るのは、歴史に疎い私にも面白い体験でした。

嵯峨野の落柿舎では、松尾芭蕉が滞在した四畳半の部屋を訪ねて夫が俳句を詠みました（「嵯峨・嵐山・花園・松尾の巻」所収）。親しかった作家の金達寿さんに「俳句を作るな」と言われていたそうですが、「自分の本だから芭蕉の句と並べて書ける」と愉快そうでした。上醍醐を訪れた折は、弱った脚が山道で音を上げて、教え子の鋤柄俊夫さんと地元の方に両脇から支えられ下山しました。「疲れたけど、今日は行けて良かった」と喜んでいたのを思い出します。

目的地に着いて車を降りると、「この空気を昔の人も吸ったんだ」と感激する。そんなロマンチックな一面が夫にあることに気付きました。地元の資料館など行ける範囲はとにかく回る熱心さも。「洛北・上京・山科の巻」の「はじめに」にも書いていますが、執筆中に二階の書斎から降りてきて「こんなことが分かった、七十歳まで生きてきてよかった」と、とてもうれしそうに話していたのも忘れられません。

これも「丹後・丹波・乙訓の巻」の「はじめに」にありますが、偶然乗ったタクシーの運転手さんに「京都の本、次はいつ出ますか」と尋ねられ、とても喜んでいました。若い研究者からも「そこかしこに考えさせる材料がちりばめられている」との感想をいただきました。今回は軽装となるので、いろいろな方にご活用いただけるよう願っています。再刊を一番喜んでいるのは浩一だと思います。ご尽力くださった皆さまに心より感謝を申し上げます。

はじめに

日本列島の歴史、いいかえれば人々の生きざまの特徴は、地域ともいうべき単位の果たした役割の大きさである。これらの地域は、律令体制での国や郡となって一つの到達点に達したとみられるが、郡の下に位置づけられた郷の地名としても、名残をとどめていることもある。

太平洋戦争が終ってかなりの間は、都のあったヤマトや京都の役割を過大に評価し、ヤマトと京都以外には歴史を動かすほどの力は乏しかったとして、各地域を「地方」という優劣の意識をもって切り捨てようとしたこともあった。悪しきヤマト中心主義である。

ある古代史の学者と対談をしたとき、たしかにヤマトや京都の歴史の個所では精力的に発言された。しかし話題が九州の隼人や関東・東北の蝦夷《えみし》に移ると口を閉ざしてしまい、考古学徒のぼくが専《もっぱ》ら問題点を説明し続けたことがある。このような傾向は、多くの古代史学者に共通してみうけられた。

この場合、ぼくは考古学徒ではあるけれども、少し説明がいる。太平洋戦争に敗れたあと、しばらくたった昭和二四年（一九四九）に、関西の若者たちが発行をはじめた雑誌の名を「古代学研究」とし、会の名も古代学研究会とした。古代学という言葉を口に出した最初であろう。

その頃ぼくたちは、考古資料だけで古代史を考えては弱すぎるし、文献の資料（史料）だけで古代史を考えても同様であるとみなし、両方の資料を総合して考察することを努力目標としたのである。もちろん、それぞれ得意分野があるのは当然だが、二つの資料を総合することを理想としたのである。

古代学を研究実践の努力目標とした頃、ヤマトや京都だけではなく、さまざまの地域の歴史に取組むことも、別の努力目標にしはじめた。地域史であり、地域学ともよばれるようになった。三世紀の『魏志』倭人伝にも、倭地である日本列島、少なくとも北西九州では対馬や壱岐のような地域を重視、あるいは単位として描写しているではないか。このような地域重視の姿勢は、記紀神話の冒頭部分にも強くあらわれている。

そこでまず昭和五二年（一九七七）一月から、当時発行されていた雑誌の『歴史と人物』に「考古学西から東から」の連載を始めた。心がけたのは、どの都道府県でも同じ分量で書くことであり、ぼく自身も各地域の特色の一端をとらえることができた。この連載はのち「中公文庫」となった。

その頃から富山市での一〇年におよんでの「日本海文化を考える富山シンポジウム」が始まり、現在もつづいている「春日井シンポジウム」などの実践をつづけた。春日井市では途中から東海学の創造をめざすという目標も現れだした。

このように、五十歳になってからのぼくは、古代学という目標をかかげながら、各地の地域学の創出に取組んでいくことで、東アジア史のなかでの日本の歴史的特色を、見出すことに努めだした。

昭和四一年（一九六六）八月に、大阪府の狭山（当時は南河内郡）から家を移って、京都の住人となった。京都へは敗戦の翌年に同志社大学の予科に入学し、大学院が終了するまでの十年ほど大阪から通学した。その間余暇を見つけて遺跡や寺院の探訪にも努めた。このように京都での生活は半世紀をこした。

正直いって、ぼくは天皇や貴族の生活にはあまり関心をもてなかった。少なくとも自分で研究しようとは思わない。関心というよりも、それらの研究に時間を費やす気持にはならなかった。そのこともあって各地の地域史を始めても地域学として京都を見る情熱がわかなかった。

十年ほど前に急に腎不全と心臓を患い、二回の入院のあと病院通いの生活が始まった。それにともない、三日以上の旅が不可能となり、今までのように頻繁に各地域を訪れることを中断せざるをえなくなった。

自分に残された時間、何をすべきか。ふと考えると、京都なら長旅をしなくても出かけることができる。それと天皇や貴族のことだけではなく、京都人の果たした歴史的役割を自分なりに見なおすことはできそうである。

それとぼくには悠長な時間はなさそうである。

細かく丁寧に調べることより、京都の地域の問題点を大づかみすることが大切だと考えて始めた。これが『京都の歴史を足元からさぐる』のシリーズであった。

幸い、一冊めから五冊めは、思ったより短時間で刊行できた。何度かは夢のなかで、未解決のことがさらさらと解け、深夜に起きだして書きあげたことがあった。健康なときにはなかった経験である。

それと励ましになったのは、タクシーに乗っていると、初めて会ったドライバーが〝京都の本、次はいつ出ますか〟と聞いてくれる。驚いて問い直すと〝普通のガイドブックにないことが書いてあるので嬉しいのです〟この一言は、どんな書評よりも有難かった。また、知らない初老の女性が自転車でわが家を訪れ、本に署名を求められたこともあった。

今回、丹波と丹後に住む高野陽子さんと三浦到君の協力をえて「丹後・丹波・乙訓《おとくに》の巻」を刊行できたし、丹後郷土資料館の吹田直子さんにも、雪舟の描いた国宝「天橋立図」の歴史的背景の解説をしてもらった。

それにしても、今までの京都はつい平安京のあった山城に重点がおかれていたが、丹後と丹波を加えることによって大地域（仮称、城丹地域）としての壮大な役割の一端、あるいはそれを解くための問題点が現れてきた。正直いって、今までにぼくが手がけた地域史のなかで、もっとも強烈に訴えかけてきたのが、丹後、丹波、乙訓におよぶ大地域であった。読者もこの地域の重要さを感得してもらえるならば、筆者として至上の幸せである。

二〇一〇年四月一二日

森　浩　一

京都の歴史を足元からさぐる［丹後・丹波・乙訓の巻］——目次

第3章　交流と生産、主に生産篇

第4章　交流と生産、主に交流篇

第5章　丹後・丹波・乙訓の弥生時代　高野陽子

第6章　乙訓・丹波・丹後の古墳時代

三浦　到

第7章　社と寺、名勝そのほか

第8章　山城の外港、山崎津

［編集部注　新装版にあたって初版の口絵を割愛した。］

第1章　地域史としてこの範囲に挑むために

ぼくの研究歴を回顧すると、中年をすぎるころから日本列島史に対峙するとき地域史を意識しだした。このシリーズはほぼその到達点に近い。

丹波地方と弟国《おとくに》とを結ぶ

これまでの五冊が、京都を理解するために工夫し細分化した地域、という一面があったとするならば、今回一冊にまとめようとしている範囲、つまり西山城（弟国）と丹波・丹後を一つの地域としてみることができるかどうか、の検討からはじめる必要があるだろう。それを深めるため、キーワードのおさらいというか、軽い頭の体操からはじめよう。

対象とした地域のうちの西山城は、律令体制での乙訓郡《おとくに》である。「オトクニ」はその発音がいみじくも伝えているように、記紀での表記は「弟国」である。

新王朝の始祖といわれるヲホド王（継体天皇）が越《こし》から南下して最初に都としたのが北河内の樟葉宮《くすは》で、つぎに都としたのが南山城《やましろ》（背・代）の筒城《つつき》であり、三番めに都としたのが山背《やましろ》の弟国《おとくに》だった（『日本書紀』）。

樟葉、筒城、弟国はいずれも重要な歴史的地名で、律令体制下では筒城は綴喜郡として郡の名となり、樟葉は葛葉郷として郷の名となっている。それにたいして弟国は、ずばりと国のつく地名であって郡名となった。

『北野・紫野・洛中の巻』では山背の北部に久我国のあったことを述べ、『宇治・筒木・相楽の巻』では山背の南部に古く岡田国とよばれた小地域のあったことも述べた。西山城にも弟国という古い小地域があったとみられ問題をなげかける。

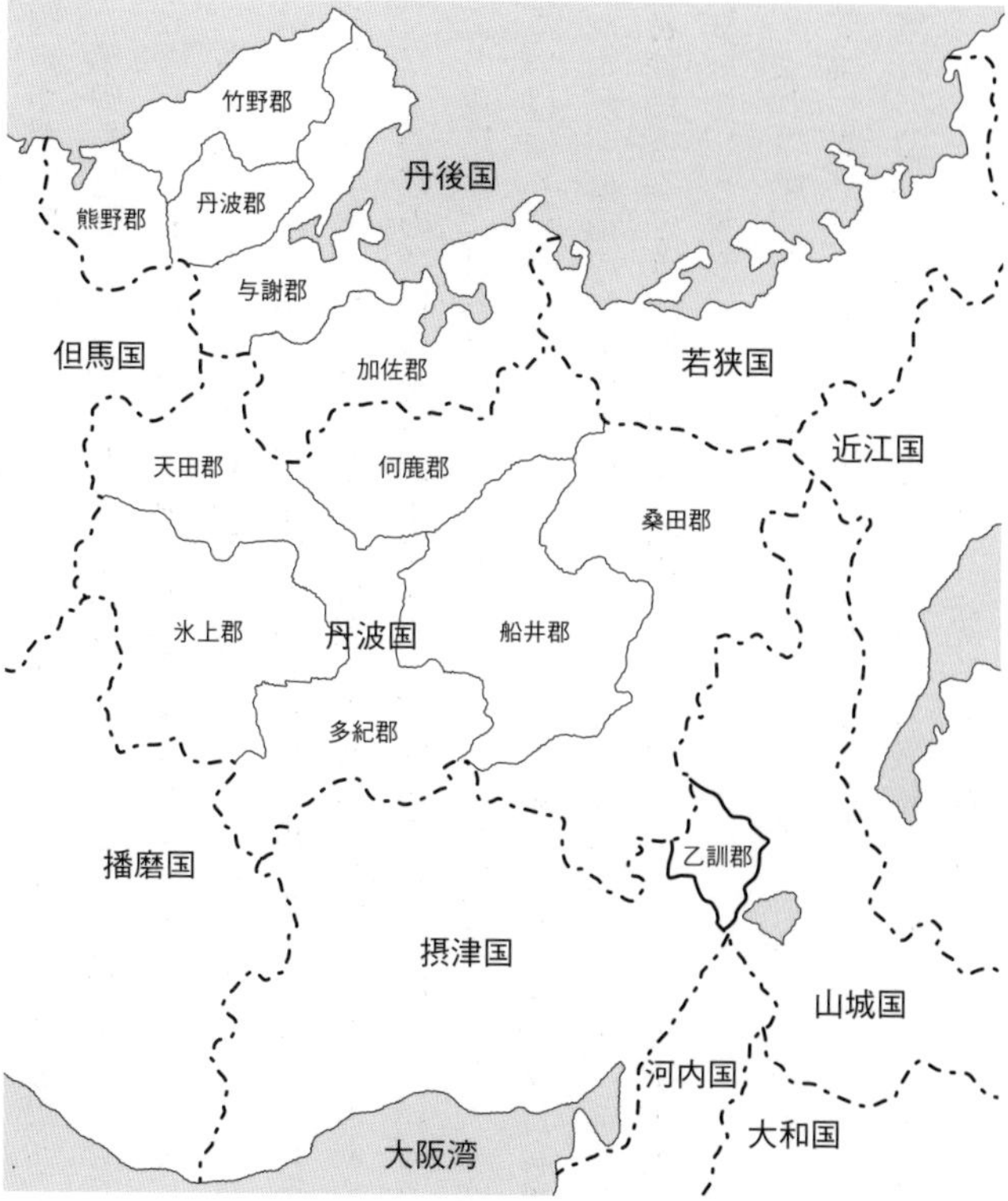

丹後国と丹波国の郡および山城国乙訓郡

弟国は記紀にでているだけではなく、長岡京域の一九八〇年の発掘で「弟国」の墨書のある八世紀初頭ごろの須恵器が出土していることからも、実際に用いられていた地域名であることがわかる。出土地点は長岡第十小学校のある地点である。

一九八一年には藤原宮跡から「弟国評鞆岡三」の木簡が出土している（『木簡研究』第三号）。鞆《とも》岡《おか》は『和名抄』での乙訓郡にある郷名だから、この弟国《おとくにの》評《こおり》は乙訓郡の古い表記であることは明らかである。なお『枕草子』の「岡は」の項に、船岡、片岡のつぎに鞆岡がでている。平安時代にもよく知られた地名だった。

弟国を葛野《かどの》から分離したと想定して、兄国《えのくに》である葛野（またはより東方の愛宕）にたいしての弟国ととらえられないかという見方もあるようだが、葛野や愛宕を兄国とよんだ証拠（史料）はない。

さきほど、継体は二番めの都の筒城から淀川の北（右）岸の弟国に都を遷したと述べた。これは淀川の上流である木津川左岸の筒城から、古山陰道を通って場所を北方へ変えたのである。このことはヤマトから遠くなり、丹波と丹後に近づいたことでもある。

二つの都の共通点を見出すとなると、陸路での古山陰道で結ばれていることがまず指摘できる。この道筋は『日本書紀』の垂仁天皇の段に、丹波道主王《たんばのみちぬしおう》の五人の娘たちがヤマトに行ったり、あるいは帰りに通ったところである。五人の娘のうち、ヒバス（日葉酢）媛《ひめ》は垂仁天皇の皇后になったが、姿形の醜い竹野媛《ひめ》は本土に帰されることになった。竹野媛はその見《み》（見映）を羞《は》じて、葛野に返るとき〝自ら輿《こし》より堕《お》ちて死んだ。そこでその地を堕国《おちくに》といった。今弟国というは訛《なま》れるなり〟とある。

これは弟国という地名にこじつけた話であるけれども、丹波の豪族とヤマト朝廷が婚姻によって強く結びついていたことがまずわかる。ただしあとでもふれるけれども、垂仁天皇のときに丹波との関係を伝える記事は多く、丹波の豪族が后妃をだした話だけに注目してはいけない。

竹野媛の名から、あとで述べる京丹後市の竹野《たかの》神社（式内社）に隣接して築かれている巨大前方後円墳の神明山古墳のある竹野と関係があるとみられる。竹野は郡や川の名にもなった地名である。なおこの話は『古事記』にもでているが、主人公は美知能宇斯王《みちのうしおう》(道主王)の娘の円野比売《まとのひめ》になっている。

この記紀の伝承にある古山陰道によって、丹波と西山城さらにヤマトが結ばれていたことがわかる。『万葉集』ではこの道のことを「丹波道」とよんでいた(三〇七一)。

一六世紀のことだが、丹波で謀反の意思を固めた明智光秀が山城へと南下してくるのも、この古山陰道によってであるし、織田信長を殺したあと光秀が拠点とするのは、のちに述べる乙訓(弟国)にあった勝竜寺城であった。さらに光秀が豊臣秀吉軍との決戦の場としたのが乙訓の山崎だった。摂津との国境にある山崎については、すぐ後で述べる。

このように継体の都が置かれた筒城と弟国の陸上交通での共通点をまずみたが、もう一つの重要な共通点がある。それはどちらも淀川水系に臨んだ潟ということである。

樟葉宮のある枚方《ひらかた》は、淀川の辺の潟のあった土地としての「ヒラカタ・平潟」からできた地名とぼくはみている。『宇治・筒木・相楽の巻』で述べたことだが、筒城の宮も木津川左岸にあった潟状地形(江町《えのまち》の地名にのこる「江」)の近くにあったとみている。大河の辺の潟状地形は、人工的な工事の手を加えると、よい舟溜《ふなどま》りとなる。

弟国宮も、あとに述べるように淀川右岸にあった潟状地形の北方にあったと、ぼくは推定している。このように筒木と弟国のもう一つの共通点は淀川水系ぞいにあることである。

旦波という地域

淀川水系での結びつきは、南山城と西山城との関係だけではない。丹波国南部の桑田と船井地方は淀川の上流の保津川水系にある。保津川は山城へ入って桂川となり、宇治川・鴨川・木津川と合一して淀川となる。このように丹波の桑田と船井は水系では淀川水系であり、乙訓や葛野の西部と結ばれている。

桑田郡は明治一二年に南桑田郡と北桑田郡になったが、それまでの桑田郡は南北五〇キロにもおよび、北は若狭国と接する大きな郡だった。桑田の重要性については丹波の国府や国分寺があっただけではない。これもあとで述べるように、継体王朝の誕生前史として見落とせないことだが、まず倭国王の候補として見出されたのが、仲哀天皇の五世の子孫という倭彦《やまとひこ》王が丹波国の桑田郡にいたことである。

桑田の主邑については、垂仁紀では「丹波国桑田村」としている。『日本書紀』など古典での「村」の使われ方については、今までにたびたび指摘したように、農村としての「村」ではなく〝有力なマチ〟の意味がある。亀山とよばれたことのある、今日の亀岡市（もとの南桑田郡）のあたりのことであろう。

今は頭の体操をつづけているのだが、先ほどあげた『古事記』の垂仁天皇の段では、道主王について初出は「旦波比古多多須美智宇斯王《たにわのひこたたすみちのうしの》」としている。〝丹波彦糺道主王〟のことである。ここで注目してよいのは丹波のことを旦波としていることである。

旦波の表記は『古事記』だけではなく、藤原宮出土の木簡でも使われている。「旦波国竹野評鳥取里大贄布奈《おおにえのふな》」がその一例である。この木簡では国名の表記が古いだけでなく、郡を評としていて藤原宮木簡と平城宮木簡の時代の違いをよく示している。大贄《おおにえ》の布奈は鮒のことであろう。このほか飛鳥浄御原《きよみはら》宮跡からも「旦波国多貴評草□（表）里漢人マ波知田（裏）」の木簡が出土している。多紀郡の草上里のことだろう。

　これもいままでにたびたびふれたことだが、七世紀とそれ以前には漢字一つで表記する地名がよく使われ、八世紀になると二つの漢字で表記することが流行し始めた。このことを考えると、今日の京都府北部や兵庫県北部に「旦」とよばれた大地域があった。ところが和銅六年（七一三）に、「丹波国加佐・与佐・丹波・竹野・熊野の五郡を割いてはじめて丹後国を置く」（『続日本紀』）と記されている。この五郡のうち与佐、丹波、竹野の三郡は丹後半島にあり、丹後半島の役割の大きさがわかる。

　ここで正確に頭に刻んでおいてほしいのは、この行政区画の変化によって、丹波郡は丹波国にはなくなり、丹後国に丹波郡があるという奇妙なことが起った。それは丹波郡のことだけではなく、丹波郷も丹波国にはなく丹後国にあるということが生れた。丹波郡の丹波郷については、あとでも検討するけれども、丹波最古級の前方後円墳とみられる湧田山1号墳があり土地の古さを伝えている。

　但馬国の由来については不明の点が多いが、前に丹波氏のことを但波氏と書いた奈良時代の史料を見た記憶があり、但馬も古くは旦馬と表記したかとみられる。このように丹波・丹後・但馬が古くは旦と

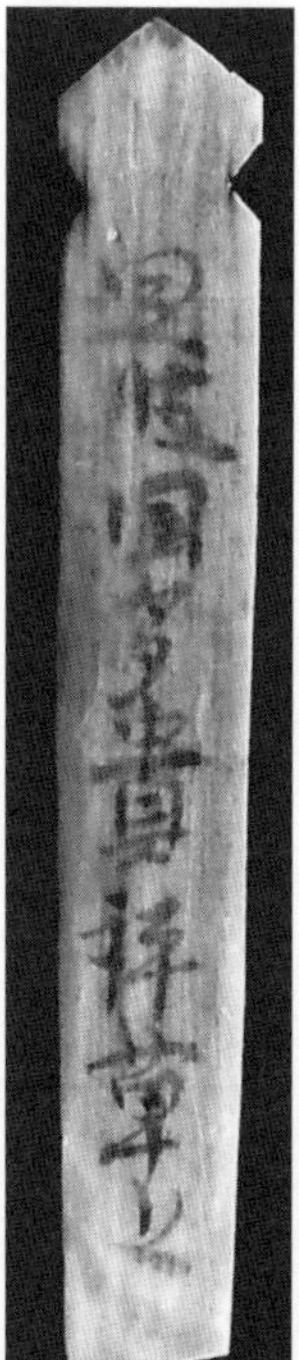

飛鳥浄御原宮跡出土の「旦波国」の木簡（橿原考古学研究所提供）

よばれた大きな地域だったのではないか、とぼくは推測するようになった。おそらく丹後国ができたころに但馬国もできたのであろう。

地元では最近もこれら三国の範囲を〝三丹地方〟ということがある。ぼく流にいえば〝三旦地域〟である。旦とは元旦の旦であり、日の出とか早朝をいう。これもあとで述べることだが、丹後には元伊勢神宮としての豊受《とようけ》大神（伊勢神宮の外宮）のあることも注目してよい。なお旦波には、のちに述べる日下部《くさかべ》氏がいた。この日下もヒノモトともよめ、旦と関係するだろう。

丹は水銀の原料となる丹砂のこと、あかい色を表す語である。地名として旦に丹の字が使われだすのは、意味での近さよりも音が呉音でも漢音でも「タン」だったことによるとみられる。なお地名を二字にするさいに、「波」とか「馬」をつけたことに理由があるのかどうかはまだ深くは考えていない。

これからの記述で、和銅六年以前の広い範囲の丹波については「元の丹波」と表記し、和銅六年以後の丹後国ができてからの丹波国はただ丹波国と書くことにする。この約束事を軽視すると、以後の記述の理解がむずかしくなるだろう。

もう一つ、さきに言っておかねばならないことがある。それは丹波国は、桑田・船井・天田・何鹿《いかるが》・多紀・氷上《ひかみ》の六郡がある。しかしこのうちの多紀郡と氷上郡は、兵庫県になっているので、本書の対象にはしない。

とはいえ、多紀郡には雲部《くもべ》車塚古墳のように丹波国での最大規模の前方後円墳があるし、氷上郡も出雲との関係での重要な土地であるので、必要に応じては参照することにする。なお丹後国には京都府全域、さらには日本海地域で最大規模の前方後円墳が二基あって、その土地の歴史性を的確に把握する必要がある。

以上かなり入り組んだことを述べたが、ぼく自身の記述では丹波国と丹後国に截然と分けるのではなく、元の丹波が歴史上に果した役割の復原に重点をおきたいし、それが記紀の時代、考古学でいう弥生時代や古墳時代の歴史をさぐることにつながるだろう。

丹波の今と昔の生産力

『和名抄』巻五には平安前期の全国の田の面積が記されている。一位は陸奥国の五一四四〇町、二位と三位が常陸国と武蔵国であり、東国の生産力の高さがよく示されている。

ちなみに畿内五カ国の合計も陸奥一国にはおよばない。ところで丹波国一〇六六六町に丹後国四七五六町を合計すると、元の丹波は一五四二二町となり、畿内の周辺では近江や播磨とともに豊かな農業生産力の土地だったのである。

天皇が即位後にはじめて新穀を天照大神や天神・地祇に供える儀式が大嘗祭である。この祭りで用いる新穀を栽培する悠紀《ゆき》国としては近江、主基《すき》国としては丹波と備中がよく卜定《ぼくじょう》された。主基とは「次」のこと、つまり二番めという意味である。

この主基に関連するかとみられる周枳《すき》郷が、丹後国の丹波郡にある。丹波郡は元の丹波のなかでも丹波の地名のあった場所でもあり、心にとめておく必要がある。

延暦二三年（八〇四）にできた『止由気宮儀式帳《とゆけぐう》』には、〃雄略天皇の夢に、天照大神が大御《おおみ》食《け》を安らかにとることができないので、丹波国比治の里の真奈井《まない》原爾坐我御饌《にいますわがみけ》である等由気大神を迎えてほしいと告げ、天皇は丹波から伊勢の山田原に等由気大神を遷し、天照大神の朝夕の御《み》饌《け》（御食）の神にした〟とある。伊勢神宮の外宮である。

この伝承での「丹波国」は元の丹波であり律令体制下では丹後国になる。別の史料ではこの社を与佐（与謝）宮としているが、比治の里は後で述べるように丹波郡にある。この御饌都《みけつ》の社の所在地については後で検討する。それはともかく、この御饌都神の伝承によって、元の丹波が食物の豊富な土地として近畿でみられていたことがわかる。

天照大神が大御食《おおみけ》とした内容については、大嘗祭での悠紀国や主基国が栽培する新穀のこともからんで米だと即断されやすい。だが大御食の中身については縄文人以来の多種類の食材のことを考えると、さらに検討する必要性をおぼえる。

ぼく自身の食生活をふり返っても、毎年丹波の桑田（亀岡）からは秋になると松茸が届く。丹後の網野からは春になるとワカメ、夏にはメロン、秋には大きなナシが届けられてくる。それに錦市場では秋になると丹波の栗を扱う店がたくさんある。栗は縄文時代以来、人々の貴重な食料だった。

立杭焼ともいわれる丹波焼に江戸前期の「朝倉山椒」の壺がある。山椒の加工品（塩漬か味噌漬）を各地に送り出したときの容器である。今日では丹波といえば黒大豆の産地であるし、猪の肉も丹波の産物としてよく知られている。このようにぼくの日常生活の経験では丹波・丹後は豊かな食材の産地である。

『延喜式』の主計寮の項をみると、丹波国の調は各種の織物のほか、中男作物として「胡麻油、蜀椒《なるはじかみ》、平栗子《ひらくりのみ》、搗栗子《かちくりのみ》」があって、平安時代から栗の産地として知られていたことがわかる。蜀椒は『和名抄』では「ナルハジカミ」または「フサハジカミ」と発音し、サンショウの実の加工品である。

平城京の長屋王邸跡からは数万点の木簡が発掘されていて、その一つに「丹波国味田郡曼椒油三斗」がある。味田郡は天田郡のこと、曼椒はイタチハジカミとかホソキとよび、奈良時代には山椒の実から油を作っていたこともわかる。養老の賦役令では調のなかに「曼椒油一合」と規定されている。このように丹波の特産物は平安時代からすでに知られていたのである。

『延喜式』の主計寮の項の丹後国では、調として各種の織物をあげ、中男作物として「胡麻油、烏賊《いか》、雑魚腊《きたい》、海藻《め》」をあげている。海藻は「メ」、今日のワカメを指すが、古代のワカメは若海藻とか稚海藻などの表記で区別していた。ついでに書くと、カイソウ全体をいう場合に、ぼくは海草の字を使っている。木簡に多い「海藻」をカイソウと誤読しないための配慮である。

海藻について面白い木簡がある。長屋王邸跡出土で「丹波国進上若海藻　天平七年三月二十五日」と記されている。若海藻はすでにふれたように「ワカメ」である。

天平七年（七三五）といえば丹波国と丹後国が分れてから二二年もたっている。文面どおりに理解してみると、和銅六年以後の丹波国は海に面していない。墨書にさいしての誤記でなければ、元の丹波から宮中へワカメを進上する仕来りがあって、丹後国が分れたあとも昔からの仕来りでワカメを入手して進上していたのであろうか。ぼくの食の体験からいっても、丹後のワカメは長門国の角《つの》島のワカメとともに抜きんでて美味である。

なお調や庸で公民が負担する品は、必ずしも納入者が生産していたものとは限っていない。それぞれの地域内で交易などで入手して納入したものも含まれているとみられるのは、天平七年の丹波のワカメだけではない。

天女伝承と酒と豊宇賀能売命

伊勢の外宮、つまり豊受大神が元の丹波から遷ってきたという伝承を深めるうえで、『丹後国風土記』の天女伝承は貴重である。

話を要約する。〃丹後国丹波郡、郡家の西北の隅の方に比治里がある。この里の比治山の頂に眞奈井という井がある（今は沼となっている）。この井（泉のこと、森註）に八人の天女が降ってきて水浴をした。それを和奈佐（地名か）という夫婦の老夫《おきな》と老婦《おみな》が見て一人の天女の衣裳《きぬも》をかくした。七人の天女は天に飛び上った。しかし衣裳のない一人の天女は（地上に）留まり、恥ずかしいので身を水にかくしていた。

老夫婦は天女にいった。「自分らには児がいない。天女よ、児になってくれないか」。天女は「衣裳を返してくれたらお言葉に従います」。以上のようなことがあって天女は老夫婦の家に住むことになり、十余年がたった。

この天女には不思議な才能があった。善く酒を醸《か》んで為《つく》った。一杯飲むと万の病が治った。一杯の酒を求めるため財を車に積んで求めに来るほどだった。老夫婦の家は豊かになりその土地も富んだ。いつしか土形《ひぢかた》の里というようになったのが比治の里である。

豊かになった老夫婦は天女に、「汝は吾が児ではない。しばらく仮に住んでいただけだ。早く出て行け」といった。天女は天を仰いで泣いた。天女は家から追い出されて荒塩の村にいたった。

さらに丹波里の哭木村《なき》にいたった。さらに竹野郡船木里の奈具村にいたった。天女は村人に「ここに来て、我が心は奈具志久（おだやか）になった」といってこの村に留った。これが竹野郡の奈具の社に坐《いま》す豊宇賀能売命《とようかのめのみこと》である。〃

この天女伝承で注目すべきことは、まず二つある。それは豊受大神とは売命《めのみこと》、つまり女神であることと、良い酒を醸《かも》す（造る）ことのできた天女であるということである。先ほどもいったことだが、天照大神が近くに来てほしいと願った御饌《みけ》の神とは、酒造りに長《た》けた神なのである。

竹野郡船木里は中世にも船木庄とよばれ、いまも大字名としての船木がある。平城宮出土の木簡に「丹後国竹野郡舟木郷生ア須□□斗」があるが『和名抄』には舟木郷はない。人名の生アは生部のこと、「生」は太（多）氏の太（多）に同じあるいは大生部の略記か、発音は「おお（またはおおし）べ」であろう。

「御神酒《おみき》あがらぬ神はない」という諺があるように、日本の神はお酒が大好きである。これは神だけでなく、『魏志』倭人伝に倭人は「人性《ひとせい》酒を嗜《たしな》む」とあって、中国人を驚かせたようである。そればかりでなく、倭人は人の死にさいしても喪に服す十余日は「肉を食べず、喪主哭泣《こくりゅう》し、他の人はそばで歌舞飲酒す」とあるように、よく酒を飲んで騒いだ。この点は神にも人にも共通している。

伊勢神宮の神饌でも水と酒はつきものである。その酒とは白酒《しろき》と黒酒《くろき》さらに醴酒がある。このうちの醴酒は「コサケ」と発音したとみられ、甘酒に似たものとも一夜酒ともいわれる。麹を多く米の量を少なくするのがコツのようである。

あまさか大明神とよばれる多久神社の秋祭
（三浦到氏撮影）

『令義解』職員令の造酒司の項の冒頭に「正一人」とあり、その人の職務として「酒を醸し醴と酢のことを掌る」とある。さらに「醴は甜酒《あまざけ》をいう」と割注をいれている。当時、醴酒が代表的な酒だったことがわかる。前に出土地は不明ながら、器の肩に「醴酒」の大きな墨書のある須恵器の壺を見たことがある。奈良時代ごろの器であった。

豊受大神についてのすでに引いた古い伝承を読むと、豊受大神とは一般にいわれているような漠然とした「穀神・農耕神」というより、「酒造りの神」ということが見落とされているのに気づく。後でもふれるが、大字丹波にある式内社の多久神社の祭神は豊宇賀能売命であるが、この神社を天酒《あまさか》大明神ともいい「天酒さん」と通称されていた。豊受大神の本来の特色がよく伝えられている。

大字丹波とその周辺・三重郷と婇ア《うねめべ》

豊受大神と元の丹波との関係を語る基本史料は、すでにあげたように『止由気宮儀式帳』と『丹後国風土記』であり、二つの史料に共通しているのはこの神は丹波国比治里にいたことである。比治里は元の丹波国でも丹波郡にあったし、風土記が述べているように「郡家《ぐんげ》の西北の隅の方に比治里あり」の状況から、丹波郡の郡役所

（大字丹波か）の近くにあったことがわかる。
惜しいことに由緒ある歴史的地名である丹波郡の名は、近世初期に中郡と改めてしまい失われた。しかし大字名の丹波としていまも使われている。

比沼麻奈為神社

『和名抄』によると、丹波郡には丹波郷と周枳《すき》郷につづいて三重郷がある。ともに竹野川《たけのがわ》の上流地域にあって、丹波郷・周枳郷・三重郷の順でだんだん上流となる。竹野川の支流鱒留川左岸の大字久次《ひさつぎ》には、式内社の比沼（治）麻奈為《まない》神社があり、比治山はこの神社背後の久次岳（五四一メートル）とする伝承がある。

三重郷については、丹後国の守護をしていた一色氏が、長禄年間（一四五七〜六〇）ごろに作成したとみられる大田文《おおたぶみ》の「注進丹後国諸庄郷保惣田数目録帳」（略して「丹後国田数帳」）にも「丹波郷」のなかに三重郷はでている。この田数帳は丹後国の田の面積と領有関係を細かく記録している。

三重郷には二十二町五反三百三十歩があったことがわかり、さらに領有関係でその細分を記している。そのなかの一町が「郡使給」であることが注目される。

これは昔から郡家の役人の用に当てる田があった名残とみることができる。

地名の三重は、おそらく伊勢神宮のある伊勢国の三重郡と関係があるとぼくはおもう。三重郡には采女郷《うねめごう》があって、雄略記にも三重婇（采女）の役割の大きさを示す話がでている。今はそれ以上は深められないが周枳にある大宮売《おおみやめ》神社といい女性の重要性がただよう土地である。

平城宮の木簡に「丹後国竹野郡□《芋カ》野郷婇ア古与曽赤春米五斗」と「丹後国与社《よさ》郡日置郷庸米六斗・宇良婇ア身万呂」とがあって、竹野郡と与社（謝）郡に婇ア《うねめべ》氏がいたことがわかる。赤春米《あかつきごめ》は赤米のことであろう。「宇良」はあとに述べる「与謝郡日置の里の筒川の人、水の江の浦嶋子」の浦に関係するとおもう。

すでに述べたように、元の丹波でも丹後国の地とヤマトの天皇家の婚姻関係を示す史料があり、采女も出していたとみられる。采女から婇アの氏名になったことは、三重の郷名などとともにさらに深める必要のある項目である。

大字丹波の周辺の遺跡

大字丹波は弥生遺跡の項で述べられるように、弥生時代前期の大きな高地性集落の遺跡として名高い扇谷遺跡のあるところであり、弥生時代から重要な拠点となる土地だったのである。

扇谷遺跡のすぐ北北東の山あいの地に、初現期の古墳とも弥生時代後期後半の墳丘墓ともいってよい赤坂今井墳丘墓（方墳、204頁参照）がある。近畿地方でもっとも早く出現した墳丘墓を造営した墓、つまり古墳である。それだけでなく前に述べた丹波国周枳郷や式内社の大宮売《おおみやめ》神社、さらに扇谷遺跡とともに弥生時代の拠点集落として知られる途中ケ丘遺跡も大字丹波のすぐ南方にある。

扇谷遺跡と途中ケ丘遺跡では、ともに山口県の綾羅木《あやらぎ》遺跡（下関市）で知られる陶塤《とうけん》が出土している。陶塤は土笛のことだが中国大陸に源流があり、この出土によって遠隔地間の交流さらに高地性遺跡の役割についても示唆される。

このように大字丹波とその周辺には、丹波全域でも最古の前方後円墳とみられる湧田山1号墳があるし、この地が元の丹波全域でも核となった土地であることを物語る各種の遺跡が集中するとともに、豊受大神の伝承にかかわる地であることも、あわせて考えねばならない。

開化天皇といえば欠史時代の最後の天皇として実在性を議論されることは少ない。とはいえ丹波を考えるときには無視できない婚姻伝承が開化記や開化紀に語られている。

開化の婚姻関係の第一にあげられているのは「旦波の大県主、名は由碁理《ゆごり》の女（娘）の竹野比売」である。開化紀にも開化の妃に丹波の竹野媛がいたことが述べられている。

赤坂今井墳丘墓・第四主体部出土の頭飾りと耳飾りをつけた女性
（壱岐一哉君の原図）

先に竹野媛を考えるのに、式内社の竹野神社や巨大古墳としての神明山古墳を土地の見当としてあげた。竹野神社のある地は竹野川の河口近くであって、古代には潟があったと推定され、弥生時代の拠点集落としての竹野《たかの》遺跡が潟のほとりにあり、たしかに竹野を考えるとき有力候補としなければならない。

しかしそれだけではなく大字丹波や大字周枳《すき》も竹野川

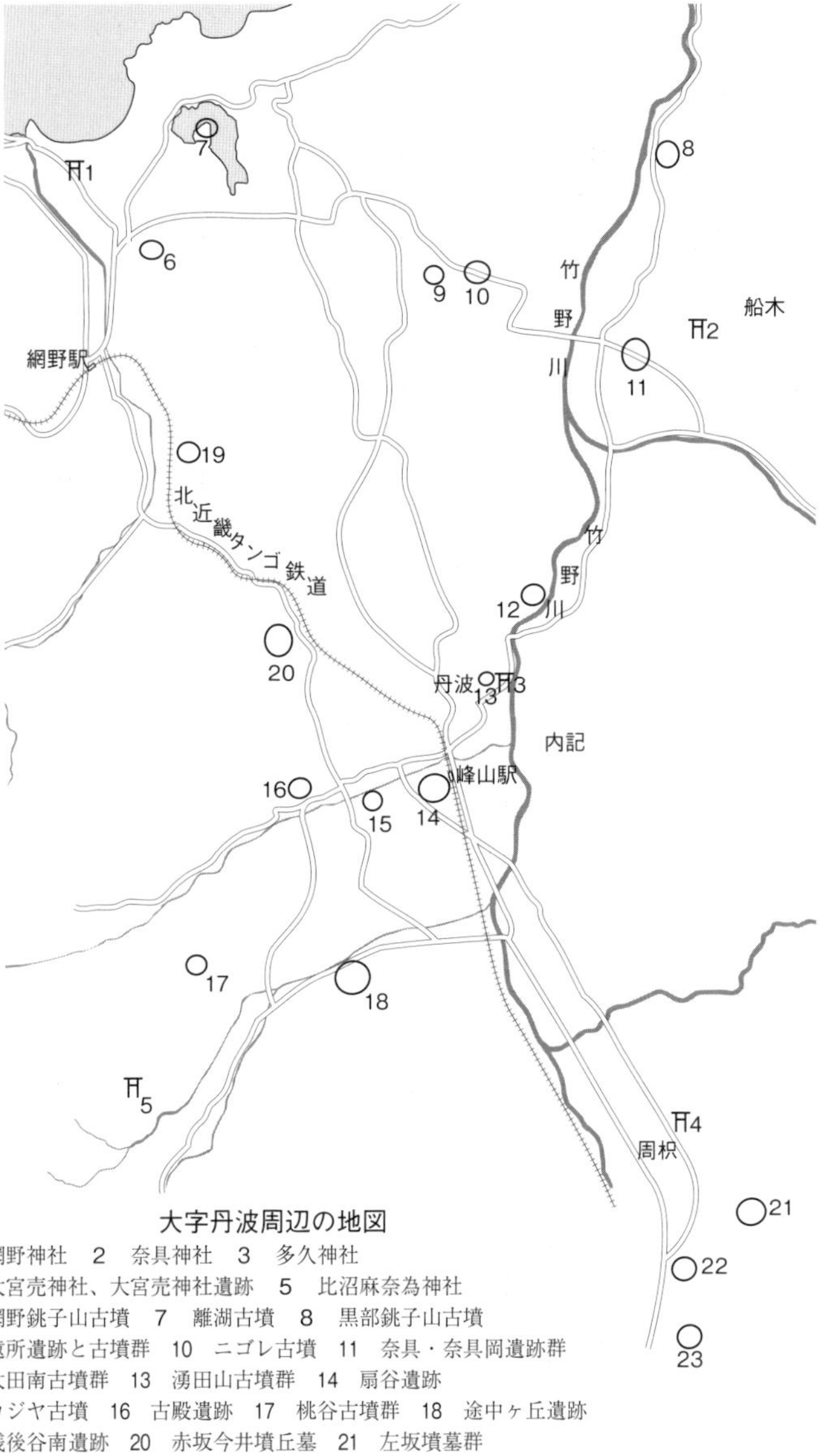

大字丹波周辺の地図

1　網野神社　2　奈具神社　3　多久神社
4　大宮売神社、大宮売神社遺跡　5　比沼麻奈為神社
6　網野銚子山古墳　7　離湖古墳　8　黒部銚子山古墳
9　遠所遺跡と古墳群　10　ニゴレ古墳　11　奈具・奈具岡遺跡群
12　大田南古墳群　13　湧田山古墳群　14　扇谷遺跡
15　カジヤ古墳　16　古殿遺跡　17　桃谷古墳群　18　途中ヶ丘遺跡
19　浅後谷南遺跡　20　赤坂今井墳丘墓　21　左坂墳墓群
22　三坂神社墳墓群　23　大谷古墳

竹野川の水流（舟木付近）

の上流にあるから、竹野媛の「竹野」については竹野川流域全体にひろげて考えてみる必要がある。とくに理由はないにしても、開化のときの記述に実在の可能性がのこるとすると、赤坂今井墳丘墓の被葬者を考えるさいに、旦波の大県主とよばれた由碁理も重要な候補となるだろう。

丹波郡に丹波直《あたい》という豪族がいた。貞観八年（八六六）閏三月に「丹後国丹波郡の人左近衛将曹従六位上の丹波直副茂、本居を改めて山城国愛宕郡に附《つ》きき」とある（『三代実録』）。これによって丹波直の元の本貫が丹後国丹波郡だったことがわかる。丹波直氏と名高い医学者をだした丹波史《ふひと》とは別の氏族で、丹波史には中国系の渡来伝承がある。

丹波直は丹波郡において重要な祭祀にたずさわっていたとみられる。延暦二年（七八三）三月に「丹後国丹波郡の人正六位上の丹波直真澄を国造に任じる」（『続日本紀』）。このような国造は新国造といわれ、古くから地域の祭祀を司った家柄の者が任じられている。

丹波直眞澄はことによると『止由気宮儀式帳』に丹波の古伝承を提供した人物ではないかとぼくは考える。

酒造りの技をもった天女が、豊宇賀能売命として奈具の社に祠られることになったことにはすでにふれた。その土地は「竹野郡船木里の奈具村」にあると風土記は述べていた。

現在の奈具神社

舟木郷と奈具神社

船木里は大字丹波よりも竹野川を下った川の右岸の山寄りにある。この谷口に奈具遺跡がある。弥生時代中期から古墳時代後期の集落遺跡で、さらに南方の丘陵上には弥生中期から古墳時代にかけての奈具岡遺跡があって、考古学的にみても長期にわたって繁栄したムラのあったことがわかる。

奈具岡遺跡は弥生中期に水晶の玉を使ったりガラス玉を製作した大規模な玉作りがおこなわれた。玉作りにおいて水晶を用いることは高度な技術を必要とした。あとで述べるように、元の丹波はみごとな玉をもつ土地として注目されているが、玉の製作は弥生時代にさかのぼって開拓されていたのである。このように船木の里、さらに北方すぐにある黒部には古墳時代中期の黒部銚子山古墳があって、竹野川中流域にもこの地の豪族が古墳を造営していたことがわかる。

奈具神社は『延喜式』の神名帳に竹野郡の十四座のうちにみえる。船木にあったのは間違いないとして、伝承では嘉吉三年（一四四三）の大洪水で船木村が壊滅的な被害をうけ、奈具神社も長らく失われていた。しかし江戸時代後半から復活の気運が高まり現在地に再建された。

舟木の里の入口にたつ通り堂

二〇〇九年五月三一日に奈具神社を訪れたあと、舟木への道を進むと村の入口の道のわきに、通り堂という地蔵を祠る茅葺の小堂があるのに気づいた。もとは道路の中央に建っていて、一の門といわれたという。これをみても奈具が古くからの伝統をうけついでいることが察せられた。
雄略天皇の時代に豊受大神を丹波から伊勢へ遷した、という伝承に関係した候補地の可能性がもっとも高い社が、奈具神社だとぼくはみている。しかし中世期に舟木村とともに一時失われたこともあって、これ以上云々することはできない。
いずれにしても豊受大神となる天女伝承が竹野川中流と上流地域を舞台として展開していたことは以上の

説明によって明らかにできたとおもう。古代に丹波郡から竹野郡におよんだ土地が、丹波全域でも主導的役割を果たした時期があったことを、まず指摘してこの章を終る。

第2章　記紀にあらわれた丹波と弟国《おとくに》

日子坐王と丹波

日子坐王《ひこいますおう》（彦坐王）は丹波を語るとき、きわめて重要な人物である。一例をあげると、『延喜式』神名帳に記された竹野郡の竹野神社の祭神の一つが日子坐王である。この神社のすぐ隣に巨大前方後円墳の神明山古墳があって、日本海沿岸で傑出した力をもった豪族がいた土地であることに疑問の余地はない。

日子坐王は開化天皇の子で、「初国《はつくに》知らしし御眞木《みまき》天皇」（『古事記』）といわれた崇神天皇とは異母兄弟だった。

戦後の考古学や古代史の風潮として、記紀伝承での第九代の天皇である開化までを欠史時代の天皇として、実在性が問題にされることはほとんどない。

とはいえ崇神天皇に実在性があるとすれば、その父の開化天皇の時代に始動的な前史があったのではないか、として検討をすることも必要であると考える。それと小さなことだが、開化天皇陵からが前方後円墳となる。もちろん開化陵に治定されている奈良市の率川《いざかわ》古墳にどの程度の信憑性があるかどうかはともかく、開化を考えるときの材料にはなる。開化とその子の日子坐王は、元の丹波にとっては大きな存在であり、伝承としても軽視できない。

貞観六年（八六四）三月四日に、「丹波国何鹿郡《いかるがぐん》の人従七位下の刑部《おさかべ》夏継に姓を豊階宿禰《とよしな》、弟（妹のこと）の宮子に豊階朝臣を賜った」。このとき夏継らは自らの「先は彦坐命より出でしなり」といった（『三代実録』）。平安時代になっても丹波には彦坐命の子孫だと唱えていた豪族がいたことがわかる。

開化記には、開化天皇の子は五人（男王四人、女王一人）があげられているだけだが、日子坐王には一一人の王となった御子の名があげられている（一一人は、この場合は男王だけの数か）。このように開化記では、開化天皇の事績中心に書かれたはずなのに、子の一人の日子坐王の婚姻関係のほうが詳しく述べられているのである。

開化天皇の妃で日子坐王の母となったのが、和珥《わに》氏系の女性の意祁都比売《おけつひめ》である（『日本書紀』では和珥氏系の姥津媛）。この和珥氏は山代（背）の和珥氏の可能性が強い。

日子坐王の妃には山代、ヤマトの春日、近江などの豪族の娘がなった。開化天皇と竹野比売のあいだに生まれた比古由牟須美命《ひこゆむすみのみこと》の子が山背に根を下ろした大筒木垂根《おおつきたりね》王で、その娘が迦具夜《かぐや》比売《ひめ》で垂仁天皇の妃となることは「宇治・筒木・相楽の巻」で述べた。

日子坐王の妃のうちヤマトの春日の沙本《さほ》の大闇見戸売《おおくらみとめ》が生んだのが沙本毘古《さほひこ》（『日本書紀』では狭穂彦王）と沙本毘売《さほひめ》（『日本書紀』では狭穂姫）で、沙本毘売は垂仁天皇の皇后となった。ところが兄の沙本毘古の反乱にさいして、兄がこもる稲城に入って命を落としている。この個所は記紀ともに悲しい物語が展開する。悲しいだけでなく、古代の豪族の家の絆の強さのわかる話で、前に「イクメイリ彦の諸問題」（『記紀の考古学』）で書いたことがある。なお沙本毘古は開化記の割注において、「日下部連、甲斐国造の祖」とあって注意をする必要がある。日下部氏と丹後の関係についてはあとで述べる。

日子坐王の子の沙本毘古と沙本毘売がおこした反乱は、沙本（狭穂）の地名から推測すると佐保つまりヤマトの北部から、ことによると山代や丹波にも戦争がおよんだとみられる。ぼくはこの事件は、崇神天皇のときの武埴安彦の反乱にも関連があるとみている。

『古事記』によれば、南山代の建波邇安王《たけはにやす》（武埴安彦）の反乱の直前に、大毘古（彦）命を高志《こし》道（『日本書紀』では北陸）に、その子の建《たけ》（武）沼《ぬな》（渟）河別命《かわわけ》を東方十二道（『日本書紀』では東海、東海道のことか）へ遣わし、服従しない人たちを武力で平定させた。

このとき日子坐王を旦波国に遣わし、玖賀耳《くがみみ》の御笠《みかさ》を殺している。玖賀はこれまでの巻でふれたように、山背の北部から丹波の桑田にかけての地域（久我国）とみている。以上の記述では、大毘古命と建沼河別命が派遣されたのはともに高志道と東方十二道とあるように、のちの道制につながる広い範囲を対象にしている。

それにたいして日子坐王が派遣されたのは旦波国だけであり、旦波国の支配がいかにむずかしかったか、別の言葉でいえばその土地がいかに重要だったかの一端が物語られている。

『古事記』が武埴安彦の反乱より先にあげている大毘古の高志道、建沼河別の東方十二道、日子坐の旦波国への派遣は、『日本書紀』では「四道将軍」の派遣とよばれている。

『古事記』も『日本書紀』もともに崇神天皇の時代の事件としているのは同じだが、『古事記』と『日本書紀』ではかなりの異なる個所がある。まず『日本書紀』では四道将軍の派遣は武埴安彦の反乱の前（直前か）に決められているが、実際に派遣されたのは武埴安彦の反乱の制圧以後である。というより大彦（大毘古）は武埴安彦との戦争において、和珥臣の遠祖彦国葺《ひこくにふく》とともに鎮圧の主導的な役割を占め、反乱の鎮圧直後に崇神天皇は「四道将軍ら今急に発《まか》れ」と命じ、将軍らは出発し翌年にはヤマトに帰っている。

崇神紀の四道将軍では、大彦を北陸、武渟川を東海に派遣したことでは『古事記』と大きな違いはない。しかし吉備津彦を西道に遣わしたことは『古事記』には関係記事はなかったし、丹波に遣わされたのが日子坐王ではなく丹波道主命になっている。

丹波道主王が垂仁記ではすでにふれたように「旦波比古多多須美知（智）宇斯王」として表記されていた。丹波道主王の娘らが垂仁の后妃として貢上されたときの垂仁紀の記述では「道主王は、稚《わか》日本《やまと》根子《ねこ》太日日天皇《ふとひのすめらみこと》（開化のこと、森註）の子孫、彦坐王の子なり」の割注をいれている。旦波比古多多須美知能宇斯王については開化記では日子坐王が近淡海《ちかつおうみ》（近江）の「御上の祝・伊都玖天之御影神の娘、息長水依比売《おきながみずよりひめ》に生ませた」との伝承をのせている。御上は三上のこと、湖東の豪族であろう。

このように崇神記では派遣された将軍は彦坐王ではなく、彦坐王の子と伝えられる丹波道主王とされているのである。

四道将軍のうち丹波以外へ派遣された三人の将軍は、いずれも「道」を単位とした地域へ向かったのにたいして、日子坐王にしろ、その子の道主王にしろ、派遣されたのは丹波一国である。この場合の丹波は元の丹波で、但馬が含まれているかとみられるし、あとでもふれるように若狭を含んでいたことも視野にいれる必要がある。道主王の名が端的に語るように、丹波は陸上交通（道）が四方に発達した土地であり、丹波の交通路を掌握することは越・出雲・播磨などとの関係においてもきわめて重要だったのである。

彦坐王の子孫たち

『新撰姓氏録』の「左京皇別」の項では、治田連《はりたのむらじ》・軽我孫《かるのあびこ》・鴨県主《かものあがたぬし》の三氏がともに「彦坐命の後」として記され、とくに治田氏は、彦坐命の子孫が近江国浅井郡の墾田《はりた》にかかわったことからついた氏名である、とも述べている。彦坐命の妃に近江出身の者がいたことについてはすでに述べた。

さらに「右京皇別」の項の大私部《おおきさきべ》も「彦坐命の後・日本紀漏」とある。「キサキベ」は船井郡に木前《きさき》（城崎）郷があって発音が「キサキゴウ」であることが参考になる。

「山城国皇別」の項には日下部宿禰《くさかべのすくね》・軽我孫公・堅井公、別公を「彦坐命の後」としている。「大和国皇別」の項では川俣公について「日下部宿禰同祖、彦坐命の後」としていて、日下部氏が重要な位置を示しだしている。

「摂津国皇別」の項でも日下部宿禰・依羅《よさみ》宿禰・鴨公について「彦坐命の後」としており、「河内国皇別」の項の日下部連・川俣公・豊階公・酒人造・日下部を「彦坐命の後」としている。「和泉国皇別」の項の日下部首と日下部についても「彦坐命の後」としていて、彦坐王の子孫という氏のなかでも日下部氏が有力だったことがわかる。

浦嶋子の物語と日下部氏

與謝（余社）郡日置の里の筒（管）川の村にいた水の江（瑞江）の浦嶋子については、あとで詳しく述べる。いわゆる浦島太郎の物語である。

この話はまず『日本書紀』の雄略天皇二二年秋のこととして概要が述べられている。雄略天皇二二年のおよその見当は六世紀初頭の前後であろう。雄略紀の文末に「語は別巻にあり」とわざわざ書いている。この別巻と同じ出典によったとみられるのがあとで述べる『丹後国風土記』の浦嶋子の詳しい話で、その文中に『日本書紀』がいう「別巻」とはもと丹波の国司をしていた伊予部馬養連《うまかいのむらじ》が採録したことが記されている。

伊予（余）部馬養連は当代での一、二を争う学者で、持統天皇の三年（六八九）には撰善言司《よきことえらぶつかさ》に任命され、さらに文武天皇のときに大宝律令の撰定という大事業で大きな役割を下毛野朝臣古麻呂らとともに短期間で果した。教養人の馬養が丹波（のちの丹後）に伝えられていた海人伝説を面白くしかも詳細に記録したのである。ことによると天女伝承も馬養が採録したかとおもう。このことは丹波にとっても幸運だった。

浦嶋子の伝説の概要と問題点とについては後で述べることとして、さしあたり重要なのは『丹後国風土記』では筒川の浦嶋子を「旱部首等の先祖」としている。旱は日下の造字で、該当箇所では日子坐王にはふれていないが〝浦嶋子も日下部氏の先祖の一人〟ぐらいの意味であろう。いままでの説明でわかるように、浦嶋子も日子坐王の子孫としての日下部氏だったとみてよかろう。

さきほど開化記では、開化天皇の事績よりも子の一人である日子坐王についての婚姻関係やもうけた子らの記述がとても多いことが不思議だといった。

ここで考えられることは、日子坐王の子孫のなかの日下部の日下が別の読みをすると「ヒノモト」であり、日子坐の「日」と「ヒノモト」の「日」が同じ意味の根となる語ではないかということである。

そうなると日子坐王とは、「太陽の子であらせられる王」として格別の意味をもっていたように考えられる。記紀の開化天皇の段では、日子坐王の宗教的な能力については書かれていないが、当時は注目される存在だったとみられる。

そういう目で日子坐王の異母兄弟のミマキイリ彦（崇神天皇）の治世を調べると、最初は神祭りがうまくゆかず〝国内に疾疫多くして、民の死亡した者は大半《なかば》にすぎなむとした〟。そこで出雲系の宗教者で河内（のちの和泉）の茅淳県《ちぬのあがた》の陶邑《すえむら》にいた大田田根子に国の祭祀をまかせてから、祭祀面での政治は安定したと記紀は述べている。

茅淳県の陶邑とは、多くの人が安易に考えているような須恵器の窯址群ではなく、堺市（もと東陶器村）の陶荒田神社周辺にあったマチを指しているとぼくは考えている。以下はぼくのおもいつきである。

天武天皇と皇后鸕野讃良《うののさらら》（のちの持統天皇）とのあいだに生れたのが草壁皇子である。字は草壁とは書くが発音は「クサカベ」である。有力な次の天皇候補であったが持統天皇の三年に若死した。

「クサカベ」の死を悼《いた》んだ歌が『万葉集』に収められているが、そこでは「クサカベ」を日並皇子尊（一〇九～一六七）と表記している。また「クサカベ」の子の軽皇子が文武天皇に即位したときの『続日本紀』の記事では、文武天皇のことを「日並知皇子尊の第二子」と書いている。

このこともこれ以上深めることはできないが、日子坐の「日」、日下部の「日」、日並皇子の「日」に共通した点があるように感じている。草壁皇子に「日下部皇子」の意味があったかどうか、六五〇年に穴戸（長門）国国司の草壁連醜経《しこつね》が白雉を献り元号を白雉とかえている。このときの穴戸国司の草壁とは日下部でもあったのであろう。これもメモとしておく。

雄略天皇は天皇候補としてのライバルだった市辺王を謀殺した。市辺王は履中天皇の子、雄略天皇は履中の弟の允恭天皇の子だった。市辺王は履中天皇の子、雄略天皇は履中の弟の允恭天皇の子だった。市辺王は『播磨国風土記』では「市辺天皇命」と書いているから、たんなる天皇候補というより、すでに世間では天皇扱いをしていた節もある。『日本書紀』でも、允恭天皇の子の安康天皇は〝市辺王に後事を託そうとした〟と書いている。

日下部連使主と吾田彦さらに余社郡

市辺王は近江の蚊屋野へ狩に誘われて謀殺されたあと、二人の王子も生命の危険をおぼえてヤマトから脱出することになった。二人の皇子とはヲケ王（のちの顕宗天皇）とオケ王（のちの仁賢天皇）である。二人がヤマトから脱出する途中の山代の苅羽井で、顔に入墨をした隼人の猪甘《いかい》の老人に食料を奪われたことについては、「宇治・筒木・相楽の巻」で述べた。山代の苅羽井は古代や中世での隼人の居住地（のちの隼人荘）に近く史実をふくんだ話とみられる。

ヲケ王とオケ王は淀川のクズハ（玖須婆）で河を渡り、丹波を通って丹波国北部（のちの丹後国）の余社郡に行って難を避けた。このとき二人の皇子のお伴というか案内をしたのが帳内《とねり》（舎人）の日下部連使主《おみ》と子の吾田彦だった。

余社《よさ》郡は日本海に面した宮津湾沿岸の地域で、浦嶋子伝説の地であるとともに、あとで述べる丹後国の一の宮である籠神社《このじんじゃ》が鎮座する。この郡の筒川村に、浦嶋子を日下部首の先祖とする古い伝承のあったことは前に述べた。

このように、余社郡の豪族とみられる日下部連が市辺王の帳内《とねり》として仕えていたことは、ヤマト北部が日子坐王や沙本（狭穂）毘古以来、丹波と強い関係をもった伝統かともおもう。ちなみに「市辺押羽」の市辺とはヤマトの山辺郡の北、天理市付近であろう。とにかく市辺王が丹波の重要性をよく知っていたことが、その不幸な死のあとに二人の皇子が生命を長らえ、勢力を挽回するうえで役立ったのである。

日下部連使主と吾田彦は、このあと二皇子を余社郡から播磨国の美嚢郡《みなき》（古くは明（赤）石郡か）の縮見《しじみ》（志深）へ移した。どういう理由があったのか、ここで日下部連使主は自殺した。だが子の日下部連吾田彦はそのあとも二皇子によく仕えた、と『日本書紀』は述べている。

縮見での二皇子の生活については、『日本書紀』の顕宗天皇の段と『播磨国風土記』美嚢郡の段では悲惨な様子が伝えられているが、賀毛（茂）郡の段ではまったく違った様子を述べている。二皇子が縮見屯倉をあずかる忍海部細目《おしぬみべのほそめ》の家で身分をかくして、「丹波小子《たにわのわらわ》」の名で牛馬を飼う牧（牧童）として働いていた。しかしその家に新室を祝う宴があったとき、二皇子も踊や歌を披露したところ、その起居振舞に品があったことなどで、宴に来ていた播磨国司（宰）をしていた山部連の先祖の伊予来目部小楯が二皇子であることを見抜いた。このことをヤマトにいた市辺王と同母弟の飯豊青皇女（忍海部《おしみべ》女王とも飯豊天皇ともいう）に報告し、天皇として迎えられたという。たしかに顕宗紀のこの件は数奇な運命を逆転させたドラマとして話が展開している。

美嚢郡の西隣が賀毛（賀茂）郡である。『播磨国風土記』の賀毛郡の段には、以上述べた二皇子のみじめな生活とは逆の話が語られている。志深の里の高野宮（美嚢郡に高野郷がある）にいた二皇子が、山部小楯を使として賀毛（鴨）の国造許麻《こま》の娘の根日女に求婚した。高野宮については『日本書紀』の仁賢天皇の元年の条に、億計《おけ》天皇（仁賢天皇）の宮について、「縮見の高野にあり、その殿の柱、今に至るまで朽ちず」という異伝をのせている。ところが二皇子はお互いにゆずりあって結婚には至らず根日女が死んでしまった。そこで二皇子が小楯に「朝日夕日の隠れぬ地に墓を造り、その骨を蔵《おさ》め、玉をもって墓を餝《かざ》れ」と命じて墓を造らせた。これが玉丘でその村を玉野というようになったという。ぼくはこの話のほうに真実さがあるようにおもう。なによりも三つの史料のなかで具体的な古墳名をあげていることは説得力がある。奈良時代に古墳の被葬者名のわかる史料は多くない。

玉丘古墳

玉丘古墳は加西市玉野にあり、周囲に水をたたえた濠をめぐらせた前方後円墳で陪塚を配している。墳丘の長さの一〇九メートルは兵庫県では五番めの規模だが、播磨に限ると三番めとなる。

墳丘の規模は中型古墳だが、濠と陪塚をもった点、さらに後円部で長持形石棺が使われていることなどでは、代表的な畿内の中期型前方後円墳といってよかろう。風土記には「玉をもって墓を餝《かざ》れ」とあったけれども、たしかに白い玉石が墳丘に葺かれている。

築造年代は五世紀、つまり古墳時代中期に属し、針間（播磨）鴨国造の娘の根日女とする被葬者についての伝承には大きな矛盾点はないように考える。なおヲケ王とオケ王のうち古墳の候補のあるのはオケ王（仁賢天皇）で、古市古墳群にボケ山古墳がある。墳丘長一二二メートルの周濠のある前方後円墳である。

風土記の賀毛郡での根日女の墓の説明によると、ヲケ王とオケ王は牧童としてではなく高野宮

空から見た玉丘古墳（梅原章一氏撮影）

とよばれる宮室に住んでいた。ヲケ王とオケ王の擁立には、丹後の日下部氏だけでなく播磨の国司として派遣されていた山部連の先祖の伊予来目部小楯や鴨国造許麻、それにヤマトにいた飯豊皇女（天皇）らが支援していた可能性がつよい。伊予来目部小楯は顕宗天皇の即位後に、その功によって山部連の氏名をさずけられた。

　丹波と播磨の関係は『播磨国風土記』全体では多くはない。ぼくがもと旦の国を形成していたとおもう但馬については、播磨国との関係を示す記述はかなり多い。そんななか播磨の北西にひろがる託賀《たか》郡の都麻の里の条では、都麻の語源について「播麻刀売と丹波刀売が国を堺いし時、播麻刀売がこの村に来て井の水を汲んで飡《いいくら》い、この水有味《うま》しといった」からという。いつ頃のことを反映した伝承なのかとか、二人の刀売が女の首長のことかなど問題はのこるが参考になる。

ヤマト政権の凋落と　ヲホド王の出現前夜

顕宗・仁賢の時代は短く、ヤマト政権が日本列島の隅々にまで力をおよぼしていたことを示す記録はない。

二人の父である市辺王の埋葬地を求めて、骨を掘り出し新たに古墳を造った記事や、市辺王を殺した雄略天皇の陵を報復として破壊しようとしたこと（結果としては取りやめになる）などが主要な事件だった。さらにヲケ王とオケ王が即位にいたるについての功臣の伊予来目部小楯に山部連の氏名を賜ったり、父の市辺王が殺されたときに一緒に殺された帳内の佐伯部売輪《うるわ》（仲手子ともいう）の縁者をさがしだし、その長を佐伯造《みやつこ》としたことなども主要な事件だった。平安初期の天才的僧侶である空海は、讃岐の佐伯氏の出である。

佐伯部売輪との関係は不明であるが、『新撰姓氏録』の「左京神別」の項に佐伯連《むらじ》が記載され「木根乃命男丹波眞太玉之後也」としている。つまり佐伯連の祖が丹波眞太玉という丹波人だったことがうかがえ、ここでも市辺王と丹波の関係が示唆されている。

市辺王の屍と売輪の屍は、乱雑に一緒に埋めてあったので区別がつかなかった。それを近江の狭狭城山君の祖の倭帒宿禰《やまとぶくろのすくね》の妹の置目が二人の歯並びを覚えていたので、それで区別したという。老嫗《ろうな》の置目を近飛鳥宮の傍に住まわせて優遇したという。

以上の話は記紀ともに語られている。なお一族のなかの狭狭城山君韓帒《からぶくろの》宿禰は、雄略天皇の市辺王の謀殺に手をかしたということで、本来は死刑になるところを、氏名もそのまま使わせ陵戸に当て山部連のもと山の管理もおこなわせた。この場合の陵戸とはヲケ王のときに新たに造った市辺王の墓守のことであろう。

ちなみに佐佐城山氏の本貫とみられる滋賀県日野町の野田道遺跡では、オンドル遺構をもつ住居址が発掘されていて、韓帒宿禰の名にも朝鮮文化の影響の強さが示されている。おそらく佐佐城山氏のなかに朝鮮文化をとりいれようとした者と、日本の伝統を守ろうとした者がいて、倭帒と韓帒を名とするようになったのであろう。

市辺王の墓は滋賀県八日市市の市辺町にある円墳が指定されているが、規模からみてこれではなく、蒲生町にある大円墳のケンサイ塚古墳ではないかと前に考えたことはある。この古墳は惜しくも名神高速道路の開通で消滅した。そのさいの発掘で埋葬施設（粘土槨）には一点の遺物もなかった。これはよくある盗掘による結果ではなく、埋葬後間もなくどこかへ改葬されたとみられる（『記紀の考古学』「倭王興から倭王武のころ」の項）。

ヲケ王とオケ王の記事で不思議におもうことは、命がけで二皇子を守りぬいた丹後の豪族としての日下部連使主と吾田彦にたいする行賞の記事が見出せないことである。

丹後の五郡のうち、古墳が一番多いのは丹波郡、ついで与謝郡である（三浦氏の統計）。しかも六世紀代の古墳時代後期になって急に古墳の数が増えているのは、一般的な傾向とはいえ、やはり日下部氏の功績の証かもしれない。

ヲケ王（弘計）とオケ王（億計）は、文字のうえでは区別できるが、現代人のぼくには発音での区別はできない。ということは、それぞれの宮と陵の位置関係に不自然さがあって、混同されたとみられる節がある。

ヲケ王の宮は近飛鳥（または近飛鳥八釣宮）、つまり河内国の安宿《あすか》郡の飛鳥にあった。後期から終末期の古墳が多く、俗に「王陵の谷」とよばれるのも安宿郡内にある。また渡来人が多く、地名の駒《こま》ヶ谷《たに》は「高麗の谷」とみられている。ところがヲケ王の墓は「傍丘磐杯丘陵《かたおかいわつきのおかのみささき》」と『日本書紀』はいっており、まだ該当するとみられる古墳はない（忍海郡にまでひろげると該当する古墳はある）。

これにたいしてオケ王の宮は石上《いそのかみ》広高宮だったし、それに関連して石上部舎人を置いている。親衛隊のことである。このようにオケ王の宮は、奈良盆地の東辺の昔からの大倭《おおやまと》の中心の近くにあった。とはいえヲケ王が死ぬと「埴生坂本陵に葬る」とある。これに該当するのは古市古墳群内に治定されていて、先ほども述べたように大阪府藤井寺市野中のボケ山古墳がそれに当てられている。天皇陵としては墳丘の規模は小さく、それでいて前方部の幅が後円部の径の倍ほどもあって、よく〝前方後円墳の発展の頂点にある〟といわしめる古墳である。

ぼくの感想ではヲケ王の陵が古市古墳群に、オケ王の陵がヤマトにあるほうが宮との関係では理解しやすく、すでに記紀が編纂された段階でも、ヲケ王とオケ王の事績は混同されたのではないか、という疑いをもたせる。

このようにヤマト政権内部で抗争をくりかえし、その結果として政権の力を弱め、凋落の頂点に近づくころ、つぎに述べるように、丹波や越において新たな大王候補となる者が力をつけだしたのは自然のなりゆきとおもう。

武烈天皇は仁賢天皇の子である。母は春日大娘《おおいらつめ》である。この女性の出生については雄略紀に赤裸々に語られている。

春日和珥臣深目の娘が童女君《おみなのきみ》であった。童女君は宮廷に仕える采女《うねめ》だった。天皇は童女を一夜めしたところ孕んで女子を生んだ。

この女子が宮中を遊んでいると、雄略天皇にそっくりだとみなが噂をした。だが雄略は自分の子とは信じなかった。物部目《め》大連が雄略にそのことを言っても、雄略は否定し〝あの女とは一度しか関係していない〟といった。目大連が〝では一宵に幾度《いくたび》喚《め》ししや〟と尋ねると〝七度喚しき〟と答えた。このような問答があって、その童女は正式に雄略の子として春日大娘皇女となったのである。『日本書紀』は国家の正史であるが、一晩におこなったセックスの回数までも記録されている。この件は何度読んでもほほ笑ましい。

武烈天皇は稀《まれ》にみる暴君として『日本書紀』は描きだしている。応神天皇に始まる中王朝の末期現象らしい記事が、つぎつぎに記されている。武烈天皇は自分の責任ではなく、一夜に七度も交わりをもったときの丁寧さを欠いて造られた子なのである。武烈紀を読む人はその前に『日本書紀』の雄略元年三月の条を読んで、武烈出生のもととなる事情を読んでほしい。

桑田の倭彦王と千歳車塚古墳

武烈天皇には子がおらず、天皇家は「継嗣絶《た》ゆべし」の事態となった（『日本書紀』）。その状況を『古事記』では「日続《ひつぎ》知らすべき王は無かりき」と書いている。

武烈に子がいなかったとしても、これは奇妙な書きようである。たとえば武烈の父の仁賢天皇には一男六女の子があったから、六人の女の子にも皇位を継ぐ資格はあったとおもうし、さらにさかのぼると、中王朝の血を引く皇族は大勢いたことであろう。だから「継嗣絶ゆべし」ということは〝中王朝系には倭国王にふさわしい人物はいなかった〟の意味とぼくは理解している。それと国際関係の変化に、ヤマト政権では対応しきれなくなっていたのであろう。

中王朝の末期にヤマト政権で勢力をもっていたのは平群《へぐり》真鳥《まとり》大臣、物部麁鹿火《あらかひ》大連、大伴金村大連、それと許勢《こせ》（巨勢）男人《おひと》大臣らだった。だが武烈天皇のとき真鳥大臣が抹殺された。平群氏はヤマトの北西部に勢力をもった豪族である。

真鳥は死にのぞんで諸国の塩を詛《のろ》った。詛とは〝人に災いがふりかかるような言葉をとなえ神に祈る〟こと、つまり呪詛である。だが真鳥は角鹿海《つぬがのうみ》の塩を呪うことを忘れた。だから天皇は角鹿の塩を食する所となったという。ことによると平群氏は塩の交易にあたっていたのであろうか。

角鹿は敦賀のこと。物資は角鹿から陸路で近江をへてヤマトへ運ぶこともできるし、敦賀から船で丹後へ運び、あとは陸路をとるかのいずれかだったのであろう。

以上述べたように、中王朝の最後のころにヤマト政権を主として支えたのは、物部麁鹿火大連と大伴金村大連の二人であった。

最初に大王候補にあがったのは丹波国の桑田郡にいた倭彦王である。倭彦王は仲哀天皇の五世の子孫と伝えていた（『日本書紀』）。

仲哀天皇はヤマト朝廷の大王とはいえ、生涯を通してヤマトとの関係は薄かった。例えば『古事記』では、この天皇は穴門《あなと》の豊浦宮や筑紫の許志比宮《かしひのみや》にいて政治をとったと記している。長門（山口県西部）の豊浦（下関市）や筑紫の香椎（福岡市東部）のことである。

豊浦宮の故地と伝える下関市の忌宮神社付近の景観

仲哀天皇は『日本書紀』によると角鹿にも笥飯宮《けひのみや》を設けていたし、晩年は穴門の豊浦宮や筑紫の儺県《なのあがた》の橿日宮で政治をとっている。儺県とはのちの那珂郡にあたる。

　仲哀天皇の皇后が神功皇后である。仲哀が熊襲を討つことを第一方針としたのにたいして、神功皇后は（熊襲の背後にひかえる）新羅国を討つことを第一方針とし、二人は対立した。そのなか仲哀は熊襲との戦争を強行したが「勝ちえずして還る」結果となり、その直後に命を落とした。さらに「天皇自ら熊襲を伐ち賊の矢にあたって崩ず」という異聞をも『日本書紀』は掲載している。

　香椎宮は『延喜式』の式部省の条では橿日廟とある。今日の香椎宮が仲哀天皇を祭神とすることを考えると、ここに仲哀が葬られたとみていたときがあったようである。以上述べたように、倭彦王の五代前の先祖とされる仲哀天皇は、ヤマト朝廷の大王とはいえ北部九州と深くかかわった人物であり、仲哀天皇と神功皇后のあいだに生れたのが中王朝の始祖とされる応神天皇である。応神天皇の出生の地は筑紫の宇美か伊都であり、どちらにしても北部九州だと記紀では伝えている。

倭彦王については、継体天皇の即位前紀に「足仲彦《たらしなかつひこ》天皇（仲哀のこと）の五世の孫」とあるほかには史料はない。仲哀の子の一人として名の伝わる誉屋別《ほむやわけ》皇子の子孫か、とする推測はあるが、それ以上は深まらない。だが倭彦王が「丹波国桑田郡にいた」とする記事は、唯一の手がかりになる。

いままで丹波のことを説明してきたなかでは、丹波国の北部、つまりのちの丹後の土地での展開が多かったが、丹波国の南部の桑田郡が、継体天皇の出現のころの関連記事として出ていることは重視される。

継体の即位前紀では、大伴金村大連らが倭彦王に倭国の大王候補として白羽の矢をたて、兵仗をもうけて乗輿《みこし》をはさみ衞《まも》らせようとしたが、倭彦王はそれを見て怖れて山に逃げ込んだという。

倭彦王のことを物語るとみられる考古学資料がある。それは亀岡市千歳町にある千歳車塚古墳である。墳丘の長さは八八メートルではあるが、平地に造営され三段築成の墳丘をもち、周囲に濠をめぐらせた形跡がある。桑田郡最大の前方後円墳である。中期末ごろの築造とみられ、継体紀にいう倭彦王のいたころにほぼ近い。古墳のすぐ西方に南北に延びる古い道があるのは奈良時代の山陰道と推定され、ここでも道と豪族の関係がしのばれる。

つぎに指摘できることは、千歳車塚古墳には陪塚はないけれども、北西約一キロに坊主塚と天神塚という二基の方墳があって一つの古墳群となっている。このうちの坊主塚古墳は昭和三一年に発掘され、副葬品に衝角付冑や短甲、刀剣、鉄鏃などがあって、武人的色彩の強い被葬者像が復原された。五世紀中葉末ぐらいで、千歳車塚古墳の一世代前ぐらいのこの地の豪族の姿を推測させる。

坊主塚古墳は一辺三四メートル、高さ六メートルの方墳で天神塚古墳もほぼ同規模の方墳と推測される。

これら二基の方墳が千歳車塚古墳以前のこの地の豪族の墓と推定すると、五世紀末ごろに桑田地方最大規模の前方後円墳が造営された背景には、なんらかの歴史的事件があった、とみることができる。ぼくは千歳車塚古墳の被葬者が、すでに述べたヲケ王とオケ王の擁立を支援・支持したことによって、顕宗天皇と仁賢天皇のときに行賞にあずかったことの証がこの古墳ではないかとおもう。武烈天皇で皇統が絶えかけたとき、大伴金村大連らが桑田に天皇候補がいることを知っていたのは、以上の前史があったからではないかと考えるようになった。

丹波桑田の倭彦王擁立の失敗のあと、倭国王の候補として急浮上したのが越《こし》の三国にいた男大迹王（以下ヲホド王）である。

三国の男大迹王の南進

ヲホド王は父の彦主人王《ひこうしおう》が若死したあと、母の振媛の故郷の高向《たかむこ》（坂井市）で養育された。父の彦主人王は、近江国高島郡の三尾《みお》にも根拠地をもっていたとされる湖西の豪族であるが、高島町水尾にある鴨稲荷山古墳は彦主人王の墓の可能性が高い、とぼくはみている。墳長約五〇メートルの前方後円墳だが、豪華絢爛な副葬品は王者の父の墓にふさわしい。

これにたいして母方は、福井県坂井市から永平寺町（旧松岡町）にかけての九頭竜川右岸の山脈の頂部に代々の墓を築いたと推定される。これほどの高所に代々の墓を造営した例は珍しく、坂井、松岡古墳群と仮称することにする。

この古墳群は手操《てぐり》ケ城山《がじょうやま》・六呂瀬山一号墳・六呂瀬山三号墳・泰遠寺《たいおんじ》山・石船山・二本松山などの前方後円墳が代々造営され、墳丘の規模は一〇〇メートル前後だが、高所に古墳を築いた労働力は大きかったとみられ、高島の鴨稲荷山古墳にあらわれた父方の勢力をはるかに凌駕している。それとともに、二本松山古墳のように近畿地方には少なく九州に多い舟形石棺を採用し、さらに南朝鮮の加羅（耶）の王族と共通した王冠をもいち早く採用するなど、同時期の畿内の古墳にくらべ進歩的といえる特色が強くあらわれている。

ぼくは『日本書紀』がいうように、ヲホド王は父の若死のあと母の故郷の高向《たかむこ》で養育されたとみている。というのは、坂井、松岡古墳群の実態からみて事実であろうとおもう。なお『日本書紀』には高向に割注をいれ「越前国の邑の名なり」としている。

もう一つ付け加えると、倭国王の候補となってからのヲホド王がいたのは三国の坂中井である。『和名抄』の越前国坂井郡の項には、坂井郡の発音を「佐加乃井」としているのは、坂井がもと坂中井といった名残りとみられる。一字地名を二字に改めるだけでなく、三字地名も二字にした例かとみられる。

この郡には三国郷はないけれども、高向郷はある。作家の司馬遼太郎さんは、〝三国というのは近畿へ南進してからのヲホド王（継体天皇）の勢力が元の故郷の地に敬意を払って御（三）国とよんだのではないか〟という意味のことを書いておられた（『街道をゆく』シリーズの『越前の諸道』の「三国の千石船」の項）。御（三）野、御（三）川、御（三）浦、御（三）井などの例からみても卓見とおもう。おそらく高向が古い地名で、三国は継体の南下以後に使われだしたのであろう。

さらに三国氏というのは『新撰姓氏録』によると「三国真人は継体皇子の椀子《まろこ》王の後」とあるように、ヲホド王の南下ののちに越前に残された継体の子孫とみられる。

ヲホド王は母方の家の力を基礎としてかなりの勢力を築いていた。高向でのヲホド王は「晏然《えんぜん》自若《じじゃく》、胡床《こしょう》に踞坐《きょざ》して陪臣を斉《ととの》え列《つら》ね、すでに帝の坐《いま》すが如し」であったという。「晏然自若」は『三国志』「呉書」の孫堅伝で使われている表現で、「落ちついているさま」をいうとある。孫堅は孫権の父であり、孫権は呉国の大帝である。

越でのヲホド王は、尾張連草香の娘の目子媛や近江の三尾角折君の妹の稚子媛《わかこひめ》その他を娶って勢力拡大につとめていた。とくに目子媛の父の尾張連草香の墓は、名古屋市熱田にある断夫山古墳と推定される。これは東海最大規模の前方後円墳であって、その勢力の大きさが推測される。目子媛はのちの安閑天皇と宣化天皇を生んでおり、ヲホド王時代にすでに東海や近江の豪族と婚姻を通して勢力の充実につとめていたとみられる。

ヲホド王と婚姻関係を結んだ豪族たちは、ヲホド王の南下にさいして軍事的な支援をしたとみているが、ここでは詳しくは述べない。

ヲホド王の南下の様子については『日本書紀』は述べていない。しかし南下を前にして、河内の豪族の河内馬飼首《おびと》荒籠《あらこ》と密接な情報交換をしている。河内馬飼首は中河内を基盤とした新興の馬の飼育にあたった豪族である。その荒籠の意見もあって、北河内の樟葉宮にヲホド王は入ることになった。五〇七年のことと伝えられている。

このとき旧ヤマト政権を代表して大伴金村大連は、ひざまづいて天子の鏡と剣の璽符《しるし》を上《たてまつ》って再拝した、と『日本書紀』は記している。この場面を多くの古代史家は天皇の即位の儀式と説明しているが、ぼくは降伏の儀式とみている。

というのは、豪族が鏡や剣などを献上するのは、周芳《すほう》か国前《くにさき》の豪族と推定される神夏磯媛の場合（景行紀）や岡県主の祖熊鰐の場合（仲哀紀と『筑前国風土記』）は明らかに降伏・服従の儀式である。それと旧ヤマト政権でも、物部麁鹿火と許勢男人はヲホド王を支持していたとみられる記述が『日本書紀』にあり、大伴金村がヤマトの旧政権を代表したとみてよかろう。

継体大王の弟国宮と物集女車塚

樟葉宮や筒城宮へ遷ってからと推測できる継体天皇の妃の選定に、息長《おきなが》真手王《まておう》の娘の麻績娘子《おみのいらつめ》、茨田連《まんだのむらじ》小望《おもち》の娘の関媛《せきひめ》、三尾君堅槭《みおのきみかたひ》の娘の倭媛《やまとひめ》、和珥臣《わにのおみ》河内の娘の荑媛《はえひめ》、根王《ねのおう》の娘の広媛《ひろひめ》などがいて、多くの子供をもうけている。これらの妃のなかにも、ヲホド王のときに越前で娶ったものもあるとは思うが、倭国王に即位してからのものが多いだろうとみられる。根王は和泉（元は河内）の土着の豪族とみてよかろう。

このうち三尾君堅槭は越前の豪族かとおもうが、倭媛との間にもうけたのが、さきに述べた椀子王（皇子）で、「是三国公の先なり」と割注をいれている。継体天皇にとって各地の豪族の娘と縁組をし子を各地に分住させることは、勢力拡充の重要な手段だったのである。

これらの豪族のうちには妃をだしただけでなく、継体の政権（水野祐氏提唱の新王朝）の基盤づくりを積極的に支援したとみられる者がいる。先ほどあげた尾張連草香の墓とみられる熱田断夫山古墳のように、その地域にとって傑出した規模の前方後円墳を造営していて、そのような推測ができる。

南山城にも継体王朝を支援した豪族の墓とみられる前方後円墳がある。それは宇治市の木幡《こはた》でも岡屋に近いところにある二子塚古墳であって、木幡二子塚古墳とよばれている。これについては『宇治・筒木・相楽の巻』でもふれた。

墳丘のいたみはかなりひどいが、墳長約一〇五メートルで、何よりも二重濠をもった前方後円墳である。継体天皇陵とみられる大阪府高槻市の今城塚古墳をやや縮小した古墳とみられている。一時は昔日の勢を失っていた木幡の和珥《わに》氏が新王朝づくりに加担し、勢力を挽回したものとぼくは推測する。荑媛《はえひめ》を妃として出した和珥臣河内の墓の可能性がつよい。

木幡二子塚古墳のような例が西山城の乙訓郡の物集《もずめ》（女）郷にある。モズメの地はいつの頃かに河内（のちの和泉）の百舌鳥《もず》から土師氏の一派が移住してきた土地であることは、いままでの巻で何度かふれた。

これから述べる物集女車塚古墳は六世紀前半ごろの築造で、継体勢力に加担した豪族の墓と推定されているが、それが土師氏である可能性はとぼしいとみられる。物集女車塚古墳は六世紀ごろの土師氏が造営にかかわった、とはみられないからである。

物集女車塚古墳は墳長四八メートルの前方後円墳だが、前方部の幅が広く丘陵裾の斜面に墳丘を築き、墳丘には葺石や円筒埴輪を使っている。後円部に横穴式石室をこしらえ、石室内には家形石棺を安置している。阪急京都線の車窓からも周囲に住宅地が建つまでは遠望できた。

この古墳の調査は一九八三年と翌年に向日市教育委員会がおこない、副葬品は断片ながら広帯式冠や馬具、さらに鉄製武器類や装飾付須恵器などがあった。

空から見た物集女車塚古墳（『図説 日本の古代』５巻より）

発掘の結果は向日市教育委員会から『物集女車塚』として刊行されている。さらにぼくが執筆した「図説日本の古代」五巻の『古墳から伽藍へ』に、山中章氏が「古墳は時代の情報ボックス―物集女車塚の身元探し」を寄稿していて、コンパクトな知識をえるには便利である。

山中氏は、乙訓にいた六人部《むとべ》氏か石作氏を被葬者候補にあげられたが、両氏とも尾張氏の同族（火明命の後）である。このことは『新撰姓氏録』の「山城国神別」の項にうかがえる。同書によると山城国神別には六人部連や石作氏に限らず尾張連もいたことがわかるので、尾張連につながる豪族だったことも視野にいれる必要がある。

物集女車塚は小型の前方後円墳とはいえ、継体のころの古墳、さらに継体勢力に関係のあるものとしては、さきにあげた近江の鴨稲荷山古墳とほぼ同規模で、副葬品の組合せも類似している。

乙訓寺

ことによると物集女車塚古墳の被葬者は、これから述べる弟国宮に継体が移ってくることに大きく力をかしたともみられる。継体が筒城宮より北方の弟国に都を遷したことには、弟国が元の丹波や秦氏の根拠地のある葛野に近いことに加え、尾張系の諸豪族が分住していたことも大きかったとみてよかろう。

不思議におもうことがある。継体天皇に限ったことではないが、その人物の古墳（陵）を探し求めることに考古学者は熱中する。それにくらべてその人物の政治と生活の拠点である宮（都）を探し求めることには不熱心である。不熱心であるというより七世紀より以前の宮を精力的に追求した人を知らない。

ぼくは樟葉宮と筒城宮についてはある程度の共通点を見出せた。乙訓宮についてもぼくなりの見通しはもっている。樟葉、筒城、弟国の地形上の共通点は、いずれも大河としての淀川水系のあたりにあることであり、川沿いに潟状の土地（江）があった。川沿いの潟状地形は人の手を加えると良好な舟溜りにすることができる。

弟国の地名を端的に伝えているのは、長岡京市今里にある乙訓寺である。乙訓寺は空海が一時住んだことで有名だが、寺はそれ以前からあって、出土の瓦などでは飛鳥時代後期には壮大な伽藍があったことがわかる。とくに現在の金堂北側からは講堂跡とみられる遺構が検出されている。寺伝では聖徳太子のころまでさかのぼるといわれているが、創建期の様子や時期はまだ不明である。とはいえ、長岡京建設以前からあることと弟国の地名を寺名につけていることは確かなことである。

弟国宮と「えあれ沼」

乙訓寺を中心として地下に埋まっているのが今里遺跡である。弥生時代前期から古墳時代におよぶ拠点的な集落遺跡である。

注目されることがある。弥生時代中・後期の甕形土器の六一・五パーセントがいわゆる近江型（系）の甕なのである（国下多美樹「近江型甕についての一試論」『長岡京古文化論叢』）。このことは西山城や南山城の他の弥生遺跡にくらべても目立った特色である。このように、弟国宮はもともと西山背のなかでも近江系の人々との関係の深い伝統をもつ土地を選んだとみられる。

今里遺跡は弥生時代の住居遺構があるだけでなく、弟国宮の時期に近い五世紀末から六世紀前半の掘立柱の住居址も検出されている。この建物遺構はどれもが方向をそろえて並んでいた。

一九七〇年に刊行された『京都の歴史』第一巻でも、乙訓寺の地下遺構を紹介していた。「これとても小規模の遺構であり、弟国宮のものであると断定するだけの材料はない」といい切っている。このときの発掘が乙訓寺の地下に限られたこと、さらに六世紀代の宮の規模をどの程度のものを頭に描いていたのかなどでぼくには賛成ではない。飛鳥時代以前の宮については、渡来系

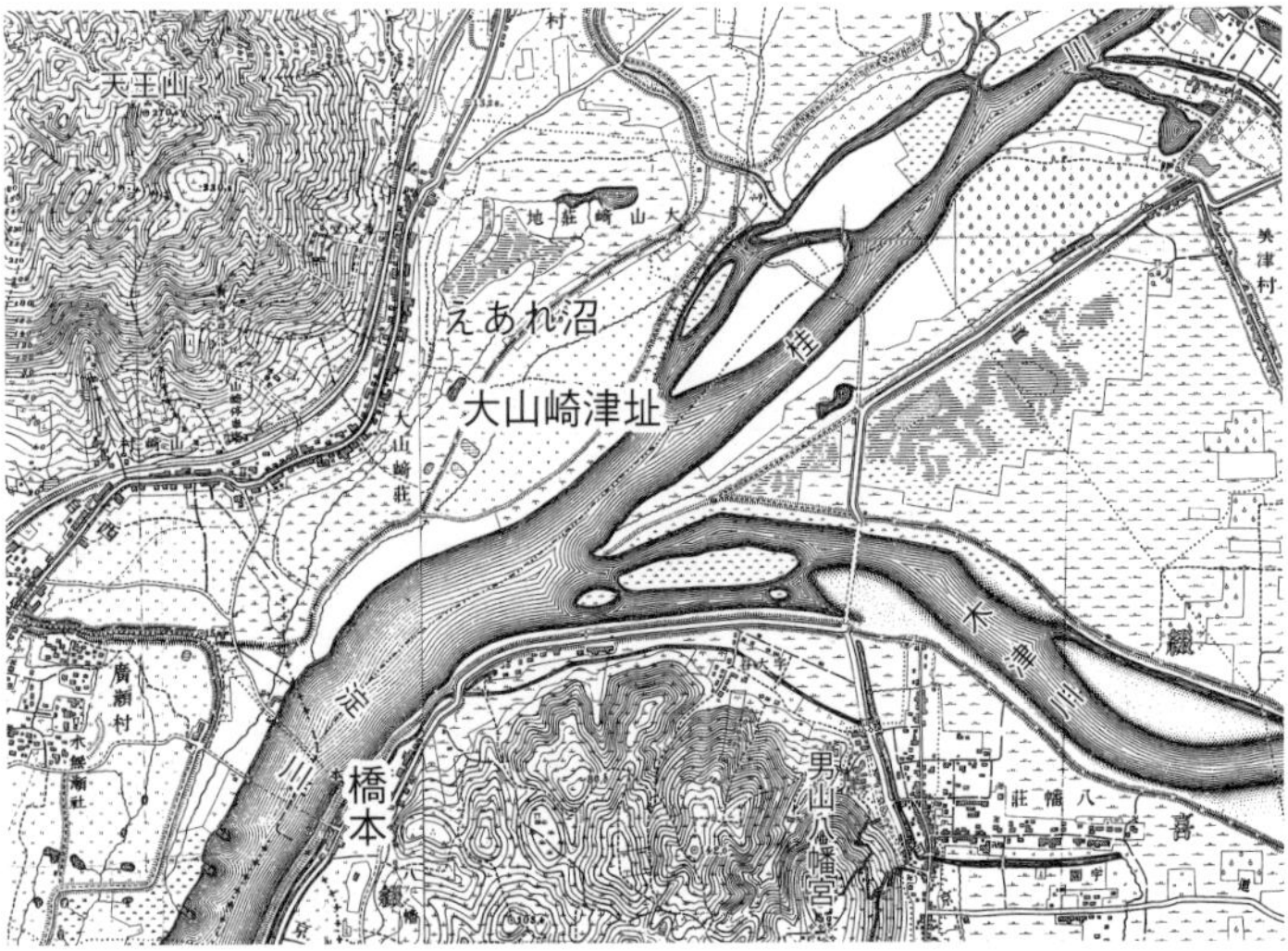

1890年頃のえあれ沼（弟国宮の外港の名残か）

氏族の集落に割込むようにして造ったものが多そうなことは「北野・紫野・洛中の巻」で述べた。

ぼくは乙訓寺の地下一帯にひろがる今里遺跡を、弟国宮についての有力な手がかりとみている。それと弟国宮があってから乙訓寺の創建までは百年余りとみられる。これぐらいの時間ならば、かつて宮があったとするその土地の伝承はのこっていたとみてよかろう。

『宇治・筒木・相楽の巻』でもふれたが、柿本人麻呂は「宇治稚郎子の宮所の歌」を詠んでいる（一七九五）。宇治稚郎子と人麻呂とは三百年近く隔たっている。これを考えると弟国宮の跡地が乙訓寺になるまでの間の時間がそれほどでないとぼくはみている。

弟国宮を考えるとき、地域全体の構造も重要な視点となる。明治二三年（一八九〇）に大日本帝国陸地測量部が作った二万分の一の地形図の「伏見」と「山崎村」を見る。すると乙訓寺のあたりから南へ向って直線道路が桂川の北岸まで延びている。もっと正確にいうならば桂川の北岸にひろがる沼状地形まで達している。

この沼は「えあれ沼」とよばれ、筒城宮跡付近でも認められた「川のほとりにある潟状地形（江）」の名残とぼくはみている。もしこの地形が古くまで遡るとすると、弟国宮は桂川の北（右）岸にある潟（江）を水上交通の基点（港）としてその北方約四キロの地に営んだことになる。ぼくがこの潟状地形に注目してから三〇年はたつ。

この潟状地形は現在ではすっかり埋められ、物流会社の倉庫が建ち並んでいる。「大山崎町遺跡地図」（第二版・二〇〇六年）によると、その位置に「山崎津跡（港跡）」があったと記されている。山崎津といえば、鳥羽離宮や淀津ができるまでの長岡京や平安京にとって重要な外港の役割をしたことは名高い。ぼくの見通しでは、山崎津の前史は弟国宮のころに遡りそうである。ヲホド王は越前の時代から水上交通を重視し、近畿入りをしてからも水上交通の便のある都を選んだ。

乙訓社と杣人が刻んだ仏像

弟国宮や乙訓寺にふれたので乙訓社（神社）についても検討しておこう。乙訓社は『延喜式』の神名帳の乙訓郡一九座にはでていない。乙訓坐火雷神社という名神大社があって、乙訓社北方の井ノ内にある角宮《すみのみや》神社を乙訓社の後身に当てることがある（『山州名跡志』）。この神社はもと井ノ内宮山にあったという。安永五年（一七七六）建立の角宮神社の鳥居には「乙訓大明神」と刻んでいて古くからの伝統を知ることができる。乙訓寺の北方約五〇〇メートルに角宮神社がある。ということは、弟国宮の角（隅）にあると意識されたことでついた乙訓社の別名かとおもう。

宝亀五年（七七四）正月二五日に山背国が「去年十二月、管内乙訓郡乙訓社に狼と鹿多く、野狐百許り毎夜吠え鳴く。七日にして止む」と報告してきた（『続日本紀』）。このことの処置として同年六月に「幣を山背国乙訓郡乙訓社に奉る。豺狼《さいろう》の恠《け》を以てなり」の記事がでている。

このように八世紀の後半から乙訓社は正史に名がでている。延暦一三年（七九四）一二月に「山城国乙訓社の仏像を大原寺に遷し置く」。この仏像とは「初め西山に薪を採る人、この社に休息したまたま木を刻んで仏像と成す。神験あると称して衆庶会集し耳目を驚かす。故に遷す」（『日本紀略』）。

延暦一三年一二月といえば、平安京に遷都した直後である。このころ江戸時代の円空のような天才的な彫刻家がいて、木の端くれで仏像を作ったところ、多くの人の帰依を集めたのである。その仏像を置いていたのが乙訓社であった。桓武天皇はそのことを禁じ、大原寺へ仏像を移してしまったのである。大原寺は京都市西京区大原野南春日町にある通称花の寺の勝持寺とみられている。

このように乙訓社は土地の人々に親しまれていた。桓武が乙訓社から仏像を離したということの背景には、乙訓の人々の団結をおそれる何ものかがあったようである。それもあってか『延喜式』神名帳には乙訓社の名はうかがえなくなっている。

大友皇子が死の場所とした山前

『日本書紀』に西山背があらわれる最後は、六七二年に戦われた大友皇子（近江側・弘文天皇ともいう）と大海人皇子（吉野側、のちの天武天皇）の壬申の乱である。

壬申の乱にさいして、山背直小林や出雲臣狛など北山背の豪族がいち早く大海人皇子側に参加し、それらの豪族の繁栄の糸口を作ったことは前に述べた。

近江側はこの戦に敗れ、大友皇子は「山前《やまさき》に隠れて自ら縊《くび》れぬ」。大臣や群臣の多くが逃げたなか、物部（石上）連麻呂は従ったという。

大友皇子が最期をむかえた「山前」については古くから諸説あるが、大友皇子が再挙を計画したとするなら、山崎津のある今日の大山崎とみるのが妥当であろう。山背《やましろ》の山崎は歴史的な地名であって、ほかの「山前」とは重さが違う。

大友皇子の父天智天皇の二代前の孝徳天皇は晩年（白雉四年）に宮を山碕に造らせている。この山碕は山崎とみられるから、近江朝も山崎の重要性を知っていたとみてよかろう。それと「山崎」は『和名抄』では乙訓郡内の郷名である。天平一九年（七四七）に作られた『大安寺縁起并流記資財帳』に庄（交易の施設か）の所在地として「山背国三處」のなかに「乙訓郡一處　在山前郷」とあって、ここでは山崎を山前にしている。

大安寺の前身は大官大寺であって、天武天皇が建立した。ことによると、大安寺領の山前の庄は天武天皇のときに大官大寺へ施入されたのであろうか。このように考えると大友皇子が最後に山前に拠ろうとしたことには、それなりの意味がありそうである。

進藤千尋という人が明治時代にいた。山城、とくに乙訓をよく歩いた人で、ぼくはこの人のメモ帳ともいうべき「陵墓図量」という和綴じの冊子を前に古本で買ったことがある。冊子のなかに「明治八年六月　進藤千尋」とあるのはこの冊子の完成のころの日付であろう。

陵墓関係だけでなく、乙訓郡長野新田村（現在は京都市西京区）の福西古墳群とも塚原古墳群ともよばれる古墳後期の群集墳の様子や古墳の分布図、さらに小川に架けて橋として転用した石棺（四カ所）の分布図をも克明にスケッチしていて、前にカラーブックスの『考古学入門』（一九七六）に挿図として紹介したことがある。

『陵墓図量』に「大山崎庄宝積寺近傍之図」があって、銭原山宝積寺《ほうしゃくじ》の南東の山腹の尾根上に「弘文天皇山前陵」と記し、さらにその南西の山麓にあった「御霊社」の小さな建物の図もいれて、大友皇子の墓が山崎にあったことを力説している。進藤千尋についてはどういう経歴の人かは知らないが、なかなかの博学者、それに研究熱心な人とみうける。

壬申の乱を考えようとするとき、基本的な問題が一つある。『日本書紀』の壬申の乱の戦いの推移や兵士の配置などは大海人皇子側に立って、「天武天皇紀」の上として巻第二十八にまとめられたものであり、大友皇子側の動向は推測するほかないという点である。

大友皇子側のわずかな記述のなか、大友皇子が最後に走って入ったのは山前であり、このとき重臣で従ったのは物部連麻呂だけとあった。このことに関係するとおもうが、そののち大海人皇子側の別将（名は記載なし）らは「山前に至って河の南に屯している」。おそらく大友皇子の死体の確認と処置とみられる。このあと（別将らは）大友皇子の頭を捧げて、美濃国不破にあった野上の営（不破宮）で大海人皇子に献っている。

大友皇子と大海人皇子は戦ったとはいえ、大友皇子は大海人皇子の甥である。ぼくの推定では、墓を造って死体を埋めたはずである。それと大友皇子に最後まで従った物部連麻呂は乱後に処罰された形跡はなく、それどころか天武朝で重要な役についている。まず乱の五年後には遣新羅大使となり、そののち石上朝臣麻呂と名をかえ、ついには大納言となり、平城遷都後は藤原京の留守司の重職についた。

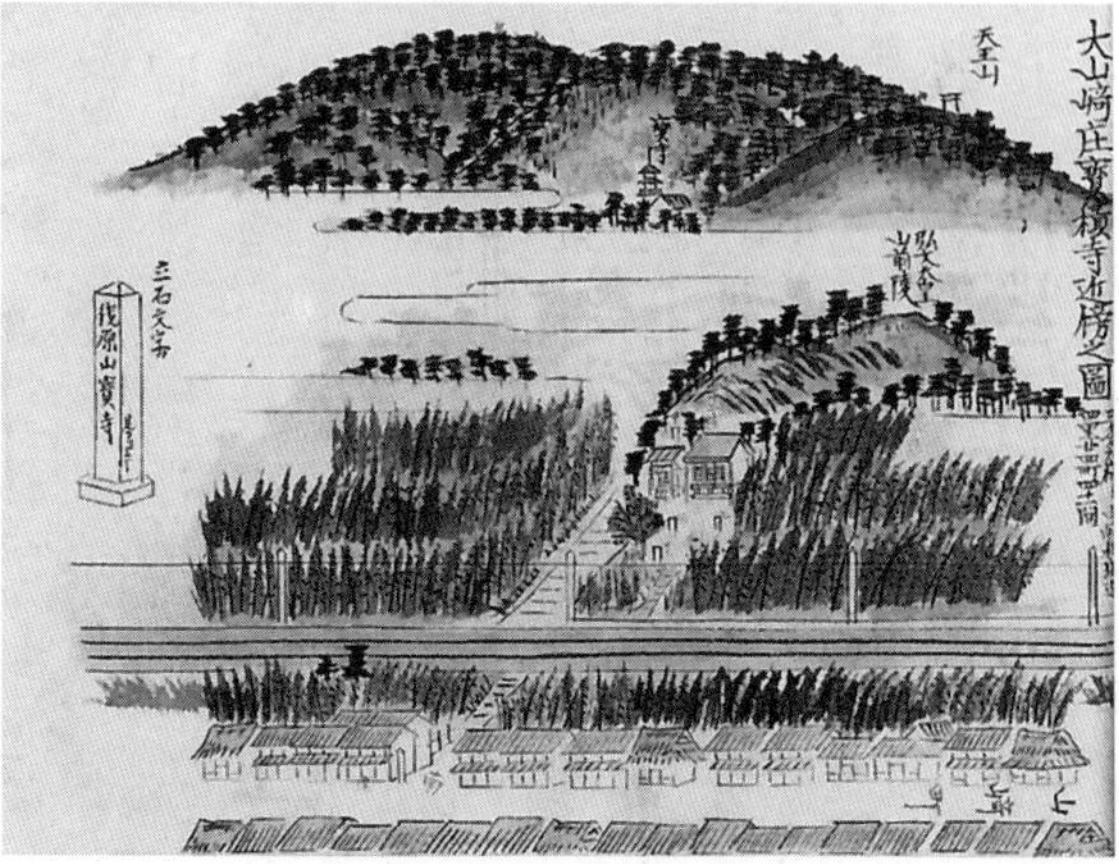

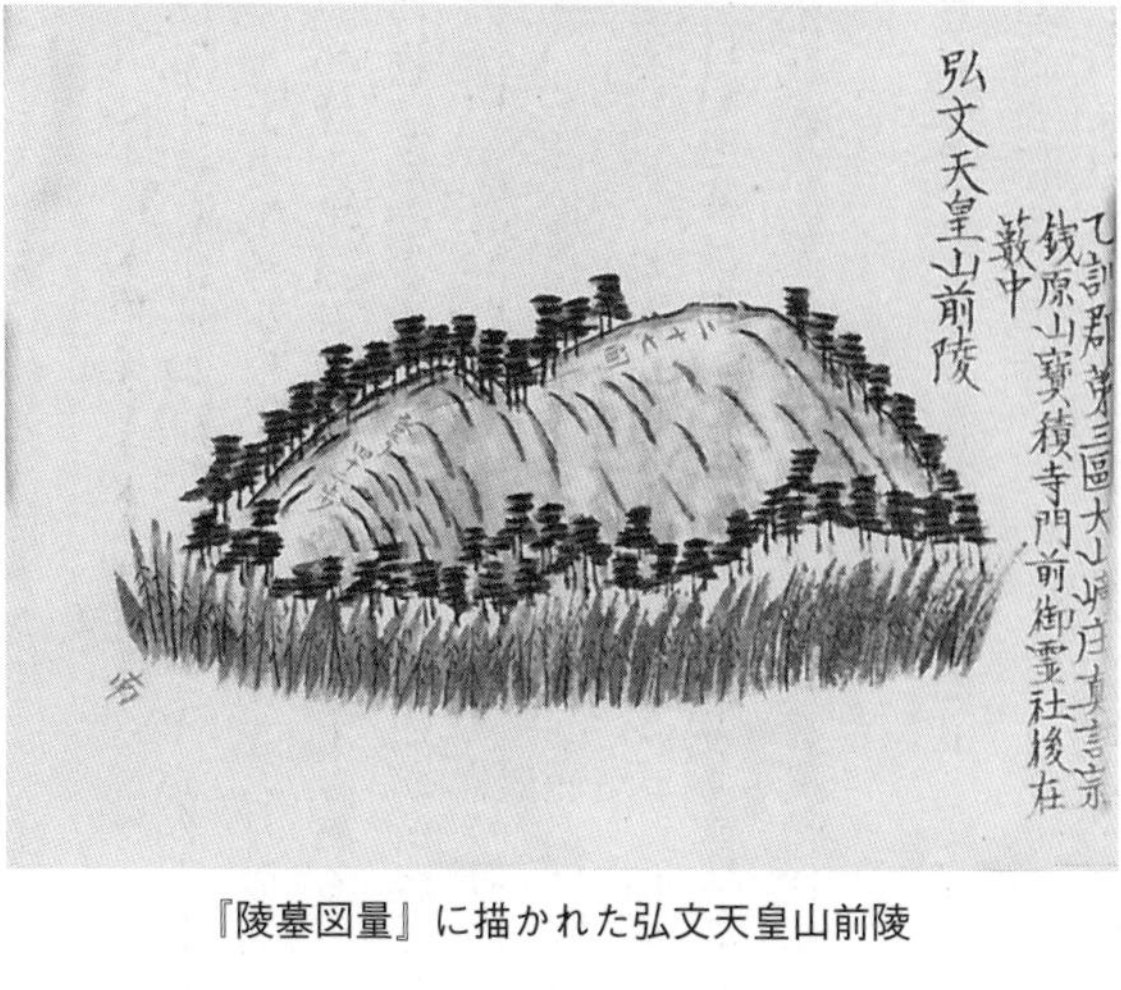

『陵墓図量』に描かれた弘文天皇山前陵

このような麻呂であるから、ことによると天武天皇の死後に大友皇子を山前（崎）に葬ったのは麻呂かもしれない。

石上麻呂は、南山背を舞台としたとみられる『竹取物語』で、カグヤ姫から難題を課される五人の求婚者の一人としての「磯のかみのまろたり」として、こやすの貝（子安貝）を採りに行かされている。また石上麻呂は明日香の高松塚古墳の有力な被葬者候補でもある。

銭原古墓と須恵器の骨壺

東京国立博物館に薬壺形《やっこがた》の須恵器の蓋付壺が所蔵されている。薬壺形というのは、正倉院に伝わっている須恵器の壺に「薬壺」の墨書があることから使われだしたのであって、この形の壺すべての用途が薬壺とは限らない。

博物館の台帳によると自然釉のかかった壺で、身の高さ一八・五センチ、口径一三・三センチ、底径一四・五センチで、鈕（つまみ）の付いた蓋がともなっている。出土地は京都府乙訓郡大山崎町字大山崎銭原七〇番地で加賀正太郎氏が寄贈している。博物館の日高慎氏によると大正一二年一二月八日に寄贈されている。

この壺については同博物館が昭和一二年一二月に発行した『天平地宝』に写真と実測図が掲載されていて、解説に「明治一二年頃の発掘に係る」と書いてある。

明治一二年といえば、前に述べた進藤千尋が大山崎を訪れた少しあとで、京都と神戸間の鉄道工事の最中、とくに山崎駅を置くため山脚を削る工事をおこなっていて、その際の出土と推定される。

平成一八年に大山崎町教育委員会が発行した「大山崎町遺跡地図」（第二版）には宝積寺（宝

寺）の南東下の山脚上に「銭原遺跡・古墓・蔵骨器・奈良時代」などと記載している。その場所は先に掲げた進藤千尋の「陵墓図量」中の「大山崎庄宝積寺傍之図」に描かれた「弘文天皇山前陵」のあたりと重複している。

ぼくは未見ながら、宝積寺に近世初期に作られたとみられる「新修宝積寺絵図」があってこのなかの御霊社の近くに大友皇子の御陵が描かれているという（吉川一郎「銭原七十番地」『乙訓文化遺産』六号、一九七一年）。

進藤はこの絵図を参考にして、弘文天皇山前陵の位置を決めたとおもうけれども、いまはこれ以上の追求はさける。先に述べたように大友皇子の死に最後まで立会った物部（石上）朝臣麻呂が、壬申の乱の当事者たちが死んだあとの元明天皇のころに、仮埋葬してあった大友皇子の骨を掘りだし須恵器の壺に骨を収納した可能性が強い。なお石上朝臣麻呂は天武天皇の死にさいしても殯宮で法官の事を誄《しのびごと》するなど葬事に詳しかった。古代でも稀に見る肝のすわった男子とみうける。

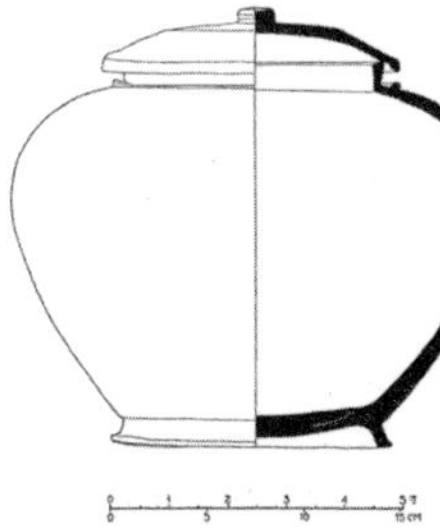

大山崎町銭原出土の蔵骨器に使われた須恵器壺（『天平地宝』による，東京国立博物館蔵）

第3章　交流と生産、主に生産篇

すでに述べたように、丹後という地域名ができたのは和銅六年（七一三）である。したがって弥生時代や古墳時代のことを考える場合には、丹後国が分置された以後の「丹波と丹後」を意識する必要はない。むしろ八世紀初頭以降の丹後という地域概念をもちこまないほうが、弥生時代や古墳時代の歴史をスムーズに理解できるだろう。

丹後という地域について

八世紀初頭以後に用いられる丹後は、元の丹波国のうちの加佐・与謝・丹波・竹野・熊野の五郡である。このうちの丹波郡以外の四郡はいずれも日本海に臨んでいて、丹波郡だけが海に臨まない内陸にある。ただし丹波郡は日本海に注ぐ竹野川の中流と上流の地であるから、海を利用するのにそれほど不便はなかろう。竹野川ではのちに述べるように舟運の便があった。

後の丹後には、京都府全域でも傑出した規模の二基の前方後円墳（いずれも竹野郡）がある。それだけではなく、すでに弥生時代に墳墓とよべるような墓を丹後の全域に多数のこしている。このことは丹波にはみられるけれども近畿全域では例をみない。これらの墳墓のなかには、方形台状墓とよばれるものがある。古墳のように顕著な墳丘はまだもつことは少ないとはいえ、ときには方形に貼石をほどこした例もある（方形貼石墓）。このように大地を墓として占有しだしていることは注目してよい。

このような弥生時代の墳墓の流行のうえにたって、古墳時代になると高塚古墳を多数造営している。長年にわたって京都府の古墳調査にあたってきた杉原和雄氏は、京都府全域のなかでも丹後に半数以上の古墳があることを指摘してぼくを驚かせた。一九九〇年の「丹後の古代製鉄」のシンポジウムの席上であった。

いまでは京都府の古墳の数は一二〇〇〇基が知られているが、うち丹後には六六〇〇基があるという。このように丹後では弥生時代の台状墓の多さが古墳時代に継承されているとみてよかろう。元の丹波は弥生時代には周辺の地域より人口が突出して多かったとみられる。

第3章と第4章では、まずのちの丹後、いいかえれば日本海に臨んだ地域（丹波郡をも含む）を理解するのに「人々と物の交流」と、土地の「生産性」の二つの視点をもって展望を始め、そのことをこの巻の対象である乙訓や後の丹波についても拡大して検討しよう。

蝦夷が逃げこんだ浦掛水門

雄略紀によれば雄略天皇が亡くなった六世紀初頭ごろ、征新羅将軍の吉備臣尾代が率いていた五〇〇人の蝦夷が反乱をおこした。反乱は吉備から周防、さらに丹後へと及んだ。

蝦夷が一人で当百の武勇をもっていることはヤマト政権にはよく知られ、そのためヤマト政権や律令政権は蝦夷を傭兵として利用した例は多く、平安時代にも各地の治安維持のため、俘囚として西日本を含む各地に分住させられた（「蝦夷私考」『山野河海の列島史』所収）。吉備臣尾代が率いた五〇〇人の蝦夷も傭兵として動員された早い例とみられる。

雄略天皇の死の直後に反乱をおこした蝦夷は、新羅との戦のため吉備まではすでに連れてこられていたとみられ、まず尾代との合戦は娑婆水門《さばのみなと》でおこなわれた。娑婆水門は周防国佐波郡の主邑にある港のこととみられ、瀬戸内海での重要な海の拠点であった。今日の防府市で、防府とは周防府中のことである。

娑婆での合戦のあと、残りの蝦夷は丹波国の浦掛水門に集り尾代の軍と戦い全滅した。浦掛とは和銅六年以降の丹後国の熊野郡久美浜（現、京丹後市）の浦明《うらけ》とみられる。浦明には縄文時代晩期と弥生時代中期などに遺物や遺構をのこす浦明遺跡があるし、浦明の南西に聳える兜山には後に述べる熊野神社が鎮座している。熊野郡は丹後国の西端にあって、久美浜湾をかこんだ土地である。

久美浜湾の北辺には東から西へと延びる長さ二キロの細長い砂嘴《さし》（堤）が形成され、砂嘴の西端に湾と海とをつなぐ舟の出入口（水戸口）がある。水戸口は今は小舟しか通れないが、地域の人々が団結して江浚《えざら》えの作業をつづけていたころは、大舟も湾に入れたであろう。

この砂嘴の東端の砂丘にあるのが、中国の王莽《おおもう》の新の貨泉が採集されたので名高い函石浜《はこいしはま》遺跡である。この遺跡は学史的には名高いが、貨泉がこの地にもたらされたのが、弥生時代かそれとも中世に下るかに疑念があり、ぼくは弥生時代にもたらされた貨泉とすることを保留している。

このように久美浜湾は日本海沿岸に点在する潟の大規模な例とみられ、地形からは久美浜潟といってよかろう。このような潟は毎年地域の人々を動員して改修の手を、とくに砂嘴の切れ目の海への通路に集中すると、潟の内部が良好な港（津）となる。浦掛の遺称地とみられる浦明は湾（潟）内部の北東部にあり、ある時期の港があったのであろう。ついでに書くと、久美浜とは熊野郡のなかの久美郷で、隣接して海人がいたと推定される海部《あま》郷があった。

久美郷にいたとみられる豪族に久美公全がいた。承和二年（八三五）に従八位上であったが、時統宿禰《ときすべ》と改姓している（『続日本後紀』）。この改姓のとき自らを「伊枳速日命《いきはやひのみこと》之苗裔《びょうえい》」と称している。なおイキハヤヒノ命はぼくにはどこの人か神かも分からない。壱岐にまつわる神または人なら「交流」の視点で面白いが、メモするにとめておこう。壱岐を伊吉とか伊岐とする氏名はある。

ではどうして吉備臣尾代と戦った蝦夷たちが、最後に熊野の浦掛に逃げこんだのであろうか。ぼくはこれらの蝦夷とは蝦狄とも書かれた越の蝦夷だったと推定する。古代には太平洋側（陸奥）のエミシを蝦夷と書き、日本海側（出羽や越）のエミシを蝦狄と書いて区別したことがある。この場合の越のエミシとは今日の新潟県から山形県に居住していたとみられる。もともと舟にのって日本海沿岸での交易に従事したとみられ、久美浜についての土地勘のあった者が混じっていたとぼくはみている。なお『延喜式』主税の項には、肥後や出雲など三十五カ国で俘囚料の支出が記されているが、丹波・丹後・但馬にはその記載がなく蝦夷が分置されていた気配はない。

熊野神社と権現山古墳

熊野と書くと、太平洋側の紀伊国南部の熊野地方がまず頭に浮かぶ。紀州の熊野には熊野三所権現とよばれた熊野三山があって、院政期の上皇や貴族たちが熊野詣をおこなったことはよく知られている。

紀州の熊野との関係は不明ではあるが、出雲国の一宮は出雲大社（杵築大社）ではなく、意宇《おう》郡にある熊野坐神社（大社）である。この出雲の熊野大社を遷したのが丹後の熊野郡の熊野神社とみられている。

丹後国の熊野神（神社）は、貞観一〇年（八六八）に正六位上から従五位下を授かっている（『三代実録』）。丹後の熊野神社は『延喜式』の神名帳にも記載されている。丹後へ勧進されたの

久美浜湾（潟）の水戸口から眺めた兜山（頂上に熊野神社がある）

は古く、この神社の名によって郡名の熊野ができたとみられる。したがってそれは和銅六年以前のことであろう。

熊野神社は浦明の南方の兜山（標高一九一メートル）の頂上に鎮座している。この山は地域の信仰を集めていたが、航海者にとって目印になる山でそれが信仰を生みだしたのであろう。

以上みてきたことは丹後の熊野と出雲との交流があった証しとなるが、出雲そのものと紀伊との関連もかなり強くうかがえる。神話ではあるがスサノヲ（素戔嗚）尊はその子イタケル（五十猛）神をひきいて新羅国へ渡り、埴土で舟を作って出雲国の簸《ひ》の川上の鳥上峯に戻った。その地で八岐大蛇を退治したあと、多くの樹種を韓の地には殖えずに筑紫より始めて各地を青山とした。それによってイタケル神を有功《いさおし》の神というようになり「すなわち紀伊国にまします大神是なり」とある。

今も紀伊には有功《いさお》という土地が紀の川下流の右岸にある（明治二二年に薗部《そのべ》と六十谷《むそた》を統合して有功村ができたが村名としては今はない）。六十谷は朝鮮半島的な陶質の家形土器の出土でよく知られているから、神話に語られている出雲や韓の地と紀伊の関係は注目してよい。なおイタケル神を祠る伊太祁曽《いたきそ》神社（式内社）は紀の川下流の左岸にあるから、イタケル神の伝承を解くには紀の川の下流全体の遺跡を総合する必要はある。

久美浜潟へ北流して注ぎこむ川上谷川の中流の左岸に権現山古墳がある。権現山の地名は熊野三所権現、つまり熊野神の信仰とかかわりがある。一九八一年に調査されたが、特異な墳丘が話題となりぼくも発掘中に見学できた。出雲の山間部には弥生時代に四隅突出型墳丘墓が出現し、やがて海岸地帯で方墳の一種としての四隅突出型方墳となり、それは伯耆と因幡をへて越中（杉谷4号墳）へと日本海沿いに東進している。さらに海を越して隠岐の西郷町大城にも見られる。このように四隅突出型方墳とは出雲文化の代表的な構築物なのである。

権現山古墳は典型的な四隅突出型方墳とはいえないまでも、古墳の基底部に四方に突出した尾根をとりこんでいて、出雲の墓制の影響をうけたものであることは認めてよいようにおもう。この古墳は熊野郡で最初に出現する規模の大きな前期後半の古墳で、熊野郡の地域名の成立を考えるときに重要である。

笠（加佐）郡と大浦半島

丹後の東端にあるのが加佐（訶沙）郡である。地名を一字で表記していたときには、笠一字であらわしていたとみられる。

法隆寺旧蔵の御物金銅観世音菩薩立像《りゅうぞう》の銘文に「笠評君名大古臣」と「布奈太利古臣」の名がみえる。辛亥年（白雉二年、六五一年か）の造像銘である。この二人の姓は臣であり、笠を氏名にしていたとみられ、のちの丹後の加佐郡の豪族であろう（吉備の笠臣を考える人もいるが吉備には笠評（郡）はない）。笠（加佐）郡は丹後にしかないので、観世音菩薩立像名の笠評は、笠郡の古い表記とみられる。『和名抄』では、筑前国に御笠郡はあるが、これを笠郡と略した例はみられない。

加佐郡の東端は若狭国大飯《おおい》郡に接している。大飯郡は天長二年（八二五）に遠敷《おにゅう》郡から分置された（『日本紀略』）のであるから、八二五年以前は加佐郡は遠敷郡に接していたのである。遠敷は二字表記になる以前は小丹生であらわし、東大寺二月堂のお水取りとの関係などさまざま古い信仰を伝える土地である。

加佐郡の西部には舞鶴湾があり、由良川がこの湾の西方二・五キロの日本海に注いでいる。由良川の川口にある由良は山椒太夫伝説の舞台となったところで、由良川の水運にともなって富豪層が居住していた。由良川の上流は丹波の綾部や福知山で、水運の範囲であることは後でも重要になる。なお由良川は、今日でも鮭の遡上してくる日本海沿岸の西限の地としてもよく知られている。『延喜式』に丹後国から生鮭を出すことが「諸国例貢御贄」（宮内省の項）に定められている。さらに「内膳司」でも諸国の年料として丹後国から生鮭《いけさけ》三棒十二隻三度、氷頭《ひづ》一壺、背腸《せわた》一壺を出している。氷頭と背腸は今日も食べられている鮭の加工食品である。これらを産した郡は、丹後のなかでは加佐郡の由良川流域であろう。

丹後国の鮭を考えるとき、由良川のほか与謝川でも鮮鮭のとれたことを示す平城宮の木簡がある。表と裏に「丹後国鮮鮭　御贄　雄腹」と「与謝川」と表した二条大路遺跡の出土木簡である。与謝川は阿蘇海へ流れる野田川のことかとみられる。

舞鶴湾に臨んだ舞鶴に海軍の鎮守府が置かれたのは一九〇一年であり、それ以来、舞鶴は軍港都市として栄えた。舞鶴に軍港が置かれると、その北東で大きく若狭湾に突出した大浦半島は要塞の付属地として開発がおさえられ、陸の孤島の観を呈していた。そのために未開拓の地として遺跡の存在が期待されるようになった。

ぼくは、舞鶴市で夜の講演があったとき、土地の人に無理をいって、大浦半島の最北端の三浜

川口近くでの由良川（上）と由良川下流の左岸にある山椒太夫伝説にちなんだ銅像（下）

の山崎隆三氏の民宿に泊まることにした。たしか九時をすぎてからの晩飯になったが、海の幸がどっさり食卓に並び、三浜を選んでよかったことが実感された。一九八五年一一月二九日のことだった。

この夜、一緒に食事をした人に高橋卓郎氏(故人)がおられた。高橋氏は長らく大浦半島の学校に勤務されたことがあって、大浦半島や沖にある老人島《おいとしま》神社のある冠島や沓島の信仰のことを話された。お聞きするうちに、元慶四年(八八〇)に「丹後国正六位上息津嶋神、葛嶋神、坂代神に並に従五位下を授ける」(『三代実録』)の記事がおもいだされ、二神が玄界灘の沖の島と大島に、一神が九州島側に祠られている玄界灘の宗像三女神の信仰との類似が気になりだした。なお葛嶋神とはアンジャ島沖一キロにある磯葛島に祠られた神のことであろう。

この日、高橋氏は大浦半島各地で採集された製塩土器や、三浜の北方に浮ぶ小島(アンジャ島・縄文時代後期の遺跡がある)から出土した木造の丸太舟の製作に使ったと推定される二本の細長い磨製石斧などを持参された。縄文時代に異常に細長い磨製石斧があって、前に徳島県鳴門の海にのぞんだ遺跡で実見し木造舟の製作を考えたことがある。

この日、高橋氏から一九七七年に両丹地方史研究大会で発表された「大浦半島の製塩遺跡について」のガリ版刷の小冊子もいただいた。これによると大浦半島の海岸にはたいてい製塩土器を出す遺跡があって、すでに浦入《うらにゅう》でも「浦入みかん園」に須恵器を出す遺跡が示されていた。

ぼくはちょうど編集委員をつとめていた「海と列島文化」の二巻の『日本海と出雲世界』(小学館)に「冠島と雄嶋信仰」と題する長文の論文を高橋卓郎氏に執筆してもらうことができた。

このように大浦半島の考古学や民俗学の世間の周知に、ぼくも縁の下での役割を果たせたことは幸運だった。

ぼくが泊まった三浜の海岸砂丘には七基の後期古墳が知られていて、三浜丸山古墳とよばれている。のちに述べられるように、古墳の多い丹後のなかにあって加佐郡は極端に古墳が少ない。なお三浜丸山古墳群はおそらくその地の製塩にも従事した海人がのこしたとみられている。

大浦半島の西半分は古代の凡海《おおしのあま》郷で、三浜やこれから述べる浦入遺跡はこれらの海人がのこしたのであろう。

大規模な海村遺跡としての浦入遺跡

浦入遺跡は大浦半島の西海岸のほぼ中央にあって、舞鶴湾の入り口近くで浦入湾とよばれる地形を呈している。

浦入湾の西辺には北から南へと延びる松ヶ崎とよばれる砂嘴が発達している。この砂嘴がもう少し長ければ浦入潟となる。しかし現状では潟にはなっておらず、潟形成途上の湾といってよかろう。注意してよいのはこの砂嘴の先端部分は浦入湾の南岸千歳の飛地になっていて嶋の小字名をのこしている点である。砂嘴はこの小島に向って形成されたのである。なお千歳下には、古墳時代中期の祭祀遺跡がある。

縄文時代前期の丸木舟はこの砂嘴の付け根の舞鶴湾側で発掘され、海村遺跡を示す製塩炉の遺構や住居址、さらに鍛冶遺構は湾の北部と東部をめぐる広い範囲で検出された。日本海地域きっての大きな海村遺跡であるし、太平洋地域でもこれほどの海村遺跡の調査例はない。

浦入遺跡のある地に関西電力の石炭火力発電所が建設されることになり、まず分布調査と試掘

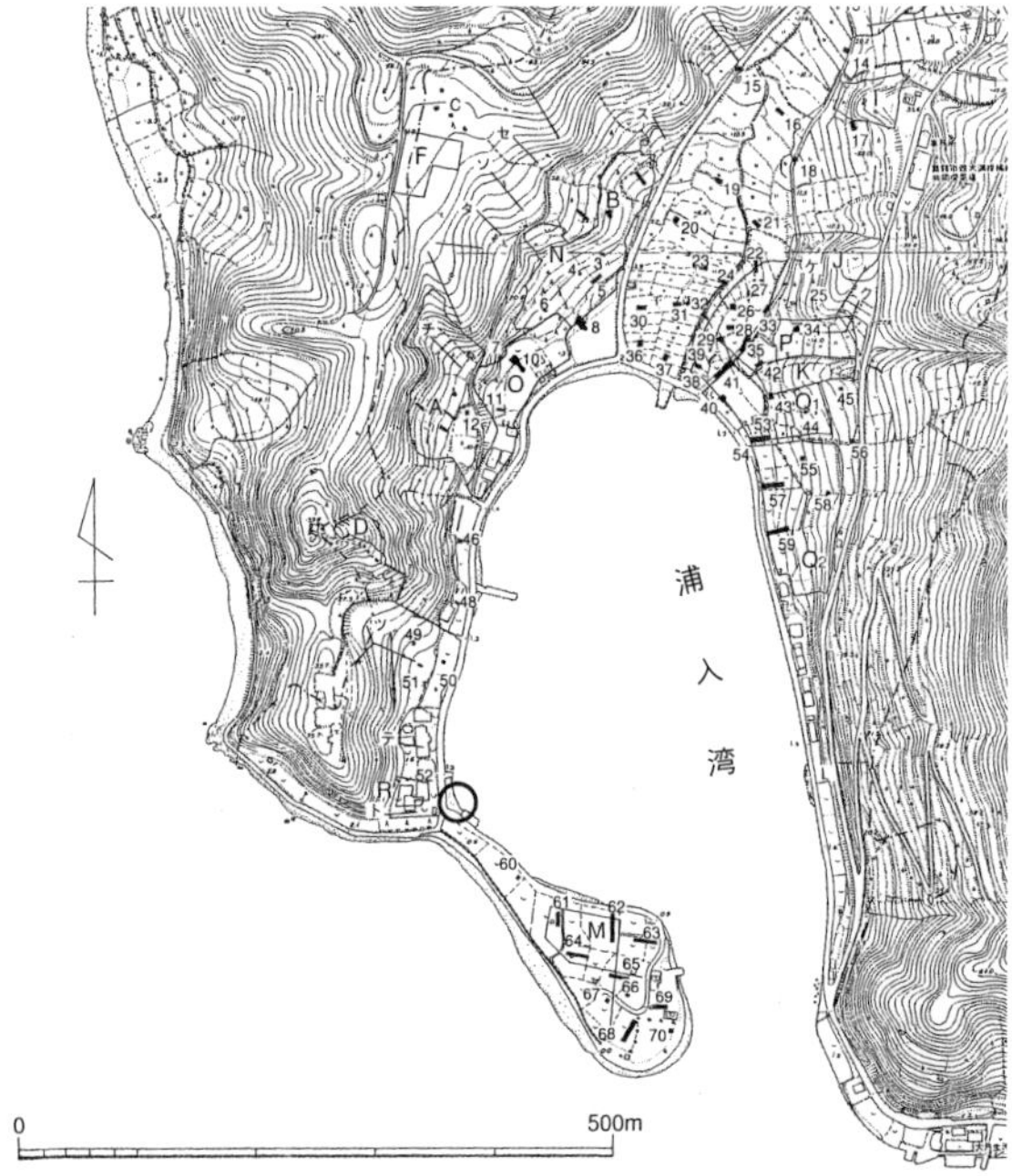

浦入湾周辺にひろがる浦入遺跡、○印は丸木舟の出た場所

調査がおこなわれた。その結果、縄文時代から平安時代におよぶ海村遺跡群の存在が考えられ、舞鶴市教育委員会と京都府文化財保護課によって一九九五年から九八年まで発掘が実施された。高橋氏も舞鶴市が組織する浦入地区の発掘調査会の委員としてこの発掘に参加された。

　このように浦入遺跡の調査は開発にともなっておこなわれ、出土した遺構の保存が成功したとはいえないまでも、海村遺跡の全貌が究明できたことは学史上で評価される。

　丸木舟は砂嘴の付け根の当時の海岸線に埋まっていた。近くから舟を繋留したとみられる太い杭や碇石も出土していて、丸木舟の検出地点が船着場であったとみられている。

　丸木舟はスギを用いていて、所々に製作時についたとみられる焦げ目がついていた。現存する舟の長さは約五メートル、幅は約一メートルもあって、いままでに知られている縄文時代の丸木舟としてはもっとも幅が広い。本来は長さ八メートル前後の丸木舟だったとみられる。出土の層序から考え、縄文時代前期中頃の遺物とみられる。

ぼくは以前にニューヨークの自然史博物館で、アメリカ大陸で原住民がミシシッピー川で使っていた大きな丸木舟を見たことがある。説明ではまず巨大な丸太の表面を焼いて水のたまる凹みを作り、そこへ水をいれ熱した礫の投入をつづけると水が沸騰し、木が柔らかくなり石器で削ることができたという。そのような行為を繰返しておこなったのであろう。これが数百年前のアメリカ原住民だけの技術かどうか留意しておいてよかろう。日本列島出土の丸木舟には焦げ目がよくついている。なお焼いた礫を穴に投げいれて食物を蒸焼きにすることは、縄文時代の始めからおこなわれていた。

丸木船の頭部(たぶん舳先)の五〇センチほど横で、一個の碇石が出土した。発掘報告書の『浦入遺跡群』(二〇〇一年、京都府埋蔵文化財調査研究センター)によると、碇石や杭は丸木舟より「やや新しい」と考えているが、出土状態の図面をみると、同時代のものとみてもおかしくはない。

千葉県多古町栗山川のほとりで、縄文時代中期のムクノキ製の丸木舟が出土した。このとき舟の舳先近くの内部に二つの碇石があった。ぼくも長崎県諫早市(元の多良見町)の伊木力遺跡の発掘にかかわったことがある。大村湾に臨んだ海村遺跡で縄文時代にはじまり、中・近世の遺物まであった。

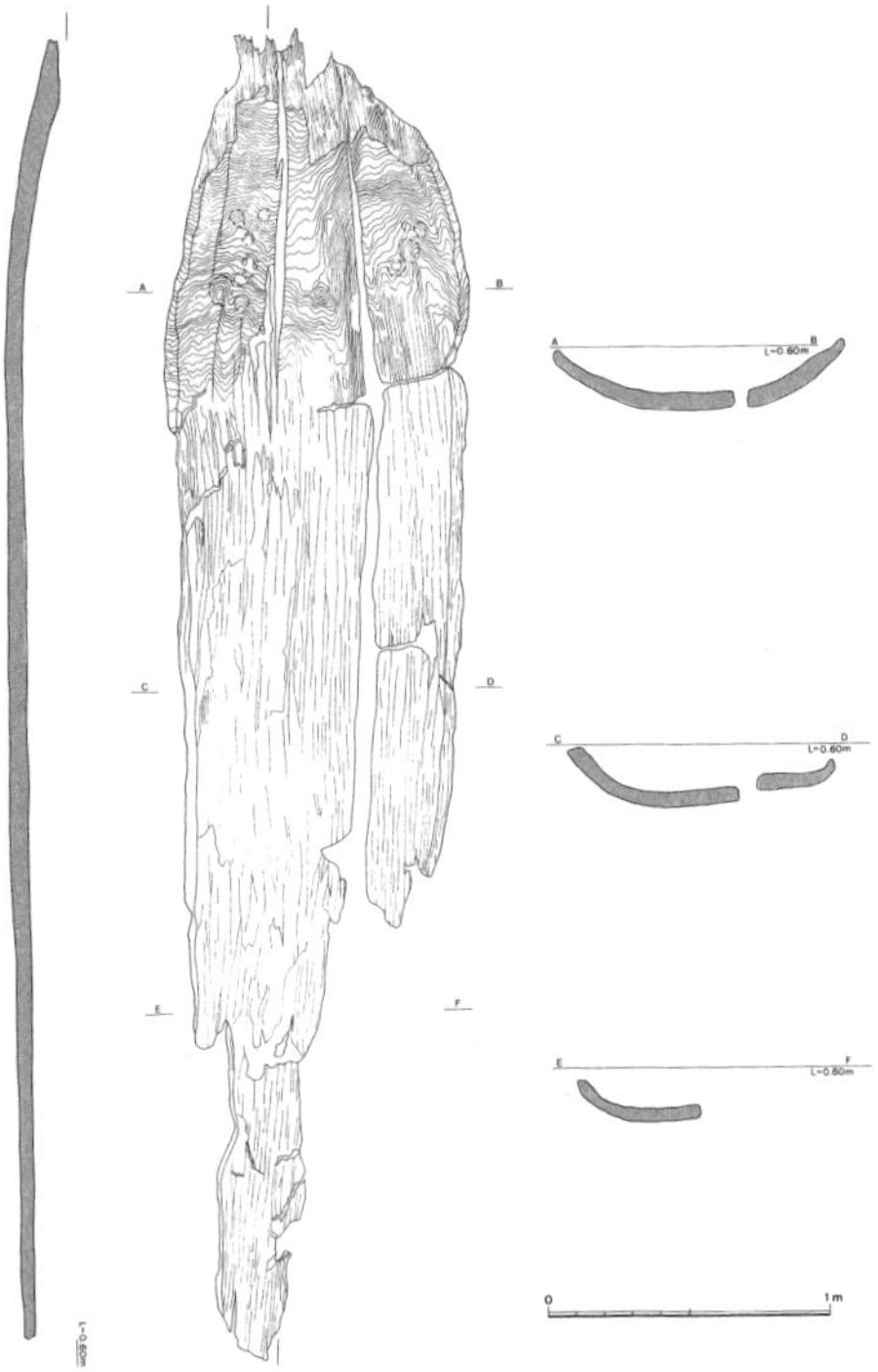

浦入遺跡出土の縄文時代前期の丸木舟
（京都府遺跡調査報告書，第29冊による）

伊木力遺跡では縄文時代前期中葉の現存する長さ六・五メートル、最大幅七六センチの丸木舟の底部が出土した。センダンを用いていた。驚いたのはこの舟の周辺から重さ一キロ以上の碇石が一一〇点も出土していて、この遺跡では碇石が製作され他の集落に供給されていたとみられる（浦入の碇石とは違う）。

碇石は丸木舟には常備の道具である。碇石は太い綱で結ばれ、おそらく綱の長さは数メートルから十数メートルはあっただろう。

福井県三方町に縄文時代の鳥浜遺跡がある。一部に貝塚をともなっていて鳥浜貝塚ともよばれる。臨海遺跡ではないが、海へ通じている三方五湖（昔は六湖か）のほとりにある海村的性格をももつ遺跡である。遺跡が低湿地にあったため、木製品、漆製品、縄、編物など普通なら腐っている遺物が多数出土した。

鳥浜遺跡からも縄文時代前期と後期の二艘の丸木舟（ともにスギ）が出土している。縄文時代前期の舟の形状は、浦入遺跡のものより伊木力遺跡の舟に似ていて全体に細長い。

鳥浜遺跡から出土した綱の豊富さは驚くばかりで、釣り針につけたとおもわれる細いものから碇石を結わえたとおもわれる太いものまであって、縄というより綱といったほうがよいものもある。これらの縄や綱にはタヌキランやアカソ（赤麻）などだけでなく、学界の予想をこえて大麻をも原料にしていた。

大麻はそれまで弥生時代になって栽培されると思われていた。大麻は栽培植物であるが、鳥浜遺跡からはヒョウタン、シソ、エゴマ、ゴボウ、緑豆、ウリ類など、栽培したとみられる種や植物遺体も検出されていて、縄文人は口にいれるものより、生活財となる有用植物を栽培していたことが垣間見られるようになった。エゴマは食用にもなるが、漆器の製作に用いる混和剤なのである。そののち、縄文時代の縄は富山県小矢部市桜町遺跡でも発掘に成功している。

アカソにしろ大麻にしろ、それから糸を作りだすには紡錘車（ツム、へそ石）という石製の重りが必要となる。浦入遺跡からは五点の石製と土製の紡錘車が出土している。五点のなかには滑石製や須恵質の古墳時代のものもある。他の二点は土師質と石製である。このように縄文時代の縄についてはしだいにわかってきたが、糸に縒《より》をかける方法（道具）を含め、なおぼくには不明である。土器片を利用したとみる人もいる。

以上の例では、縄文時代や弥生時代に縄や綱をどのようにして入手していたかはわからないが、おそくとも古墳時代になると海村内で縄も綱も生産していたとみられ、海村としての組織がより強くなったのであろう。

浦入縄文人の食生活

浦入遺跡の丸木舟は樹脂で固めて保存されることになった。取出し作業中に丸木舟の下に幅六〇センチ、深さ二〇センチの（長さ不明）の穴（土坑）が見つかり、内部にドングリがつまっていた。このような遺構は旧石器時代末以降に各地にのこされていて、ドングリピットともよばれる。このドングリはコナラともアカガシ属とも推定されている。ドングリを大量に地下に保存した理由については、縄文人の貴重な食料だったからとも、主要な食物が不作のときに備えた救荒用ともみられている。ぼくはどちらの用途もさほどは矛盾しないとみている。浦入遺跡の土坑は、丸木舟よりも前の縄文時代前期前半と考えられている。

現代人はドングリのことをどの程度知っているだろうか。江戸時代の末に奄美大島に滞在し、その地の民俗を克明に記した名越左源太は、椎の実についてつぎのように述べている。椎の実の多くなる年は「是の実を拾ひ朝夕の飯料とす。米の飯に次で上食なりと云。（中略）島民是を天賜の穀物なりと、苦労しても拾ふなり」（『南島雑話』）。おそらく浦入の縄文人も、秋になると大浦半島の山でドングリの類を拾い集めたのであろう。

ドングリは木になる堅果のことで、親しい関係にあるものとしてクリ、クルミ、トチ、カヤなどがある。川や池にできるヒシも重要な食材だった。クリは自然林になるというより、縄文時代以来その成育に人間が手を貸していた（生《は》やし）とみられる。クリは材木をとるのが目的で育てると栗林《りつりん》、実をとるのを目的に育てると栗栖《くるす》であり、とくに栗林は奈良時代や平安時代の寺社の資財帳によく記載された。

クルミの実は縄文遺跡や弥生遺跡からはしばしば発掘されていて、古代人もその脂肪分を珍重したらしいし、栃《トチ》はドングリと同じように水にさらし、アクを抜いてから粉にして、餅や粥などに加工する。丹後や丹波では土地の名物として今も栃餅を作っているところがある。

トチは今日、ふだんは食物として意識することは多くはなかろう。ところが力士の四股名には栃ノ心とか栃の洋とか栃煌山のように栃をつける人がすこぶる多く、かつての栃の重要性の一端がうかがえる。

ぼくは一九九四年三月号の『中央公論』に「食の体験文化史」の連載を始め、一九九八年九月号まで続いた。この連載で海・川・山・野・田畑のたいていの食材を書いたが、ドングリのことは書けず仕舞いで終わった。一つにはドングリに含められるナラやシイの実などにまだ厳密な基準がないらしく、そのことが書きにくい理由でもあった。

ぼくは連載が終わるにつれて、ドングリの項を書けない自分にいらだちを感じていた。連載を単行本にするとき「あとがき」に、つぎのようなことを書いた。

「一九九二年十一月二十二日、丹後で古墳を見るため山に登った。すると人の気配がする。腰をかがめた老人が、黙々とシイの実を拾っている。かなり離れてもう一人、同じようにシイの実を集めている。世はまさに飽食の時代、グルメの時代とかいわれる。そんななか老人はシイの実を集めている。ぼくはたずねてみたいことが山ほどあった。だが厳粛さにたじろいで、やっと〝何にするのですか〟しばらくして、ぽつんと〝食べるのです〟」

この古墳とは京丹後市網野町の離湖古墳のことで、第6章で述べられるように、墳丘はさほど大きくはないのに、豪華な長持形石棺を埋葬施設にしている。古墳に隣接してある離湖は古代には潟で、ここに日本海沿岸地域でも拠点的な港があったと推定されている。ぼくには古墳の重要性とともに、いまもなおシイの実を食べるために拾う人をこの目でみたということでも忘れない。

浦入湾の周辺では、縄文時代早期以来の各時期の土器や石器が出土した。遺物の数が多い割に住居遺構がのこらないのは、この地で重複して生活が営まれ、先にあった遺構が失われたとみられる。

各時期の縄文土器のなかには、他地域に分布の中心を持つものとして早期の茅山《かやま》式（神奈川県）、粕畑式や入海《いりみ》式（ともに愛知県）、石山式（滋賀県）、前期の関山式（埼玉県）などがある。これらは縄文人が行動力をもち他地域との交流を深めていたことを示すとみてよい。縄文遺跡や弥生遺跡がその地域内の土器や石器だけをもった、いわば閉鎖的な例はほとんど知られていない。ここでは詳述はしないが、浦入遺跡の前期の丸木舟は日本海沿岸のかなり遠方まで航行していたと推定される。

出土の石器のうちに五〇点の石皿のあることは、木の実などを粉にした道具とみられる。これらは磨石《すりいし》と併用して製粉に使われたのであろう。縄文人が素朴な方法での製粉技術をもっていた。

このことによって人々の咀嚼を助け多種類の素材を食用にできたことであろう。

ドングリなどの木の実は、縄文人やそれ以降の人々の生活にとって、今日考えられている以上に重要な役割をもっていたとぼくは考える。

ただし木の実（ドングリ類）には年ごとによって豊作と不作があって、食生活を木の実だけに頼ることはできなかったし、しなかった。

浦入遺跡からは扁平礫の長軸の両端を打ち欠いた石錘や有孔あるいは有溝の石錘もあって網漁がすでにおこなわれていたことがわかる。有孔や有溝の石錘は孔の位置や溝の構造から、網漁というより、たとえばナマコ捕りで道具を海底に沈めるための重しともみられる。

ナマコは縄文時代や弥生時代に食べた例は見つかっていないが、『延喜式』では能登国や隠岐国から大量の熬海鼠《いりこ》を調としてだしているし、能登国からは海鼠腸《このわた》をも調として出している。平城宮木簡にもあって古くから珍重されていたことがわかる。これらは日持のする加工品で、生きたナマコ（生海鼠）は当時は漁村の人しか食べられなかった。ただし日本海沿岸の漁業では夏枯れという言葉があるように、魚のあまり捕れない季節がある。このためにヘシコ（サバ、イワシ、ニシン、フグのヌカ漬）のように魚を加工して保存する技術も進んだ。とにかく漁撈が盛んだとしても、一年中の食生活を支えるには充分ではなかった。

浦入遺跡では狩猟具としての弓矢の矢の先に着けた石鏃も数点でている。弓矢は川辺の魚を捕るのにも使うがたいていはイノシシやシカの捕殺用である。だが縄文土器が全期にわたって出土しているのにくらべると、数点しかない石鏃は多くはないといってよかろう。この遺跡での狩猟は補助的におこなわれた程度とみられる。

浦入遺跡の弥生時代から平安時代にかけての遺構と遺物については、あとでさらにふれる。とくに奈良時代から平安時代にかけての製塩関係の資料は膨大である。これほど大規模な製塩遺跡が丹後にあったとは、ぼくは予想できなかった。

丹後の縄文遺跡

浦入遺跡とすでに述べた京丹後市久美浜町の浦明遺跡は、丹後の東端近くと西端近くにある。両遺跡の中間にあたる京丹後市の海岸に臨んで、縄文時代前期から晩期、さらにその後の時代におよぶ平《へい》遺跡、縄文時代前期の宮ノ下遺跡、後期を中心とした浜詰遺跡（貝塚）がある。

このように丹後の縄文遺跡の地形的特色は海に臨んだ土地にあることで、これらの遺跡の縄文人は陸路よりも舟によって海で結ばれることが多かったとみられる。つまり東からみて、加佐郡の浦入遺跡、竹野郡の平遺跡、宮ノ下遺跡、浜詰遺跡、熊野郡の浦明遺跡がある。釣り人の浦嶋子（浦島太郎）がいたり、今日も舟屋の並んだ伊根の漁村のある与謝郡に、顕著な縄文遺跡が見られないのは不思議である。これはおそらく遺跡が今日の集落と重なっていて、未発見ということだとおもう。

一九九三年一〇月に伊根の民宿に泊まったとき、近所の漁師がクジラ捕りに使った鉄銛を持参され、あげるといわれたが宮津の丹後郷土資料館へ寄贈してもらった。

これらの遺跡のうち、遺跡の一部に貝塚をのこしている浜詰遺跡を見ておこう。この遺跡は京丹後市網野町でも西よりの、昔の木津郷の海岸近くの台地上にある。この台地の北斜面で縄文時代後期前半の土器を出す三基の方形の竪穴住居址が発掘され、南斜面の一基が復元され、今日も民家の間にのこっている。

動物遺体が多くのこされ、マシジミ、ヤマトシジミやコイなどの淡水産の貝や魚、ハマグリ、アサリ、サザエ、アワビ、イガイ、マガキ、ボラ、フグ、クロダイ、マグロなどの海に産する貝や魚がある。このほかウニやウミガメの遺体も見つかっている（酒詰仲男『日本縄文石器時代食料総説』）。

この遺跡の発掘は酒詰氏がおこなったほか何度もおこなわれ、資料を総合する作業がまだのこされていて、とくに酒詰氏が同定された動物遺体のほかにクジラの遺体も検出されていて、先ほど述べた近世、近代の伊根の捕鯨とも関連し、丹後での鯨食の開始を示している。なおイガイとウニは平安時代の都人が珍重した食材であり、丹後でも産することは注意しておいてよかろう。

内陸に入った竹野川上流の大宮町の丘陵上に裏陰《うらかげ》遺跡がある。この遺跡は大宮町立第二小学校が建設されたとき、縄文時代早期、前期、後期におよぶ遺跡の存在がわかった。出土した多種類の石器のなかに石錘があるのは、竹野川でのフナやマス漁に使ったのであろう。この遺跡はこれから述べる加佐郡の由良川流域、つまり地形からみて内陸部の河川ぞいにある遺跡の類型にまとめられるとおもう。

由良川と桑飼下遺跡

由良川は全長約一四六キロの一級河川で、上流は丹波の綾部や福知山に達している。下流のうち河口からの五キロほどの流域には顕著な遺跡は未発見だが、五キロをすぎた下流でも中流寄りの地域では、約一〇キロにおよび縄文時代や弥生時代、さらにその後の時代の遺跡が数多く知られている。律令体制での志託《したか》郷で、のちに述べる弥生時代の志高遺跡にその郷名をとどめている。

由良川流域は氾濫による水害が多い。そのような負の面は承知のうえ、この川のもたらす利便性によって、丹後でも竹野川流域に匹敵する遺跡の密集地となったのであろう。

由良川下流の左岸は山がせまっているが、右岸では由良川にそって自然堤防が形成され、昔の集落はこの上にあった。自然堤防に次いで後背湿地または低窪地とよばれるように、沼や湿地が連続している。ここからは淡水魚やヒシの実など貴重な食料源が採取できた。後背湿地としての連続する沼は、埋立てて田畑にしたり工事の手を加え、小舟の往来できる幅の狭い運河に改造されることは多いが、由良川ぞいでは運河に改造した形跡は見られない。

後背湿地をすぎると山地形となり、ここもイノシシやシカの猟場であるとともに、さまざまの山の恵を獲得できる。

由良川右岸には幅約五〇〇メートルの細長い平地があるといわれるのは、自然堤防と後背湿地を合せてのことである。

桑飼下遺跡の調査は、由良川右岸の改修工事に先立っておこなわれた。舞鶴市教育委員会と平安博物館が担当し、近畿地方での本格的な縄文遺跡の発掘となった。それまで縄文遺跡は小高い台地上にあることが多いとおもわれていたが、海抜七メートル（遺跡当時の生活面は海抜四メートル）の低地での存在が明らかになったことも特記してよかろう。

この発掘は一九七三年におこなわれ、当時としては考えられることはすべて実行できたといわれるほどの総合的な学術調査であり、一九七五年に刊行された『桑飼下遺跡発掘調査報告書』

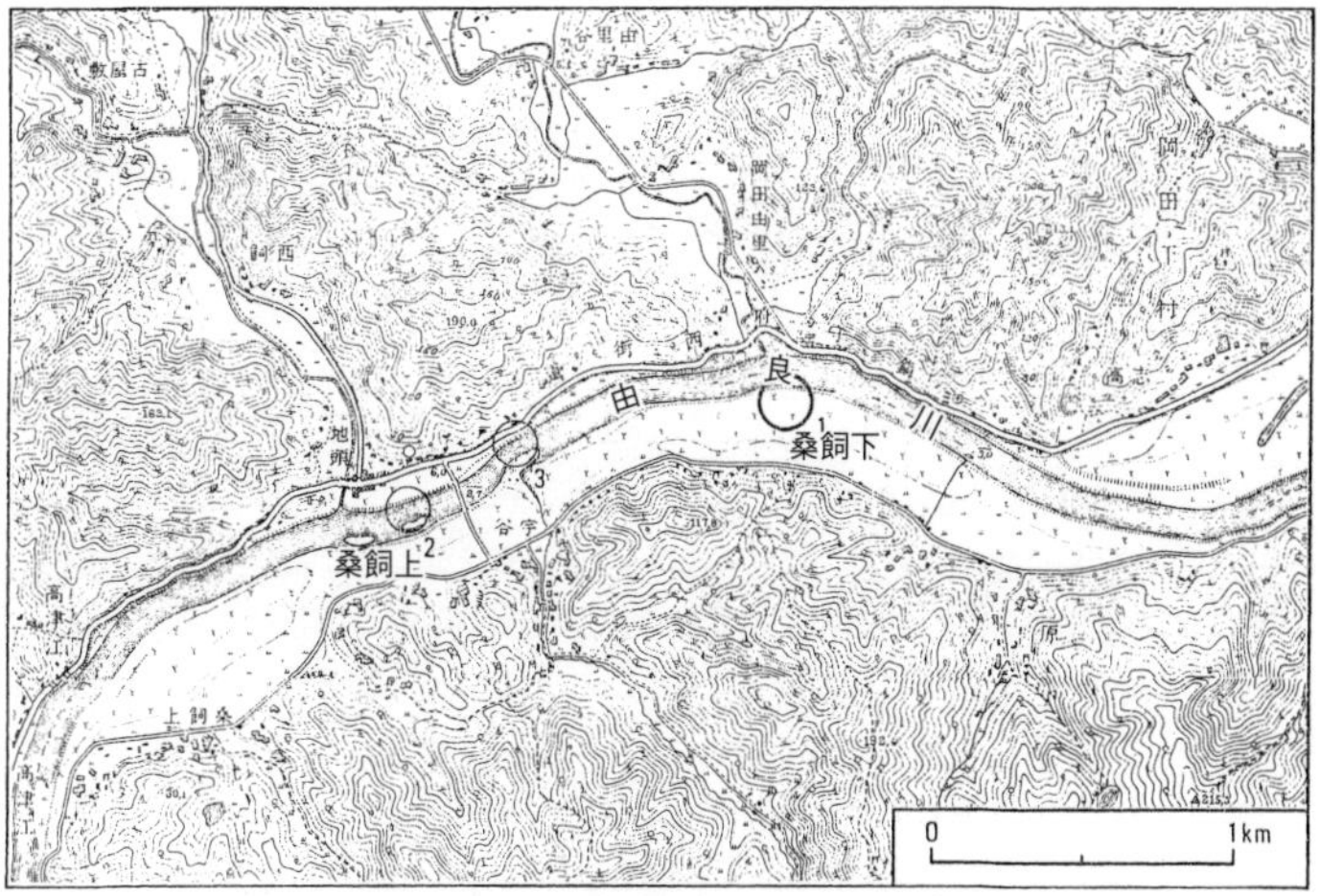

由良川下流での桑飼下遺跡と桑飼上遺跡
（『桑飼下遺跡発掘調査報告書』による）

（発行は舞鶴市教育委員会）の膨大な内容をここで要約することは不可能である。

ぼくはこの発掘がもたらした大きな成果である次の三点が、現時点の学問の進展に照らして新しい解釈ができないかどうかについての考察に集中したい。

第一点は遺跡の中心に住居址のともなわない四八基の炉址群が検出された。報告書では軟弱な地層にあったため炉の周囲の住居址の輪画が検出できなかったとして、縄文時代後期の集落構造が復元できるとみている。

この考えを導いたのに炉址群の中央に二四メートル×一二メートルの炉のない空間があり、ここをしばしば縄文集落の中心にある広場と想定したからでもある。この炉址のない中央広場については後で私見を述べる。

なおこれらの炉址は素掘りの穴で火を焚いたことは間違いないが、よく縄文住居址の炉にみ

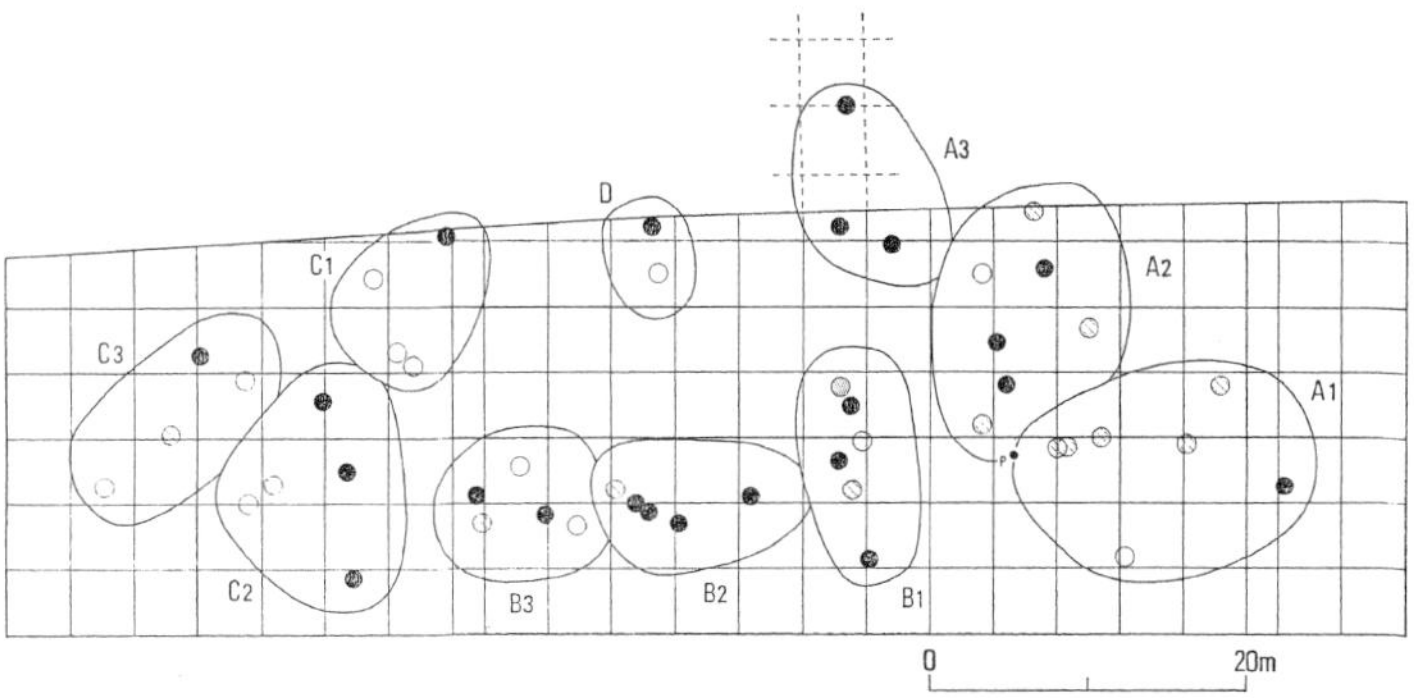

桑飼下遺跡の中央広場と周辺の炉址群
（『桑飼下遺跡発掘調査報告書』による）（●は確認された炉址）

られる石囲み施設はなく、さらに火焚き場の上面のほぼ全面に粘土を貼っていた。この粘土層は熱をうけて小片に分かれて埋まっていた。ぼくは「粘土覆いの火焚場址」といった方がよいように考える。

第二点は打製石斧が七五一点（その後の計算で九四二点）もあり、石斧の刃部《じんぶ》に明確な使用痕が残されていた。報告書ではこれらを土掘具と考え、柄の着け方の復元図も示している。さらに用途については「縄文農耕論」をも考慮しつつ、自然堤防上に自生していたクズ・ユリ・カタクリ・テンナンショウ・山イモなどの根茎の採取用とみた。

ぼくは打製石斧の一部には、クズなどの植物資源の採取にも使ったとは考えるが、それでも出土数が異常に多く、これについても後に述べるように、多数の「粘土覆いの火焚場址群」（報告書のいう炉址群）とからめて解釈できるとおもう。

第三点は縄文時代後期の縄文土器として器種の組合せに器の表面を文様で飾らず、土器の製作時についた粗い条痕文をつけた深鉢が約二〇〇〇個もあるということである。縄文土器研究ではこれらの器種は深鉢といいならわしているが、弥生土器でいえば煮沸用の甕なのである。

桑飼下遺跡の調査がおこなわれたよりあとで、縄文社会を理解するうえで、いくつかのめざましい成果があった。東京都北区の縄文後期の中里貝塚や、愛知県豊橋市の縄文後期から晩期におよぶ牟呂《むろ》貝塚群での発掘成果で、これまで普通の貝塚に含めて疑問がもたれなかった中里貝塚や牟呂貝塚群などのいわゆる大貝塚は、縄文人が日常生活で発生させた食物の食べのこしの堆積ではなく、大量のカキやハマグリなどの剥身《むきみ》を干した干貝を作るための生産遺跡であることがわかった。どちらの遺跡も貝層の下に火焚場址が多数検出されているし、牟呂貝塚群では貝をボイルしたとみられる深鉢も出土している。なお牟呂貝塚群では、晩期には土器製塩をもおこなっていた。これらはいずれも遺跡学としての視点がもたらした成果である。

木の実の加工をした桑飼下遺跡

中里貝塚や牟呂貝塚群での研究成果を参考にすると、桑飼下遺跡の「粘土覆い火焚場址群」（炉址群）は住居の輪郭を失った住居群とみるより、検出時のままの何らかの食品の加工場とぼくは見る。といってその食品とは貝でもないし製塩の跡でもない。

すでに述べた縄文人の栗を含む木の実への依存度の高さ、桑飼下遺跡でのドングリ類などへの依存の高さ、それと丹波全域での後の時代の栗の生産高などからみて、木の実類を保存食にするための加工場址と考える。第九号炉址では炉の周辺四メートル×三メートルの範囲で約三六〇〇個のドングリの実が検出されていて注目に値する。

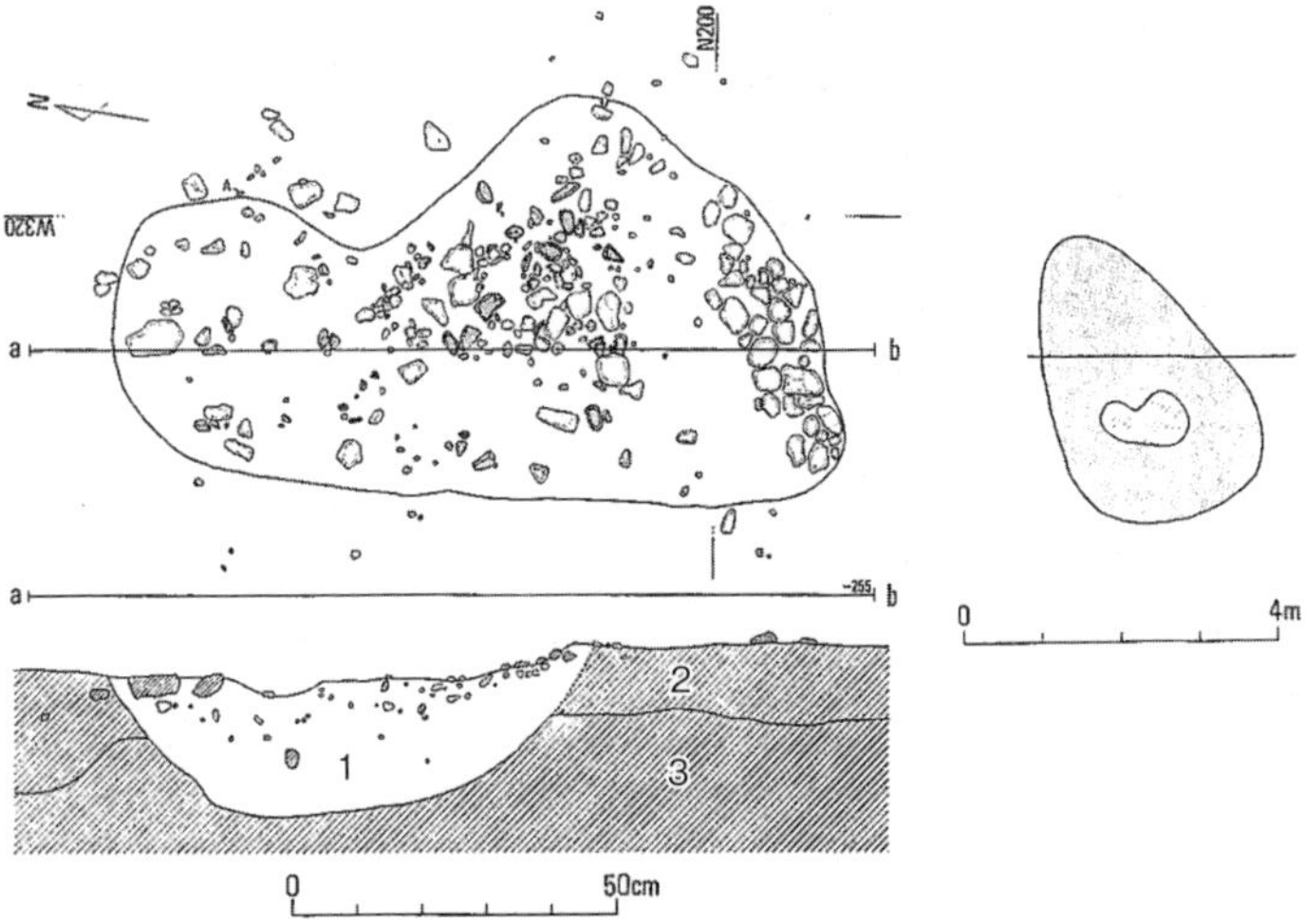

桑飼下遺跡第９号炉址実測図（左）と炉址周辺のドングリの出土範囲（右）
（1．赤褐色砂層（被熱），2．黒色砂層，3．灰褐色砂層）

先ほど述べた炉址群中央の広場は、加工された木の実類の干場または製品ができるたびに、縄文人が太陽（神）への祈りの儀式をするための場であろう。多数の打製石斧は土掘り具として火焚場を覆った粘土の採掘用にも使ったのであろう。

ぼくは奈良時代以降の搗《かち》（勝）栗の重要さを想起する。搗栗は、天皇が即位後にはじめて新穀を神々に供える大嘗祭においての「供神御雑物」のなかに搗栗子《み》や煠《ゆで》栗子などがある（『延喜式』の「践祚大嘗祭」の項）。また武士の出陣の前の酒宴で出されるし、正月三箇日のあいだに「歯を固める」習俗としての歯固めの食品にも搗栗はあった。そういえば母が健在だったころの正月の御節の料理に黒豆と搗栗の煮物があった。これは御節のなかでも格の高い料理だった。

今日の搗栗は軽く火にあてたり湯につけた栗を乾燥させてから軽く火にあてた栗を臼と杵で搗《つ》いて作るが、臼が道具に加わるのは弥生時代以降である。縄文時代のクリやドングリに注目した人に名久井文明氏がいる。名久井氏は第一五回の春日井シンポジウムで「木の実食―乾燥備蓄とあく抜きの歴史―」の研究を発表し、縄文遺跡出土のクリの実がカチカチに硬化し表面に皺が寄っていることから、民俗例の搗栗の起源であるとの見通しを述べた。さらにこの保存法はコナラなどのドングリでも見られるという（この発表は『日本の食文化に歴史を読む』中日出版に収載）。

ぼくは仮にプレ搗栗としての栗そのほかの木の実類をボイルしたあと、熱した粘土板のうえで加工する技術があったように仮定したい。このように新しい縄文遺跡研究の成果を参考にすると、桑飼下遺跡も縄文人が生きるために創意工夫をした未知の食品加工場、いわば生産の場であったという見通しが生れてくる。

なお京丹後市の奈具谷遺跡で弥生時代中期の大規模な水さらし場遺構が検出され田代弘氏が報告している。よくあることだが自然の流路を利用しそこへ設けていた。出土の聖果類のうち八六パーセントがトチの実である。

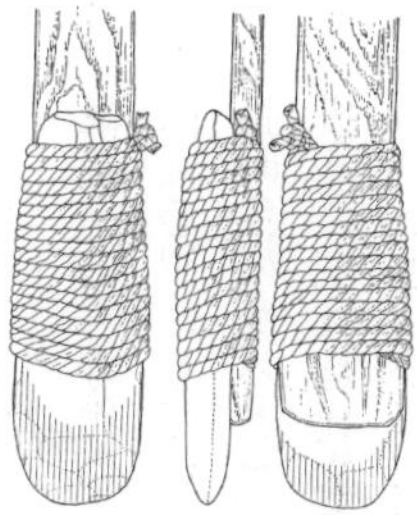
桑飼下遺跡出土の打製石斧の着柄想定図

桑飼上遺跡、とくに飛鳥・奈良時代の役割

桑飼下遺跡より一・三キロ川を下った右岸に桑飼上遺跡がある。桑飼下遺跡は縄文時代後期に繁栄し、そのあとは弥生時代や古墳時代に断続的に人が住んだ痕跡はあるがもはや有力な村落を形成できなかった。

これにたいして桑飼上遺跡は弥生時代中期に竪穴式住居址群で構成された村落ができて以来、ほぼ継続して各時代の住居址をのこしていて、古墳時代中期には緑色凝灰岩や蛇紋岩を用いた管玉や臼玉を製作しているが、この村落での玉作りは一時的におこなわれていたとみられる。

奈良時代になると桑飼上の村落の様子に変化がみえる。それは狭い範囲に建物の方向をほぼ南北に揃えた掘立柱建物群が整然と並びだした。それは豪族居館址というより官衙的な気配を感じさせる。最近、新潟市の的場遺跡でも奈良時代にサケを捕った官衛遺跡が見つかっている。

出土の須恵器のなかに四点の墨書が見られ、また五点の転用硯も出土している。墨書は「□寸」「□守」「神□」などであり、この村落内の人が書いたものであろう。

桑飼上遺跡は弥生時代中期に村落が形成されてからは、ほぼ継続してかなりの村落が存続している。このことは、この地にその村落を支えるだけの産業があったのはいうまでもない。とくに奈良時代になって官衙的な気配のある場所に変化した一つの理由は、さきに述べた由良川の鮭、とくに生鮭を都へ貢入する拠点となったからでなかろうか。おそらく由良川に梁《やな》を設置して鮭を捕っていたのであろう。丹後は都との距離の点では、新鮮な生鮭を確保できる最適の土地だったのである。

土器製塩の概要

すでに述べたように、土器製塩の開始は一部の地域では縄文時代後期か晩期に始まっている。この時期に土器製塩をおこなったのは茨城県霞ケ浦（当時は入海）の周辺や、愛知県豊橋市の牟妻貝塚群など限られたところであり、海に臨んだ土地ならどこでも製塩がおこなわれたわけではない。しかし奈良時代になると海に臨んだ多くの土地では、土器製塩（ごく一部の土地はすでに鉄釜を使う）がおこなわれ、平城宮木簡では筑前、周防、讃岐、備前、淡路、紀伊、尾張、三河、若狭などの国から調として塩を貢納していた。

日本海沿岸の中央部に限ると、若狭から塩を納入した木簡は多い。丹後から調として塩を納入したことを記す木簡はまだ知られていない。後でふれることだが、石川県の能登から富山県の氷《ひ》見《み》におよぶ土地では土器製塩の遺跡は多い。しかし都へ塩が送られた形跡はない。ことによると蝦夷との交易用としての塩を生産していたとみられる。あるいは奈良時代には生産が衰えていたからであろうか。

浦入遺跡からは多数の弥生土器や古墳時代の土器は検出されていて、これらの時代にも漁村があって遠隔地とのあいだの交易での拠点としての津に利用されていたとみられる。

浦入遺跡の調査者の一人の田代弘氏は「浦入遺跡群での土器製塩は、古墳時代後期頃から始り、飛鳥時代頃までは自家消費的な小規模生産が行われていたと推定される」と述べている。たしかにその可能性はあるが、まだ出土資料からそのことは証明されていない。

七世紀の『隋書』流求国伝は、沖縄のことを述べているとみられるが、その一節に「木槽の中で海水を暴《さら》して塩を作る」（もと漢文）とある。日ざしのきつい土地では、木槽に海水をいれて曝すだけで塩はとれるであろう。木槽は縄文時代からある用具だから、この方法は土器製塩が本格化する前は各地でおこなわれていたのではなかろうか。

奈良時代の『養老令』では、正丁一人が負担する多くの品物と数量が規定されており、「塩三斗」となっている（賦役令）。実際に平城宮へ納入された塩木簡も三斗が守られていることが多い。この量はとても海水を木槽に入れて太陽に曝すという方法で作れるものではなく、土器製塩（ごく一部では鉄釜）で作られた塩であろう。なお前にナマコのことにふれたが、「賦役令」では正丁一人が「熬海鼠《いりこ》二十六斤」を納入することになっている。

製塩土器の存在は、太平洋戦争の以前からも瀬戸内海沿岸では知られていた（師楽《しらく》式土器）。しかし当時は用途不明の粗製土器とされ、ひどい場合は〝海賊がのこした土器〟というような憶測さえ生まれていた。

ところが、近藤義郎氏（故人）らによる香川県香川郡直島町の喜兵衛島遺跡の発掘以来、ようやく土器製塩という生産形態が、ひろく日本列島各地でおこなわれていたことが、明らかになりだした。

海岸に礫敷や粘土を貼った石敷の炉を作って、製塩土器という粗製の土器を大量に使って製塩をおこなうという方法は、日本列島で工夫され海岸に臨んだ列島各地でおこなわれた。今日も海岸を歩くと製塩土器が散布するところは少なくない。

奈良県の藤原宮址や平城宮址からは二十万点をこす木簡が出土し、そのなかには各地の正丁が調として貢納した塩に付けた今日でいえば納品伝票のような木簡がある。これらの塩のほとんどが土器製塩で作られたことは銘記しておいてよかろう。

同志社大学の考古学研究室では、一九五八年に福井県大飯町にある浜禰遺跡や船岡遺跡で土器製塩の炉を発掘し、あわせて六世紀から八世紀におよぶ若狭での製塩土器の変遷を明らかにした（『若狭大飯』）。

この調査は酒詰仲男教授の推進されたものだが、酒詰先生の死のあと研究室を受けついだ筆者（森）も小浜市田烏湾の傾《かたほこ》遺跡で九世紀ごろの製塩土器と炉の構造をつかみ、『若狭・近江・讃岐・阿波における古代生産遺跡の調査』を刊行し、ひとまず若狭の製塩遺跡の調査に終止符を打った。

浦入遺跡の土器製塩

浦入遺跡での大規模な土器製塩は巨大なすり鉢のようだ、といってよい厚手の製塩土器である船岡式の時期（八世紀）に始まっている。

このような大型の製塩土器の出現の背景は、奈良時代に筑紫の観世音寺や陸奥の塩竈神社など一部の有力な寺社がおこなっていた製塩に用いた鉄釜の影響とみられる。いずれにしても奈良時代の旺盛な塩の需要が生みだしたとみてよかろう。

ところが平安時代になると、土器の支脚のうえに小型の鉢をのせて製塩をおこなう方式が若狭で流行しだした（傾式製塩土器）。なお三河の知多半島では、鉢と支脚を共作りにした製塩土器が古墳時代後期から盛んに作られた。若狭での支脚の発生を考えるとき、先行するものとして三河の製塩土器も念頭におく必要がある。

浦入遺跡でも傾式支脚を用いだし、そののち支脚の長さがしだいに長くなり、ついには高さが底径の五・五倍もある長大な支脚が生みだされた。

このような長大な支脚は若狭でもみられ（塩浜式、大飯町塩浜遺跡の出土品による）、最初に工夫されたのが若狭か丹後かの問題はのこるとしても、この時期になると浦入遺跡のほうが製塩活動は盛んだった。なお浦入遺跡における土器製塩の終末は平安時代後期とされているが、その後期

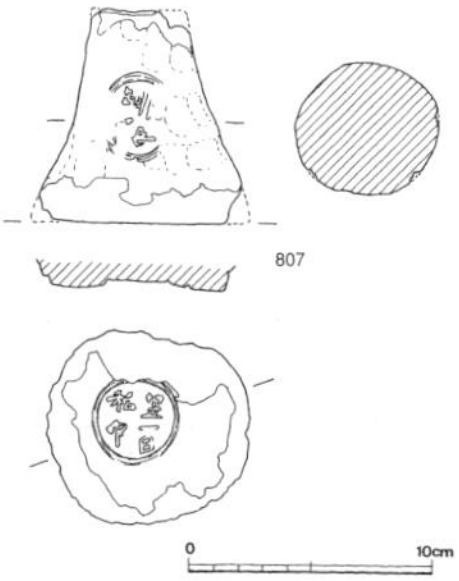

笠百私印の刻印のある製塩土器（『浦入遺跡群発掘調査報告書』遺物図版編，舞鶴市教育委員会による）

のなかのいつ頃かまではまだ分かっていない。

浦入遺跡の製塩に支脚が用いだされたころ、支脚の底部に「笠百私印」の刻印をもつ支脚が一点発掘された（『浦入遺跡群発掘調査報告書』遺構編、舞鶴市教育委員会）。

この刻印をもつ支脚は、傾式よりも器高が低く支脚としては初期の形をしており、ことによると八世紀までさかのぼるとみられる。

刻印の笠とは加佐郡の古い表記とみられ、笠郡の郡司が製塩に関与しだしたとみられる。奈良時代や平安時代の印のなかに「日益私印」、「若嶋私印」、「匝永《そうえい》私印」、「物部私印」などが各地の遺跡で出土しており（『日本古代印集成』国立歴史民俗博物館）、私印を用いることがひろくおこなわれていた。

刻印の二字めの「百」が、このような支脚を「百」作ったということか、それとも笠氏の人名に「百」の字がついていたことなのかはわからない。

筑前の観世音寺に「口径五尺六寸　厚四寸」の「熬塩《いりしお》鉄釜」があった。これは和銅二年（七〇九）に官が施入したものだった。この鉄釜を筑前国の志麻郡の郡司が借りて長らく使用し、返したときには「口辺朽損」していた。延喜五年（九〇五）の『観世音寺資財帳』によると、志麻郡加夜郷に「焼塩山貳所」があったことがわかる。塩を焼く薪をとる山であろう。このように実際の製塩は志麻郡の郡司がひきうけていたようである（以上は『平安遺文』第一巻）。

浦入遺跡に限らず、製塩土器を作った場所はまだわかっていない。漁村の近くでおこなったか、それとも窯業地帯かの問題がある。さらに大量の燃料の薪の伐採地もわかっていない。これらもこれからの究明課題になるだろう。

浦入遺跡の鉄釜の破片と鍛冶工房址

製塩土器がなくなったからといって、その地での製塩が終わったわけではない。鉄釜に移行したところもあって、その方式は近年まで続いたし、能登の珠洲《すず》のように、今日でも伝統的な製塩をやっているところでは最後の煎熬《せんごう》に鉄釜が使われている。鉄釜はその材料にも価値があるため、破損すれば鉄材として回収されたので遺跡にのこることは少ない。鉄釜の破片は、鉄材として中世の琉球や蝦夷地（のちの北海道）へ盛んに運ばれていた。

近世の例になるが鋳物師の多い能登の穴水中居では、鋳物師が製塩用の鉄釜を作り、製塩を営む漁民に貸しつけ、できた塩のうちのいくらかを貸し賃として納めさせた（中居貸釜）。このように鉄釜があるからといって、漁民の所有物だと簡単にいうことはできない。

浦入遺跡では奈良時代の竪穴住居址（SH01）から、須恵器や土師器とともに製塩土器も出土し、鉄釜の破片があった。この鉄釜は鋳物として作られ、復原すると口径一八センチと小さく、器の厚みも薄く奈良時代の製塩鉄釜ではなく鉄の羽釜（鍔のつく釜、造り付けの竈《へっつい》で用いる）とみられる。この遺跡に多い鍛冶工房で使用するために搬入された鉄の廃品であろう。

この住居址からは椀形鍛冶滓が出土している。この鉱（鉄）滓は椀状滓ともよばれ、鍛冶工房が仕事の初めに回収された鉄材などを融かして鉄塊を作る工程で発生する。

備前の長船など中世の刀鍛冶も新しい鉄材だけを使うのでなく、ある割合で古鉄を混ぜた。そのため古釘が珍重された。

浦入遺跡では「古墳時代中期末には鍛冶が開始され、製塩が大規模化する奈良時代、平安時代に鍛冶炉が急増する」(『浦入遺跡』本文編)。

このことは、製塩に必要な道具を同じ海村内で製作していたようにも考えられる。しかし製塩は一年を通じておこなわれるのではなく、夏季に集中した季節産業であるため、ことによると製塩をおこなわない季節に、他の集落の求めに応じて破損した鉄器などの修理をおこなっていたのかもしれない。

ついでに書くと、椀状滓は丹波の園部垣内古墳(南丹市)の後円部の裾に中世か近世のものが多数遺棄されていたし、大阪府高石市の伽羅橋遺跡は南北朝の寺院址とみられるが、ここでも鍛冶の工人が仕事をしていた。

丹後のほかの製塩遺跡

丹後では海岸に臨んだ四郡すべてに製塩遺跡またはその兆候のある遺跡がある。加佐郡については浦入遺跡に代表させたが、与謝郡では伊根町津母遺跡で製塩土器が採集されていて、今後の研究が待たれる。この遺跡では土器支脚のほかに石製支脚も出土していて注目される。

京丹後市の平遺跡は縄文時代からの海村遺跡だが、能登式製塩土器の影響をうけたと推定される製塩土器が発掘されていて、能登との交流を考えるうえでの資料でもある。伴出の土師器や須恵器からみて、五世紀後半と推定されている。なおこの遺跡では棒状支脚も出土しているから、平安時代にも小規模な製塩がおこなわれていた形跡はある。近くの京丹後市竹野遺跡でも製塩土器は出土している。竹野遺跡は潟（今はない）に臨み、弥生時代には大集落があった。

熊野郡内では久美浜湾に面した台地の麓にある、こくばら野遺跡から、奈良時代初めごろの土製支脚とその上にのる土師器の壺が出土している。支脚としては初現期の形態をしていて、前述の浦入遺跡出土の刻印のある支脚とほぼ同時期とみられる。支脚の上にのる壺が製塩土器としては丁寧な作りで、特別の儀式での製塩に使われたのかもしれない。

製鉄の遠所遺跡とニゴレ古墳

竹野川中流の左岸の山中に、遠所《えんじょ》（處）遺跡とよばれる大きな製鉄遺跡がある。ここでの製鉄は古墳時代後期（六世紀代）と奈良時代（八世紀）の二つの時期におこなわれたとみられていて、製鉄遺跡としては珍しく、鉄器の製作をも同じ土地でおこなっていた形跡がある。

製鉄をおこなうには良質の木炭が必要であるが、ここでは巨大な炭窯を作っていて、木炭もほぼ同じ土地で作られていた。近畿地方としては、このような大規模な製鉄遺跡が発掘されたのは珍しく、ぼくも発掘中に訪れて見学した。

そのとき気づいたことがいくつかある。一つは製鉄遺跡への入口に舟形や椅子形の埴輪が出土したことで名高いニゴレ古墳がある。古墳時代中期の大きな円墳で、副葬品や埴輪群についてはのちに述べられるが、ぼくが注目したのは舟形埴輪に表現された舟の構造である。

側面から見ると舟の上にもう一つの舟を載せたようになっている。これは大きな丸木舟の上に、舳先へ波除け板と左右の側板を付けた準構造舟のようである。この形の舟の埴輪は大阪市平野区の長原高廻り二号墳で出土して以来、数例知られるようになり、ニゴレ古墳の舟形埴輪もそれを参考にして復原された。

大きなスキーの上に載せたような舟は、長原高廻り二号墳の埴輪（以下長原舟と略す）が出土するまでは、学界は予想もしなかった。この形の舟はさっそく復原されて、野性号として大阪湾から瀬戸内海をへて韓国までの実験航海もした。実験航海といっても人間が全航程を漕いだわけではなく、エンジンを具えた船が大半を曳航したのだった。

長原という土地は河内平野にあって、古地形を復原すると古代の河内湖の南辺である。よく知られたことだが、河内平野は縄文時代前期のころは海水が流れこんだ河内湾であった。ところが淀川や大和川の流す大量の土砂の堆積もあって、しだいに湾の入口が狭まり河内潟となり、古墳時代にはさらに湾の入口が狭まり河内湖になった。河内湖はそののちしだいに縮小はするものの、最後の姿は近年まで伝えられていた（『大阪府史』第一巻）。

このように長原の地形の変遷を考えると、長原舟は大阪湾や瀬戸内海を航行したというより、河内湖やその湖に流入する大和川などでの航行のために工夫された舟ではないかとぼくは考えている。とくに湖の沿岸部では土砂の堆積がひどかったと推定されるし、湖には三箇という島もあって、一六世紀にはキリスト教の教会が建つほどの賑いがあった。

このように土砂の堆積のひどいところでは、漕いで進むだけではなく、泥の多いところでは人が曳行して泥の上を滑るように進んだと推定される。舳先の大きな波除板は泥除けの役割をも果たしていたのであろう。

ニゴレ古墳の舟の埴輪からの推理

長原舟についてのこの推理があたっているとすると、ニゴレ古墳が臨んでいた竹野川も、今日見るような堤防がなかった時代には、氾濫原が広く土砂の堆積のひどい川だったのではなかろうか。土砂の堆積は遠所近くでの砂鉄の採取でも促進されたのであろう。ニゴレ古墳の舟は竹野川と川口の潟とを結んだ舟で、日本海沿岸を航行したかどうかはさらに検討する必要がある。明治生の丹後の郷土史家井上正一（昭和六三年没）は、竹野川流域の平地が昔は海底だったとする民話「大山のしおほっさん」を記録している（左のコラム参照）。

大山のしおほっさん

大昔、神功皇后が三韓をお討ちになった頃、丹後半島の北部、今の中郡、竹野郡のうち、竹野川の流域一帯は入江であり、沼のような地帯が多かったという。

また弥栄《やさか》町船木地区からは、木材を伐り出し、舟で間人《たいざ》まで運び、皇后の御用船建造の材料にされたと伝えられ、舟の木を出したので以来、「船木」というようになったと伝えられます。

丹後町是安《これやす》の天満丘や、弥栄町吉澤の舟岡、小原などには舟が着いたし、峰山と間人の間の交通に、舟を利用することが多いかったそうだ。ともかく現在の竹野川流域の広い田んぼは、その頃は海底だったのです。

当時の人達の暮らしは、男性は山に入って木の実をあさり、海や山での狩猟によって食料を得るのが中心で、女性は家事のほか、わずかの畑で粟や豆など作っていました。

そのころ、今の丹後町大山に偉大な神様が居られて考えられた結果

「こんな海ばかりが広く、田んぼが少ないのでは、将来村は栄えることが出来ず、村の人達も困るであろう。わしの力で海水を呑みほし、田んぼを作って広くしてやろう」

と申された。そこでまずゴクンと一口お飲みになると、いまの中郡の田んぼがあらわれました、続いてゴクン、ゴクンと二口お飲みになると弥栄町周辺の田圃があらわれました。

「もう一口か」

といって三口目をお飲みになると、丹後町の田圃が開かれたのです。

しかしさすがの神様も、海水があまりにも塩からかったので、口中より残りの水をパッと吐き出し

「いやぁ、からかった……」

とおっしゃって、顔を少ししかめられた。この吐き出された水が、大山地区の氏神である志《し》布比《ふひ》神社の境内にある、二メートル四方位の水溜りとなって、残ってしまったといわれます。

それ以来、竹野川沿いの田んぼは、村人達の努力によって開拓され、よい水田となって豊沃で丹後の穀倉地帯となりました。

高地に住んでいた人達も、おいおい山をおり、農業に精出すようになったので、暮らしも豊かになり、人の数も次第に増えました。

村人達は、これをみなゴクン、ゴクンと飲み干してくださった、大山の神様のおかげと喜び、その名を「しおほっさん」とよんで敬いました。そして吐き出された水溜りの傍らに、お宮を建立して志布比神社（式内社）としてまつり、付近数ヶ村の総社として、あがめたてまつりました。

十月十日の例祭には、毎年「鬼おどり」の神事が行われます。これは当時、住民を害する鬼ども（山賊）を、「しおほっさん」が退治されたことがあるので、それをかたどった神事だと伝えられます。

神様が作った水溜りは今も残っています。以前は鹹水《かんすい》だったそうですが、雨水も入り、地下水も加わって、今は真水となり、また水量も減っています。ながいながい歳月のことですから、もっともなことです。

（井上正一）

先ほども述べたように、ニゴレ古墳は製鉄コンビナートともいえる遠所遺跡の入口にある。発掘で確認されたところでは遠所遺跡の製鉄遺跡の年代のさかのぼるのは六世紀後半だが、長期にわたって製鉄をおこなった場所では、さきにあった遺構が失われ、鉄滓などの遺物だけがのこる。だが鉄滓そのものからはその年代を知ることはむずかしい。

ぼくは一九六八年に、滋賀県の北牧野で奈良時代の製鉄炉を調査したことがある。この遺跡では、幸い奈良時代の須恵器片がのこされていて年代の見当はついた。北牧野炉址群を含む西浅井製鉄遺跡群では、砂鉄ではなく磁鉄鉱を原料としていて日本の製鉄遺跡群のなかではかなり特異である。

この調査中に気づいたのは、北牧野の製鉄遺跡のすぐ東側に、西牧野古墳群という六世紀の群集墳（当時約五〇基が認められた）があった。このような群集墳があるということは、この地での製鉄が五、六世紀までさかのぼることが強く推測された。

この群集墳のなかに、斎頼塚という名の石棚を具えた横穴式石室の開口する、この古墳群中では抜群に大きな円墳がある（この古墳ではその後の調査で大刀の環頭が出土した）。おそらくこの古墳群に示されている集団の長《おさ》の墓であろう。

遠所遺跡の近くに遠所古墳群という群集墳がある。竪穴系横口式石室という、但馬や朝鮮半島南部の伽耶《かや》にみられる一種の横穴式石室を主体部として、ニゴレ古墳のほうがやや先行するとはいえこの古墳群のなかでの長的な古墳がニゴレ古墳とみられる。

このようにニゴレ古墳や遠所古墳群の存在からみて、この地での製鉄は五世紀代にさかのぼる可能性があるとぼくはみている。その製鉄集団が、伽耶《かや》に多い竪穴系横口式石室を採用していることも、加悦谷《かやたに》の地名とともに注目される。

弥生時代の製鉄とは

竹野川上流にある扇谷遺跡は別に述べられるように、弥生時代前期に始まり中期におよび二重の環濠をもつ高地性遺跡である。この遺跡から数個の鉄滓状の鉄塊が出土している。弥生時代前期といえば、各地で確認されている大規模製鉄が開始されるよりずっと以前である。遺跡によってはごくわずかの鉄器は出土しているが、それらの鉄器の加工は日本列島でおこなわれたとしても、鉄そのものの産地は不明であった。ぼくは長らく扇谷の鉄滓を理解できなかった。

島根県安来市に日立金属という、和鋼の伝統を今日に生かしている会社がある。この会社には冶金研究所があって、その研究所のご好意で、奈良県の古墳出土の約一〇〇点あまりの鉄刀や剣の細かい分析をしていただいたことがある。その分析技術、いいかえれば鉄にたいする視点がそれまでとかなり違っていた。それを感じたので、ぼくは鉄の勉強をかねて冶金研究所の所長（当時）の清永欣吾氏と鉄の対談をした。清永氏は『扇谷古墳発掘調査報告書』（峰山町教育委員会、一九八八年）に「扇谷遺跡出土鉄片状資料調査結果の報告」を分担された方でもある。

この対談はまず『サンケイ新聞』紙上に掲載され、そのシリーズのうちから一四回分を選んで『森浩一対談集　古代技術の復権』として、一九九四年に小学館から刊行された。鉄の対談のタイトルは「鉄—弥生時代に可能だった製鉄技術」である。

ぼくはそれまで、六世紀以降の大量の鉄滓を山野に捨てた大規模製鉄からの印象が強すぎた。清永さんによると、技術を集中するとあまり鉄滓をのこさないで少量の鉄を作ることは可能だった、ということを縷々説明された（詳しくは対談集によってほしい）。とくに比較的低温で還元した鉄塊に、皮フイゴを使って温度をあげながら鍛えていくと、良質な鉄塊が少量得られるという。なお扇谷の鉄塊は砂鉄を原料としたものである。

清永氏の説明によって、ぼくはいくつか納得したことがある。大阪府や京都府（南山城）での弥生系高地性遺跡からは、かなり多くの鉄鏃が出土している。これらはマッチ箱ほどの小鉄塊から鍛造で一つずつ製作されたものだが、弥生時代には長大な鉄剣や鉄刀よりも鉄を鏃として多く生産しており、近畿の弥生人は鉄を鏃の形に作ることが、当時の技術や入手できる鉄の量としては最適だったことを知っていたのである。

遠所遺跡を訪れたあと、案内の三浦君は竹野川ぞいの道をとらずに谷あいの道に入った。この道は細いながらもほぼ一直線で、到達点がなんと網野銚子山古墳のすぐ横だった。

気づいた二つのこと

いうまでもなくこの古墳は古代には潟のほとりにある。ぼくは一輪車なら、この谷あいの道を利用して鉄の原料や燃料は運べるし、さらにはできた製品を潟港へ運べるとおもった。最近、奈良県桜井市の小立古墳の濠跡で古墳時代終末期の車輪が出土しており、古墳時代とくに中期以降に牛がひく一輪車などの利用を想定することが大切になった。

正倉院にのこる、調として貢納された赤絁《あかあしぎぬ》に付けられた墨書に「丹後国竹野郡鳥取郷□《門か》田里車部鯨調□《赤か》絁壹匹、長六丈、天平十一年十月」というのがあって、竹野郡、それも遠所遺跡の至近の地に車部鯨なる正丁のいたことがわかる。人名の鯨は丹後の住人にふさわしい名前である。なお天平十一年は七三九年である。

丹波国でも、いまは兵庫県に属しているが、氷上郡春日町の遺跡で、奈良時代ごろの墨書土器に数点の「春鯨」の墨書を見たことがある。三河や土佐には正月一月の間に初鯨を食べる風習があったけれども、同じようなことが春鯨であろうか。ここにメモしておく。

もう一つ気づいたことは、製鉄遺跡ではないが、銅鐸や銅戈を製作していた大阪府茨木市の東奈良遺跡では、石製の鋳型やフイゴの羽口は多数出土しているが、銅製品の製作の折に発生したと思われる銅滓がのこされておらず、弥生時代の金属や金属器の製造にさいしては、鉱滓をのこすことを極力排除した様子がみられる。金属の神秘性を考えたうえでの行動であろうか。

のちに述べるように、弥生時代後期の丹後の墳丘墓や方形台状墓からかなりの数の鉄剣が出土していて、これらも丹後で製作された可能性が強まっている。

第4章　交流と生産、主に交流篇

丹後の海の役割

〝秋の丹後の海はやさしかった〟

今日（二〇〇九年九月二六日）、三浦君の車で丹後大宮駅から出発、久美浜湾をゆっくり見て間人《たいざ》までの海岸を走ってもらった。夕方間人の宿（寿海亭）に着き、丹後の海を見下ろせる部屋に案内された（あとから知ったがこの宿はすべての部屋がオーシャンビューだそう だ）。冬の日本海の荒々しさは何度も経験していたので、ついさきほど書いたように〝秋の丹後の海はやさしい〟という感想が頭をよぎった。

久美浜の標高一九一メートルの兜山《かぶと》へは、坂道がきつく登ることを断念していた。すると三浦君の配慮で、京丹後市教育委員会文化財保護課の橋本勝行氏が軽自動車で山道を登ってくれた。兜山は久美浜湾の南東岸にあって、舟からの絶好の目印になるばかりか、周辺の人びとの信仰を集めそうな山である。

山頂につくと熊野神社の建物はあったが、思っていたよりずっと小さく、それとかなり荒れていた。

久美浜湾を見下ろしながら、橋本氏の研究の成果に耳をかたむけた。兜山の東方の低地に蓮池という池があって、その周辺に西津、新津、掛津など津のつく小字名が低地を取囲むようにしていて、久美浜湾（潟）の南東部の兜山のふもとに内潟ともよぶべき土地が復原されるという。この復原案は、平成一八年度の丹後古代の里資料館の特別展示『久美庄から久美浜へ』の図録に掲載されている。

久美浜湾を見下ろすうちに、よく似た地形として鳥取県湯梨浜町に東郷池（潟）のあることに気づいた。東郷池は今日では潟としての機能はほとんど失われているが、かつての潟の東岸に舟からの目印としての御冠山があること、その近くに伯耆一宮の倭文《しどり》神社があること、また潟の出口の東岸の橋津には江戸時代に藩の米を積出す港があったことなど、地図を作って『諸王権の造型』（図説日本の古代、四）に掲載したことがある。

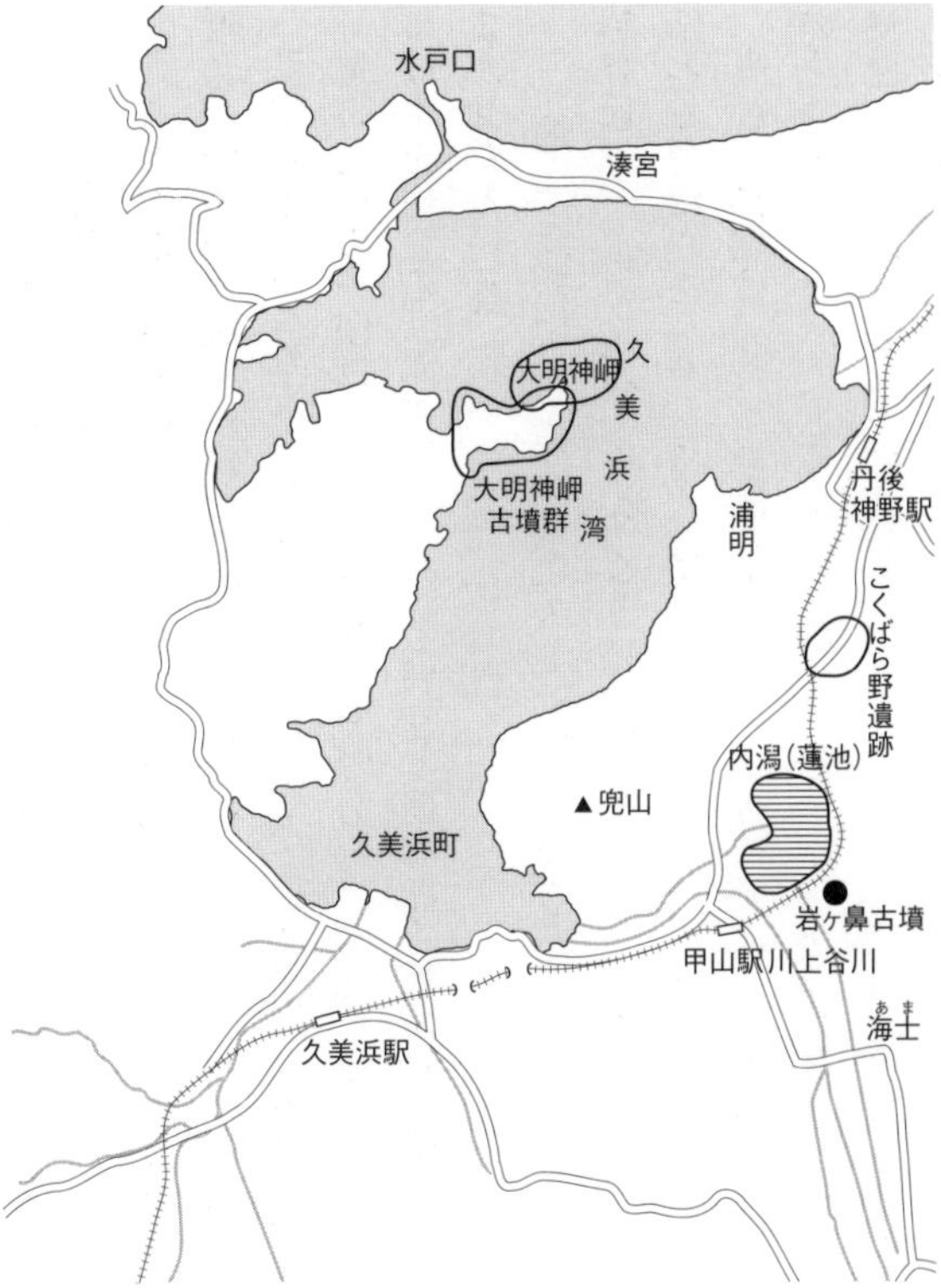

久美浜湾（潟）周辺の地名と遺跡

橋本氏は、久美浜湾東岸に想定される内潟を中世に機能していたと考えているようだが、ぼくは古代にさかのぼるとみている。というのは、製塩遺跡で述べたこくばら野遺跡は仮称久美浜の内潟の北岸にあるし、『和名抄』の海部《あま》郷の遺称地とみられる大字海士《あま》もこの内潟の南方至近の地にある。さらに内潟の南東の丘陵麓には小型の前方後円墳（岩ケ鼻古墳）がある。築造時期は不明だが、この内潟の存在はその古墳のころまで、つまり古墳時代まではさかのぼるだろう。よく知られたことだが、舟人は舟に孔をあける舟虫をきらい、長期間舟を停泊させるのには川口から少し離れた淡水の水域を好んだ。内潟の役割は舟溜りだったかとぼくは推定している。

弘安八年（一二八五）五月上旬、山城国から保津川と由良川ぞいに丹後国に入った時衆の開祖、一遍の遊行の一団は、久美浜で念仏を唱えた。すると波の間から龍が現れた。一遍は〝龍の供養には水を用いる。ただ濡れよ〟というと間もなく雷が鳴り雨が降ってきたので、みなは濡れるにまかせたという。

「一遍上人絵伝」に描かれた久美浜は、久美浜湾の砂嘴《さし》とみられる。なお一遍の先祖は伊予の越智《おち》氏で、〝越〟の字が示すように中国の江南との関係が強く、一遍の信仰のなかにも越智氏に伝わる習俗があったとぼくはみている。

当日の夕食は、丹後の海の幸がつぎつぎにでた。食事の途中で、宿の主人が捕ってきたばかりの生ウニがガラスの大皿に盛られてでた。さすがに丹後だ。それと突起のついたサザエの壺焼も堪能した。瀬戸内海産のサザエには突起がなく、ぼくは日本海のサザエのほうを好む。

つぎの日早くに目ざめ、静かな丹後の海を眺めた。沖合に一艘の舟が停まっているのは鯛釣り舟であろうか。ぼくが間人に泊ったのは〝たいざ〟という不思議な地名に関心をもちつづけているからである。

奈良時代の間人については、平城宮木簡に「丹後国竹野郡間人郷土師部乙山、中男作物海藻六斤」というのがある。間人郷の古いことはわかるが、これでは間人の発音はわからない。海藻は前にも述べたように「メ」で、今日いうところのワカメとみられ、乾燥させたメであろう。なお貢納者が土師部であることはこれから述べることにからんで注意がいる。

早朝の間人の港とマチ

　聖徳太子の母は用明天皇の皇后の穴穂部間人《はしひと》媛である。この女性については『日本書紀』の欽明二年の記事に「泥部《はしひと》穴穂部皇女」とあって、間人は泥《はし》（埿）部《ひと》と発音したことがわかる。ぼくの推測にすぎないが、ヤマトの皇后や妃たちは自分の食封または湯汁《とうもく》をもっていた。これらは漁村の全体をさずけられたというより、年に何回かその海で捕れる幸をとどけることを負担していたのであろう。ことによると海藻を貢納した土師部乙山の土師部は泥部に同じで、古くは泥部といっていたのではなかろうか。

　とにかく間人の歴史は古く、由緒のありそうな歴史地名といってよい。三浦君は夕食を共にしたあと網野の自宅に帰り、翌朝再び車で来てくれた。まず間人の港へ向かった。この港は潟ではないが岩礁を利用して築堤し、港への出入口を狭め、潟のような構造に改築してあった。

江戸時代には交易用の三百石積の船も出入りしたという。

醍醐天皇の延長七年（九二三）一二月二四日に「渤海国入朝使文籍大夫裴璆《はいきゅう》が丹後国竹野郡大津浜に著《つ》く」（『日本後紀』）とある。文籍とは書物のことである。渤海使が丹後国竹野郡を目ざしていたのか、それとも航路の変更によったかどうかは不明だが、大津浜は間人の近くの浜をいっているとみてよかろう。このように丹後は異国との交流もあったのであり、以下、交流にしぼって記述を進めよう。

経ケ岬沖であがった弥生土器

丹後半島の最北端が経ケ岬である。岳山の麓で海に突出していて、竹野郡の最東端でもある。毎日の気象情報では経ケ岬の地名がよく使われている。

経ケ岬の沖の海で、越前の漁師が網で完全な形の弥生土器を引きあげ、もって帰ったことがある。北陸で流行した弥生時代後期の高さ一六センチほどの壺である。この壺は、平成八年ごろに福井県越前町厨の漁師、齊藤洋一氏が蟹漁で海底三五〇メートルから引きあげたものだと、越前町教育委員会の堀大介君が知らせてくれた。

このことから考えると、越前の舟が丹後の沖を航行していたとみられる。ではどうして破損もせずに弥生の壺が海底にあったのだろうか。まず考えられることは、この地点もしくはその近くで海難事故にあって舟が沈没し、積荷か舟乗りが使っていた土器が海底にのこったという見方である。もう一つは丹後の沖を通る舟が、経ケ岬の沖にくると米などを海神に捧げる習慣があって、この壺はその容器であるという見方である。

日本海沿岸では長門と石見の境に聳える高山《こうやま》（標高五三三メートル・萩市須佐町）のある高山岬の沖にさしかかると、船は帆を下して米を海に投げいれて航海の無事を祈ったという。高山には黄帝を祠る道教色の強い黄帝社があって一度行ってみたことがある。黄帝は中国古代の伝説上の五帝のうちの一帝、漢民族の大宗としてあがめられた。まだ断定はできないが、経ケ岬のつけ根にある岳山あるいは権現山が舟人にとっての聖なる山ではなかろうか。なお現在の網野の漁師のあいだでは、とくに聖なる山の信仰は見出せないとのことである。

志高遺跡と宝貝を納めた弥生土器

由良川下流域の遺跡群のうち、もっとも下流にある顕著な遺跡が志高遺跡である。この遺跡は由良川の左岸の自然堤防上にあって、弥生時代中期の方形周溝墓や方形貼石墓など、古墳の前段階の墓が発掘されている。ぼくは方形貼石墓の発掘中に見学したことがある。

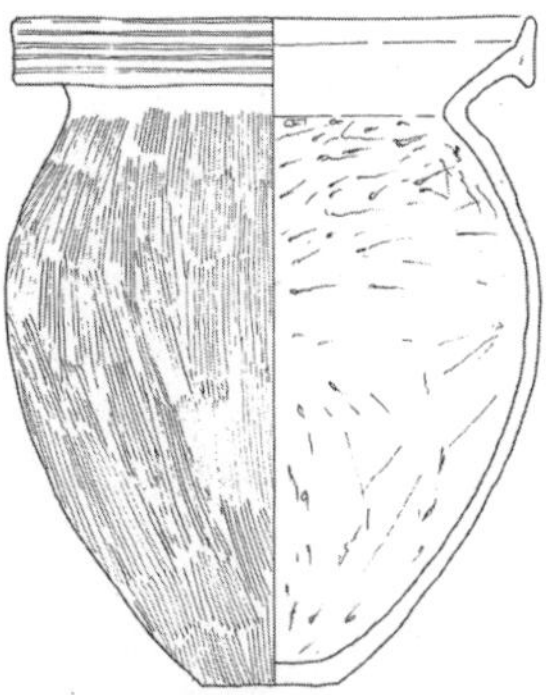
経ヶ岬沖で引揚げられた弥生土器（高さ約16cm，堀大介氏原図）

弥生時代の方形周溝墓や方形貼石墓は、元の丹波以外の近畿全域、とりわけ奈良県においてはこのようなかなりの面積の土地を溝や貼石で区画する墓は稀にしかみられず、第5章で述べられるように、丹後と丹波、つまり元の丹波では普遍的に見られ、古代史上での重要事項になっている。このように元の丹波で、一足早く個人もしくは家族の墓として一定面積の土地を占有しかけたことには、海を介しての活発な交流が人びとに知的刺激をあたえ力を蓄えさせたとみてよかろう。

志高遺跡で方形周溝墓や方形貼石墓が検出されたより数年あとで、土地の工事中に宝貝を蔵した弥生時代中期後半の双耳壺が出土した（口絵写真参照）。このことを知ってすぐに舞鶴市教育委員会の吉岡博之氏に連絡して図面などを作っていただき、さらに時間をおいて高野陽子さんに実物を点検してもらった。

壺は均整のとれた形で、左右の両肩に把手（耳）を付け、肩から胴を櫛描きの波状文で飾っていた。あまり見かけない器種であって、いかにも珍奇な品である宝貝の容器にふさわしい。宝貝をいれる器だから、中国流にいう貯貝器《ちょばいき》である。なお高野さんによると、この弥生土器は九州島で作られたものではなく、丹後から播磨に至る地域で作られたとみてよかろうとのことである。

残念ながら宝貝はこの土器の発見者が大部分を捨てていたが、数個の宝貝はのこっており、子安貝ともいわれる宝貝のなかで古代の中国人が珍重したキイロタカラガイである（『海から知る考古学入門』の「宝貝と倭人」の項）。

中国では殷や周の時代から、宝貝、とくにキイロタカラガイを貨幣として王侯の墓に大量に副葬する風習があって、宝貝愛好はずっとのち、たとえば明代にもつづいた。明代というより中国の周辺には現代でも宝貝を珍重しているところが点々とある。

江上波夫が生涯をかけた宝貝研究

騎馬民族征服王朝説の提唱者である江上波夫氏（故人）の若いころの論文に、「極東に於ける子安貝の流伝に就きて」がある。この論文が書かれた一九三二年ごろは、まだ宝貝、とくに指先ほどの大きさのキイロタカラガイが採れる土地はよくわからなかった。

一九五六年に中国の雲南省晋寧県の石寨山古墓群《せきさいざん》の調査が始まった。昆明市郊外にある滇池《てんち》とよばれる大きな湖を見下ろす丘の上にある墳丘をつくらない古墓群で、滇族の王墓をはじめ七百基あまりの墓のある大墓地である。

滇族は漢族からみると異民族であって、ほぼ弥生時代前期ごろに栄えており、中国では西方の雲南省にいたとはいえ弥生文化と比較するうえで見逃せない。

石寨山は今日では陸続きの丘の上にあるが、ここに古墓が営まれていたころは滇池に浮かぶ島であった。それと滇池というとどうしても日本の池が頭に浮かぶが、明代に鄭和《ていわ》がインド洋方面に遠征するさい、滇池で艦船の調練をしたことがあり、池とはいえ、大海に擬せられるほど広大である。

石寨山古墓群の六号墓からは蛇鈕《だちゅう》の「滇王之印」の字を彫った金印が出土している。古代アジアには蛇鈕の金印はもう一ヶ所から出土している。福岡市志賀島出土の「漢委奴国王」の金印が蛇鈕であることは名高い。この金印については「漢の倭（その減筆文字）の奴国王」とよむか「漢の委奴《いど》国王」とよむかはまだ確定していないが、北部九州にあった国の王であることは間違いなかろう。

漢の皇帝が倭人と滇国の王に蛇鈕の金印をあたえたことから、両者に共通点を見出していたことがわかる。中国の皇帝は周辺の異民族の王たちに、その集団を象徴する馬、駱駝、羊などの形の鈕の印をあたえていて、倭と滇は蛇で象徴できるとみられていたのである。

石寨山古墓からは、宝貝をいれた青銅製の貯貝器や貯貝器に転用された銅鼓が多数出土していて、殷、周以来の宝貝珍重の習俗がその土地の銅鼓をとりこんでいた。このように石寨山古墓の調査を機にして、あらためて宝貝の産地への関心が高まった。

ぼくも中国の江南や南中国の海岸を訪れたとき、宝貝についての情報をえるようにつとめたが、中国ではホシダカラガイなど玩具用の大きな宝貝はあるものの、キイロタカラガイは見いだせなかった。このころから沖縄諸島では大量のキイロタカラガイが採れることがわかりだした。さらに日本列島の南島では宝貝だけでなく、ゴホウラ、イモガイ、水字貝、シャコ貝、ホラ貝、オオツタノハガイ、夜光貝など、九州島や本州島の弥生時代や古墳時代、さらにそれ以降の人びとが愛好した貝が採れることなどが沖縄での考古学の発達にともなってしだいに明らかとなってきた。

ぼくは江上さんと対談したり、会議のあと旅館の同じ部屋で夜をすごしたこともあるが、一九九〇年ごろには、古代の中国で愛好された宝貝の主産地が沖縄本島であることに確信をもたれたようである。

古代の中国人は、倭人のことをどうして知るようになったのか。知るというより大きな関心をもってみたようである。どうやら古代の中国人は、倭人を宝貝をもたらす人びととして重要視したのではないかと考えられた。

江上さんは二〇〇二年に亡くなったが、その四年前に、東アジアの古代文化を考える会の幹事の北村一太氏が江上さんから直接宝貝のことを聞いて、その会の三百号記念論集に「子安貝を運んだ倭人」の題で記録した。

宝貝を採って中国へもたらしたのは琉球の人たちである。だがそれを中国へ運んだのは九州島の倭人だったとみられる。もちろん琉球の人も直接に中国へ運ぶこともあっただろう。縄文人は多少、宝貝に関心をもったようだが、キイロタカラガイに限ったことはない。それとられるが、死んで海岸に打上げられた貝殻では、色艶はなくなっている。

石寨山から見下ろした風景
（点在する土饅頭は最近の民墓，1981年6月撮影）

弥生時代や古墳時代の本州島では、中国のように宝貝を愛好した形跡はない。ただ『竹取物語』に子安貝のことがでている。カグヤ姫に求婚した石上中納言に、「つばくらめのもたるこやすの貝」を取ってくるようにという試練が課せられたのは有名な話である。このようにタカラ貝への関心がたかまるなか舞鶴市の志高遺跡でキイロタカラガイを納めた弥生の壺が出土したことは、石寨山古墓でみられたように、宝貝を青銅器の貯貝器に蔵していたのに共通する考え方が流伝していたとみられる。

つまりこの弥生の壺は貯貝器であり、出土状況がよくわからないのは残念ではあるが、弥生時代の墓の副葬品だった可能性がある。このように丹後には中国の根強いタカラガイ愛好の習俗が伝わっただけでなく、貯貝器にいれるというような作法も伝わっていたとみられるのである。

この弥生後期の墓（大風呂南一号墓）は、与謝郡与謝野町（元の岩滝町）にあって、赤坂今井墳丘墓とともにその時期の丹後の王墓といってよかろう。この古墓は携帯電話のアンテナ基地建設にともなう調査での発掘でわかった。古墓の東方には、宮津湾の南西隅にある阿蘇海を見下ろせる。赤坂今井墳丘墓がすでに方形の顕著な墳丘をもつのにたいし、大風呂南一号墓は長方形の丘陵先端を墓地に利用していて、墳丘を築いた形跡はないが丘陵の北西で東西に掘り下げて、一定の墓域を作ろうとしている。古墳時代になっても自然地形を前方後円墳の墳丘に利用していることは少なくないから、長方形の墳丘を意識したとみてよかろう。

大風呂南一号墓
第一主体部の豪華な副葬品

大風呂南一号墓には五つの埋葬施設があるが、第一主体部がもっとも規模が大きく、以下はその主体部について説明する。

赤坂今井墳丘墓と大風呂南一号墓の共通点は、ともに墓壙（墓穴）が大きいことである。第一主体部の墓壙の掘方は七・三メートル×四・三メートルもあり、そこを垂直に約二メートル掘り下げていた。

この墓壙に木棺（舟底形。すでに腐朽）を据え、多数の副葬品を配し、棺を埋めたあと破砕した弥生後期後半の土器を多数投げこんでいた。これらの弥生土器の年代からもこの墓の年代がしぼられた。つまり今日ヤマトで見つかっている初期の前方後円墳より一段階前の墓である。

この墓には多数の副葬品が遺骸の上や周辺に配置されていた。注目されるのは通常なら鏡を置く頭部の外の位置には一三個の銅釧がかためて置かれていた。

この形の銅釧は、沖縄本島を中心とする南島産のゴホウラ貝を九州島で材料にして作られた腕輪（立岩型）を模したもので、すでに九州島において弥生後期に青銅で模作された。この銅釧とほぼ同じものが長崎県壹岐の原《はる》の辻《つじ》遺跡で三点出土している。原の辻は『魏志』倭人伝の一支国

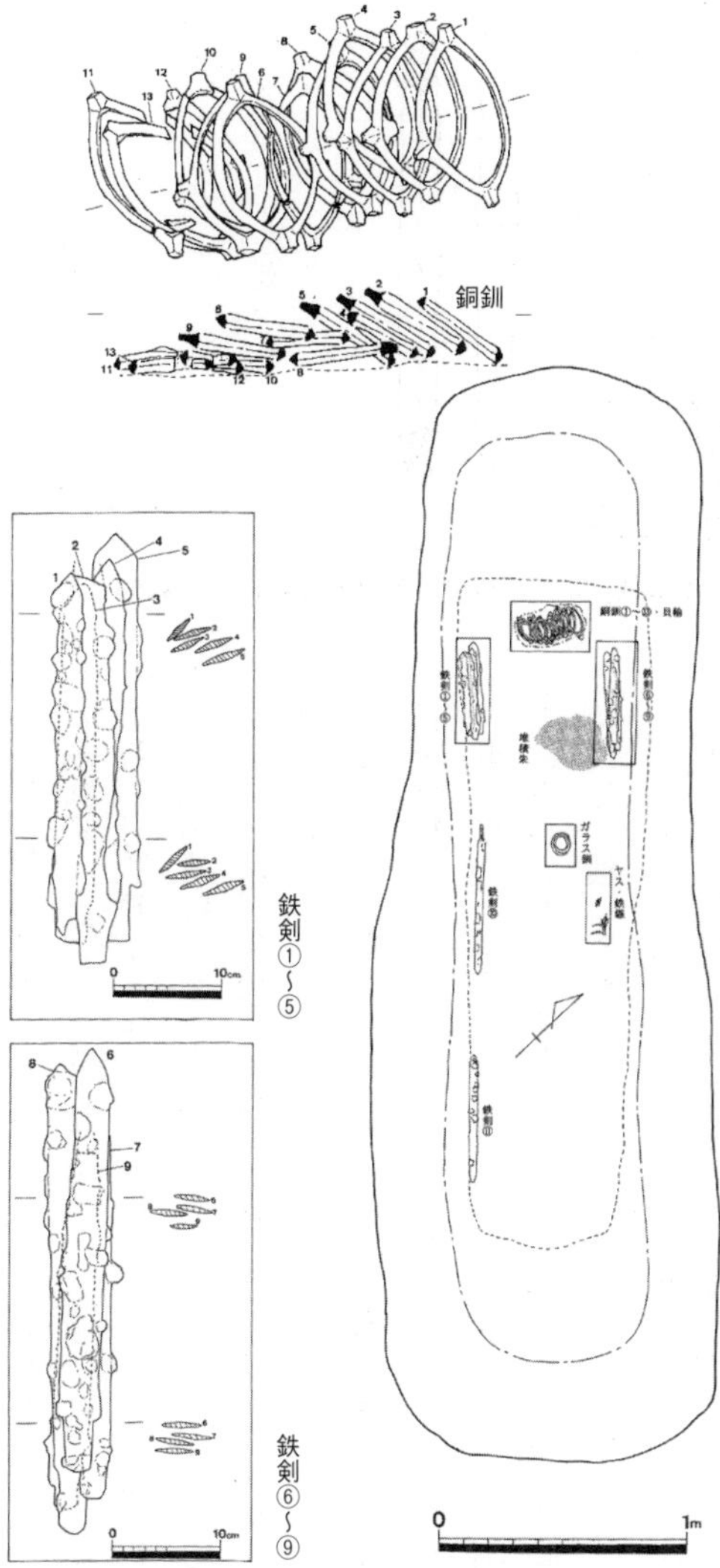

大風呂南1号墓第一主体部での遺物の配置，とくに銅釧の置き方（『大風呂南墳墓群』岩滝町教育委員会）

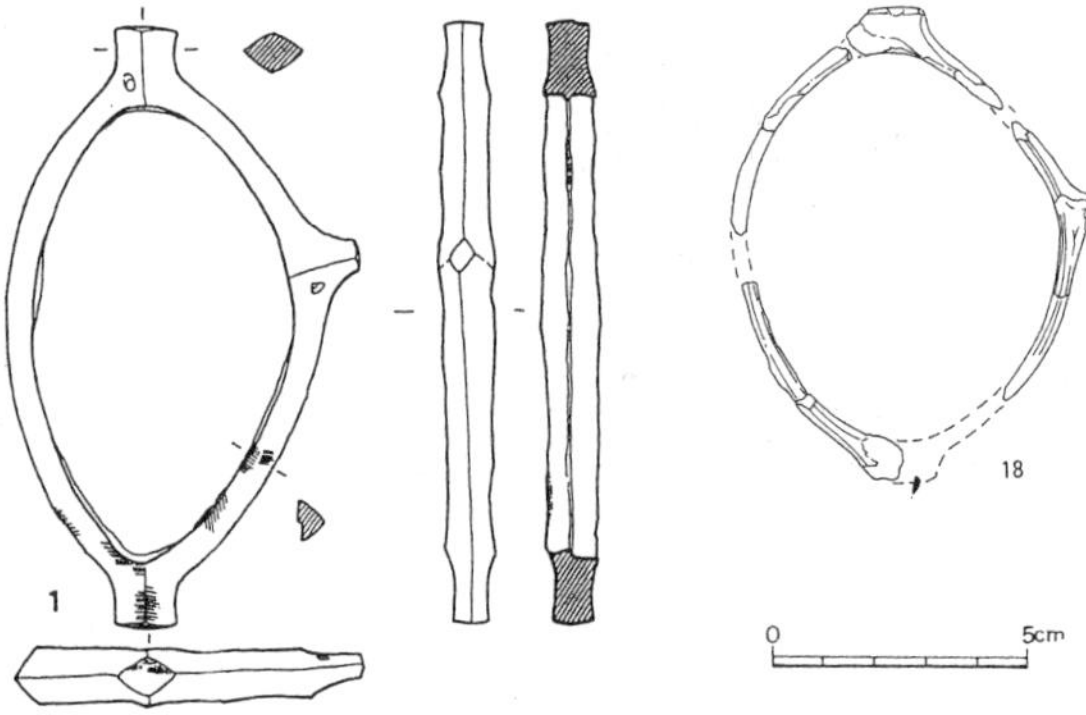

大風呂南１号墳（左）と長崎県原ノ辻遺跡出土の銅釧（右）

（壹岐国）の国邑とみられ、多種数の青銅器を作っていたともみられる（『原の辻遺跡』総集編一、二〇〇五年）。大風呂南の銅釧と同型で作られたとみられる製品が、愛知県名古屋市の三王山遺跡で一点出土している。可能性としては北部九州で作られ、丹後にもたらされ、さらに一部が東海に運ばれたのであろう。

　すでに述べたようにこの形の腕輪は本来南島産のゴホウラ貝を材料としたもので、沖縄の各地ではすでにゴホウラ貝を貯えていたゴホウラ溜りの遺構も発掘されている。厳密な約束事のもとに作られた腕輪だから、ゴホウラ貝を手にいれると誰にでも作れたというわけではない。

　九州島ではゴホウラ貝製の腕輪は男が所持していて、墓にいれることが多く、少数ながら東へ運ばれたものがある。たとえば大阪府茨木市の紫金山古墳（古墳時代前期）では直弧文を刻んだゴホウラ貝製の腕輪が出土している。

　この貝輪は九州島で作られ、直弧文をのちに近畿で彫ったのであろう。紫金山古墳ではゴホウラ貝製の腕輪を碧玉で模作した石製品が共存していた。これらの石製品は江戸時代から珍奇な古物として知られ、鍬形石という名称でよばれた。

鍬形石とよばれる腕輪型宝器を副葬する風習は、古墳時代前期には近畿地方に伝播し、丹後では峰山町のカジヤ古墳に四個が埋納されていた。カジヤ古墳は丹後には数少ない畿内的葬法をしていた。ところが大風呂南一号墓第一主体部では、風化した貝製品（おそらく腕輪の頂部）が遺存していて、一個だけだがゴホウラ貝製の腕輪が銅釧とともに埋納されていた形跡がある。

第一主体部の鉄剣とガラス製釧

この古墓では遺骸の左右の側面に沿って、一一本の鉄剣が埋納されていた。弥生時代後期の墓では、鉄剣はときどき副葬されているが、一一本を副葬した例はない。鉄剣はいずれも長さ三〇センチ前後で古墳時代前期以降の刀（ときには剣も）のようには長大ではないが、武器として当時の社会では強烈な威力を発揮したであろう。

これらの鉄剣の製作地については、朝鮮半島で作られ日本列島に運ばれたとみるほか、丹後を含む日本海地域での製作についてもすでに一部は述べたように可能性は強いとみている。現時点では弥生時代後期としては最多の鉄製武器を所有し、王の死にさいしては遺骸を守る呪具として埋納したことだけは確かである。鉄の刀剣が遺骸の左右に配置されることは、そののち古墳時代前期に継承された。

銅釧群のすぐ南に朱の広がる範囲があって、遺骸の頭部から胸と推定される。このあたりの左右では鉄剣が重ねて置かれていて、遺骸の東では四本、西では五本の鉄剣を置き厳重に遺骸を守っていた。

この朱の範囲からガラス製の勾玉一〇個と緑色凝灰岩製の小ぶりの管玉二七二個が出土し、首飾りだったとみられる。弥生時代にはガラスの勾玉を作ったとみられる土製や石製の鋳型が九州島北部の春日市の須玖遺跡、弥永原遺跡や山口県菊川町下七見遺跡、大阪府茨木市東奈良遺跡などで、古墳時代前期のものは京都府向日市の芝ケ本遺跡で出土しているから、日本製であることは間違いない。

第一主体部の推定遺骸の腰あたりに透明のガラス製釧《くしろ》（202頁参照）が一個置かれていた。死者が着装していたのであろう。よほどこの古墳の被葬者が生前に大切にしていたのであろう。ガラス製釧はこれまでも知られていたが、半透明の淡いライトブルーの色や研磨の丁寧さなどの点で、従来出土していたガラス製釧とは完成度において、まったく異なるものである。カリガラスとみられている。

舶載品とみられるが、その製作地がベトナム、インド、地中海沿岸などの可能性がいわれていて、今後の研究がまたれる。いずれにせよ異国との交流を物語る資料である。

このほか第一主体部には四本の鉄鏃、ヤスとみられる鉄製品、ヤリガンナと推定される鉄製品一個なども埋納されていた。

この古墳の年代である弥生時代後期としては、副葬品に豪華さがあるのにくらべ、古墳時代前期の埋納品のように鉄剣以外の鉄製品は数と種類が豊富ではなく、まだ乏しいのも一つの特色とみてよかろう。

年号鏡を出した大田南五号墳

中国の年号（正しくは元号）を銘文中に記した銅鏡を年号鏡（紀年銘鏡）という。考古学者のなかには年号が記されていると、その鏡は絶対年代を示すものと信じこみ、高い価値を見出そうとした人もいる。年号鏡がかかえる考古学上の問題点については後で述べる。

日本列島の遺跡（古墳）から出土している年号鏡につく年号は、大部分が三国時代の魏の年号で、出土地の確実な銅鏡は八面が知られている。この八面のうちに丹後一面、丹波一面さらに但馬の一面を加えると元の丹（旦、元の丹波）の地域からは三面が出土している。古墳文化の中心とみられるヤマトでは確実な年号鏡はまだ一面も出土していないから、元の丹波にどうして年号鏡が他地域よりも多いのかを、あらためて問う必要がある。

丹後の古墳では、京丹後市（元の弥栄町字和田野小字大田）の大田南古墳群（28頁地図参照）の五号墳の第一主体部から、青龍三年の年号を記す方格規矩《きく》四神鏡が出土している。この古墳の北方に和田野はあるが南方至近の地が丹波郷のあった大字丹波であり注意を払う必要がある。

大田南古墳群は、竹野川中流で川を見下ろす尾根上に列状になって二〇数基の古墳がある。尾根の先端部に北東から南西へ一列に支群とみてよい古墳が並んでいる。この尾根は東側の裾から土取り工事が進んだため、崖のようになってしまっている。北から二号墳、三号墳、四号墳とあって、少し低くなった尾根先端近くに問題の五号墳はある。

五号墳は盛土をした気配はなく自然地形を利用し、方形を意識した墓域である（方墳という人もいるが、方墳といい切ることはむずかしそうである）。第一主体部が墓域の中央にあること、丹後に伝統的な墓壙が広くかつ深いこと、さらに墓域内に三つの埋葬を示す第二主体部から第四主体部があって、家族の埋葬がおこなわれたことなど、弥生時代後期以来の丹後の伝統をよくのこしている。とはいえ第一主体部が位置、墓壙の大きさに加え棺に石棺を使っていることなどからみ

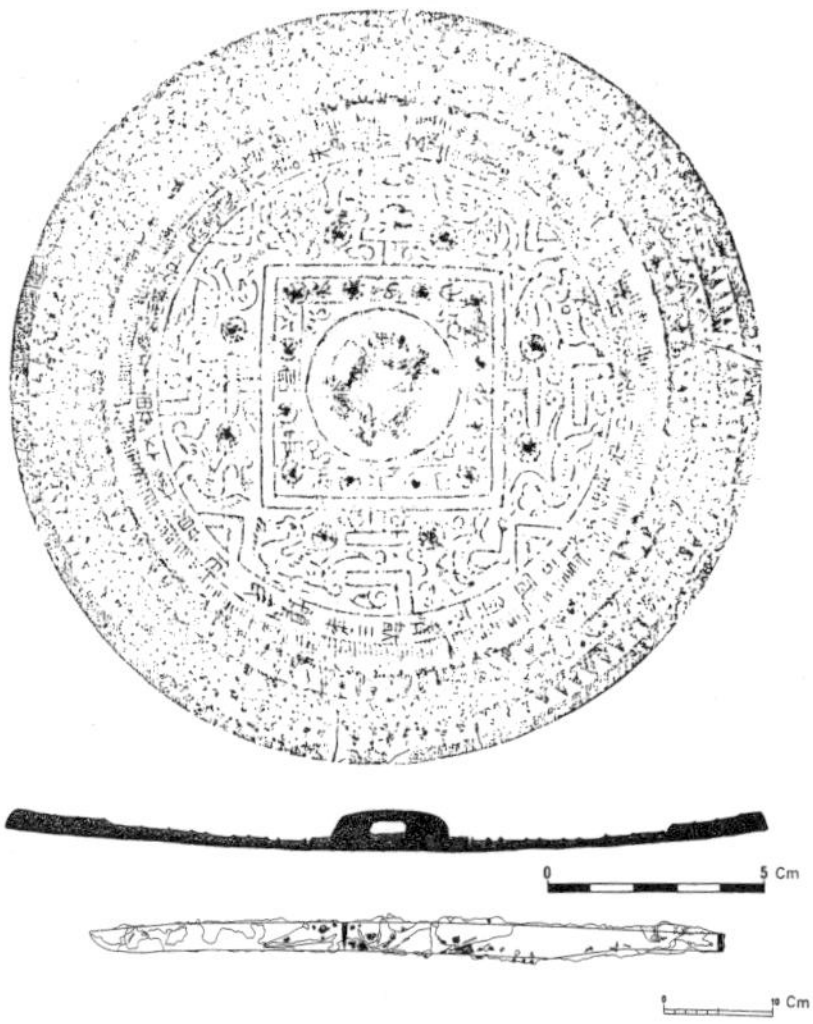

大田南５号墳出土の青龍三年銘の
方格規矩四神鏡と鉄刀（現説資料による）

て、この家族の長とみてよかろう。

第一主体部は墓壙の中央に組合せ式の箱形石棺を置き、棺内に青龍三年銘の方格規矩四神鏡と短い鉄刀一本が副葬されていた。

青龍三年は二三五年であって、その年号を記しているのは厳然とした事実である。とはいえ二三五年に作られたとか、その年号が示す魏、いいかえれば中国の華北で作られたと即断することはできない。即断を控えてまず考古学的にこの鏡を観察しよう。

方格規矩四神鏡は大正から昭和初期にはＴＬＶ鏡とよばれた。ＴＬＶとは内区に配された規矩の文様である。ＴはＴ定規、Ｌは今日では大工が用いる曲尺《かねじゃく》、Ｖはコンパスである。古代の中国ではこれらは方向を割出す道具であった。

鏡背の中央の方格文はこれも方向を割出す道具（占星盤）を表現しているとみられる。内区の四神は青龍、白虎、朱雀、玄武で、それぞれが東西南北を示している。このことは今日でも大相撲の土俵の四本柱にうけつがれている。

このように方格規矩四神鏡とは、東西南北の方向の重要さを表現した鏡である。今回は代表的な方格規矩四神鏡の銘文のことは省略するが、山（仙）人が住み玉泉を飲み、棗《なつめ》を食べて「不知老」つまり老いることを知らない仙人が生活をしている神仙（僊）界への強烈な憧れをいだく信仰にもとづくことを述べている。

方格規矩四神鏡の鏡背には、さまざまな方向を割出す道具や動物、さらに銘文によって神仙界への憧れを示しているが、まだ鏡背に神仙界の様子を示す文様はない。その後にあらわれる三角縁神獣鏡では、鏡背に東王父や西王母の姿や住む神仙界の様子を文様として表現している。

ところで中国での方格規矩四神鏡も時代が下るにつれて、四神の表現が便化したり銘文を略したりさらに鏡が小型化したりするが、規矩文は多くの場合は厳重に守られていた。ところが日本列島の古墳で出土し日本列島で作られたとみられる仿製の方格規矩四神鏡では、中国鏡では「の形で表現していた曲尺の上部が┐と左右が逆方向になりだした。樋口隆康氏の『古鏡』でも中国鏡と仿製鏡の違いはL字型が逆になることだと説かれていた。

大田南五号墳の青龍三年銘鏡の方格規矩四神鏡は朱雀の片側が朱雀ではなく芝草を手にもつ人（仙人）らしい図柄となるなど四神がかなり変化し、従来の舶載鏡と仿製鏡との違いの基準とされていたL形は、鏡の下にくる位置でみると┐形になっていて仿製鏡の仲間であることは明白である。

考古学者のなかには「青龍三年」以下の漢字の銘文があるからといって、急に中国鏡という判断に変えた人もいるが、その方法は乱暴にすぎる。

じつはもう一つ大きな問題がある。三世紀の魏は領域全体をきちんと統一していたのではなく、遼東から朝鮮半島にかけては公孫氏勢力（一時は燕と唱えた）が独立し、倭と韓は半世紀ほど公孫氏が設けた帯方郡に属したのである。帯方郡は楽浪郡の南、朝鮮半島中部の黄海側にあった。

青龍三年とはまさに倭と韓が帯方郡に属していた時期、つまり公孫氏の支配をうけていた期間なのである。このように青龍三年は魏の年号とはいえ、この場合の魏は中国の華北の魏ではなく、独立勢力としての公孫氏が使っていた年号とみるべきである。

くどいようだが、青龍三年とは公孫氏勢力が倭（さらに韓も）と華北の魏との交流を遮断し、たち切っていた期間になる。なお同型とみられる青龍三年銘の方格規矩四神鏡がそののち大阪府高槻市の安満《あま》宮山古墳で出土したが、このほうが鋳出は雑である。安満遺跡は弥生の大きな集落で、安満宮山古墳は安満遺跡を見下ろす山の尾根上にあって、墳丘の低い小型の方墳である。

安満とは海人《あま》にちなんだ地名である。淀川北岸にあるけれども、所在する郡名は島、敬称をつけて三（御）島ともいう。どうして島なのか、それとアマとの関係も気になる。

つぎに大田南五号墳の方格規矩四神鏡の銘文を書いてこの項を終る。なお銘文は時計回りに記されている。

青龍三年顔氏作竟（鏡）成文章左龍右虎辟不詳朱爵（雀）玄武順陰陽八子九孫治中央寿如金石宜侯王

鏡の工人とみられる顔氏は、中国にも日本列島でも鏡の銘文にはじめてでる氏名である。銘文中の「不詳を辟（避）ける」の詳は祥、つまり「めでたくないことを避ける」の慣用句、このようにこの銘文は漢字に減筆文字や発音の同じ字で当てることはあるが文章として整っている。ただ全体に一つずつの文字が小さく弱々しい。

この鏡の製作の候補地は日本列島を第一にあげられるが、逆L字の方格規矩四神鏡は日本列島よりはるかに少ないとはいえ、朝鮮半島の古墳出土鏡（新羅の都のあった慶州市の皇南大塚古墳の南墳）にもあるので、朝鮮半島での製作も可能性としてみておく必要はある。

なお大田南五号墳からも墓壙の上で土師器が出土していて、その年代から埋葬は三世紀後半ごろにおこなわれたとみられ、青龍三年の二三五年とはかなりのへだたりがある。このような年代差は景初三年銘の平縁の神獣鏡を出した和泉黄金塚古墳中央槨にもみられる年代差で、これらの年号鏡の鋳造がそのころまで下る可能性が高い。

広峯一五号墳出土の年号鏡

広峯一五号墳は福知山市大字天田小字広峯にある小型の前方後円墳である。福知山市の地は古代の丹波国天田郡にあった。福知山は由良川の中流域にあって川口の由良との間に舟運が発達していた（芦田完「由良川水運史　付播丹運河」『史談ふくち山』三〇周年記念論文集）。このように由良川の舟運は広峯一五号墳を考える場合の重要な一つの視点である。由良川は天田郡内では天田河とよばれたこともある（養和元年（一一八一）「松尾神社文書」）。

以前から気になる史料がある。天平宝字六年（七六二）四月一日に書かれた東大寺の金物の製作に必要な品と運搬などに要した人数を列挙した文書のなかに、「自福智山運炭六百四斛　功六百四人」とある（『寧楽遺文』中巻の「造寺所公文」の項。斛は石に同じ）。功六百四人はこの項目では飛び抜けて多く、丹波の福知山のこととみている。東大寺は勅旨で天平一九年（七四七）に「丹波国天田郡五十戸」の食封を与えられていた（『東大寺要録』）。炭を出したのはこの食封かとみられる。

福知山城を福智山城と書くことは近世初頭にも見え、また丹波の地形は炭の原料となる薪が豊富ということもあって、奈良時代にすでに福智山という地名ができていた可能性は強い。ただし『和名抄』の天田郡の郷名には福知山はない。

福知山市域は郷名でいえば六部《むとべ》、土部（土師）、宗部《そがべ》、雀部《さささきべ》、和久、拝師《はやし》、奄我《あんが》、川口の八郷があり、すでに人口が多かった土地とみられる。小さなことだが、これらの郷名のなかに本来三字の表記であったものを二字表記に縮めたとみられるものがある。六人部→六部、土師部→土部、宗我部→宗部などである。

広峯一五号墳があった大字天田は『和名抄』の宗部郷とみられるが、郡名の天田を大字名にしていることは注目してよかろう。さきに述べたように青龍三年銘の年号鏡を出した大田南五号墳も至近の地が由緒のある大字丹波であった。大字丹波は古代の丹波郷の遺跡地であるとともに丹波郡、ひいては丹波国の地名のもとにもなった。

これから述べるように、広峯十五号墳からも景初四年銘の年号鏡が出土しており、その土地が大字天田で郡名の天田郡がこの地名に基づくものとみられるならば、年号鏡の出土地を考えるうえで留意しておいてよかろう。

広峯古墳群は前方後円墳一基、方墳一〇基、円墳一基からなり、方墳よりものちに築かれた前方後円墳が広峯一五墳である。墳長四〇メートルと墳丘は小さいが古墳群のなかの盟主墳とみてよかろう。

調査当時、東方からの土取りが進み、後円部の主体部の一部が切取られていた。この主体部の大きな墓壙の中央をさらに掘り下げ、長大な割竹形木棺（すでに腐朽）を据えていた。棺内の遺骸の頭部と推定される横に置かれていた銅鏡が問題の年号鏡である。遺骸の頭部側に仕切板があったと推定され、鉄剣一本とそのほか鉄斧と鉄製ヤリガンナ各一個をおき、さらに鉄槍一本があった。このような仕切板は園部垣内古墳でも見られた。

この古墳は遺物が貧弱という印象をうけた。年号鏡は学問的には貴重視されるが、この古墳は墳丘の規模や副葬品の点でも目立たない。この年号鏡はすぐあとで述べるように、考古学や古代史上に重要な問題をもっている。それにもかかわらずこの古墳は調査の終了のあと保存できなかった。このことは文化財の保護行政上に問題があったとみられ、かえすがえすも惜しまれる。戦後に京都府下で消失した古墳のなかもっとも悔やまれることになった。

この年号鏡は斜縁の盤龍鏡で、直径一七センチと中型である。宮崎県の古墳出土と伝える同型鏡が一面ある。銘文は逆時計回りで、各々の文字は大きく読みやすい。まず銘文を掲げる。

景初四年五月丙午之日陳是作鏡吏人詺之位至三公母人詺之保子宜孫寿如金石兮

次に句ごとに区切ってみよう。

景初四年五月丙午之日　陳是作鏡　吏人詺之位至三公　母人詺之保子宜孫　寿如金石兮

次に文についての注意点を述べる。

「五月丙午之日」は、鏡の製作に良い日と考えられた迷信であって、吉祥句であり、慣用句でもある。

「陳是」は、陳氏で日本列島で出土する三角縁神獣鏡に多くみられる鏡作りの工人名である。

「吏人」は、役人でありかつ男性を意識し、つぎの句の母人と対比されている。母人は、成人の女性のことである。

「寿如金石」の句は、長寿を保証する内容で、吏人と母人両方にかかる。

このようにこの鏡を所持することの効能を男子と女子に分けて述べていることは、すでに論じたように漢から六朝にいたる中国で出土している中国鏡の銘文にはみられない、もしくはごく稀である。中国鏡では男子にとっての効能を述べるのが普通である（「日本の文字文化を銅鏡にさぐる」『考古学と古代日本』所収）。

この銘文の最大の問題点は、書き出しで使われている景初四年が、中国にはなさそうだということである。魏の元号の景初は、元年から三年までで、そのつぎは正式には正始に改元されていて、正始元年の年号鏡は、兵庫県豊岡市の元の出石《いずし》郡にある森尾古墳で出土している。他にこの鏡の同型鏡が群馬県や山口県の古墳でも出土している。出石は、但馬の歴史的に由緒のある地名である。

このように景初四年は実在しない可能性の高い年号である。ある元号の使用をやめて別の元号とすることを改元という。改元されても前の元号を使いつづけることはごく稀にある。そのような事態のおこる原因は、改元の情報が伝わってこない、よほどの僻遠の地で書かれた文書や製作した器物に記された場合が一つある。それと、すでに来年の需要のために、前年から印刷した刷物や製作した貨幣につけた場合などである。だがこの場合は、原則的には回収され、地上にはあまりのこらない。

景初四年銘鏡については、このいずれの原因もあてはまりそうもなく、さらに研究をつづける必要はある。〝景初四年銘の鏡が出土した。だから景初四年はあった〟と強弁する人もいるが、これは何の説明にもなっていない。

吏人と母人の効能を述べた銘文

「吏人詺之位至三公　母人詺之保子宜孫」と対句表現を用いた銘文は、景初四年銘鏡の二面の盤龍鏡のほか、景初三年銘の三角縁神獣鏡一面（島根県神原神社古墳出土）と、正始元年銘の三面の三角縁神獣鏡（ともに同型鏡）がある。いずれも工人は陳是（氏）である。

製作年かどうかは別にして、それぞれ銘文の書き出しの年号は額面通りにうけとるとして、景初三年の二三九年と正始元年の二四〇年の二年間にまたがるものである。すでに述べたように、二四〇年は正始元年であり、改元を知らなかったとすれば景初四年となるのである。

このほか昭和二六年に発掘した和泉黄金塚古墳の中央槨の槨外に埋納されていた平縁神獣鏡は、内区の文様が景初三年銘の三角縁神獣鏡と同型であり、銘文では「吏人詺之位至三公」の部分を

や め 母人にたいする効能の「保子宜孫」の部分だけを使っている。このことは中央槨の被葬者が女性とみられることに符号するようで、男性用の効能個所を省いて製作した可能性が強い。

なお三面の正始元年銘鏡では、いずれも銘文に欠損があったり字が不鮮明であったが、広峯一五号墳の景初四年銘の盤龍鏡の出土によって一気に判読されたのである。同時に、和泉黄金塚古墳の陳是作の景初三年銘鏡の銘文が、本来の銘文のどの個所を省いて縮めたかも分るようになった。このように景初四年は幻の年号ではあるが、日本列島出土の年号鏡のかかえる問題を大きく解決したという役割は大きかった。

日本列島出土の八面の魏の年号鏡のうち、半数強が景初三年銘鏡と正始元年銘鏡である。ここで注意してよいことは、景初三年と正始元年は『日本書紀』の神功皇后の三九年と四〇年の条に、『魏志』を引用する形で使われており、少なくとも『日本書紀』が編述された段階では、日本では知っていたとみられる。しかもそれは、魏との外交での記念すべき年として記憶されていたとみられる。

今日の古代史では、神功皇后の時代が二三九年や二四〇年に相当するとは考えにくいが、古代の倭人のなかには、そのような伝承があったとするのは、あながち無理ではない。

古代史の研究者として知られる藪田嘉一郎氏（故人）は、和泉黄金塚古墳での銅鏡の出土ののち、いち早く一つの仮説を出した（「和泉黄金塚出土魏景初三年銘鏡考」『日本上古史研究』所収）。それは仁徳朝のころに、景初三年は記念すべき年として、それを記した銅鏡を製作したとする説である。このことは正始元年銘鏡にもいえそうである。すでに述べたように、魏の年号鏡を出す古墳の考古学的年代は、四世紀末から五世紀初頭とみられることからも、藪田説は重視すべきであろう。

最後に、元の丹波から三面の魏の年号鏡が出土していることについて述べる。さきにふれたように、丹後には浦島伝説（雄略紀では丹波国余社《よさ》郡管川の人、瑞江浦嶋子）がある。これについては別に述べるように、のちの丹後の人が遠い異国まで出かけ長い年月をへてから丹後へ帰れた、という筋の話である。正史では、その帰国を雄略天皇の二二年とみたのである。

『魏志』の少し前にできたとみられる『魏略』では、倭人について「その俗正歳四時を知らず、ただ春耕秋収を計って年紀となす」とあるが、『魏志』倭人伝ではこの個所を省いている。ということは、すでに少なくとも九州島では、中国流の暦が伝わっていたことを知っていたのであろう。このように考えると、元の丹波地域でも、早くから中国では元号と年号を使っていることを知っていた、とみてよかろう。一歩ゆずっても、元の丹波では、年号鏡を通して中国の元号や年号に早くから接していたことは、事実として認めざるをえないだろう。

古殿遺跡の四脚付机は文机か

峰山駅の西方の丘陵上に、京都府立峰山高等学校がある。この学校の敷地とその周辺が、弥生時代後期と古墳時代前期、さらに平安時代末から鎌倉時代にかけての集落跡とみられる。これが古殿《ふるどの》遺跡である。

古殿遺跡は大字丹波の西方至近の地であり、さらに弥生時代後期の赤坂今井墳丘墓（方形墳）も古殿遺跡の北方すぐのところに造営されている。元の丹波でも、弥生時代から古墳時代におよんで重要な政治拠点があったと推定される。

この遺跡の調査では、集落構造の究明はできなかったが、溝遺構に多数の木製品が往時の姿のままに遺存していた。その一つに、古墳時代前期ごろのミニチュアの舟形木製品がある。祭祀に使われたのであろう。この遺跡は竹野川上流の支流である小西川を見下ろす土地にあるから、先に述べたニゴレ古墳の舟形埴輪のように、舳先の下部に大きな波（泥）除け板をつけた構造の舟を模していて、古墳時代前期の年代でよければこの形の舟のなかでもっとも年代はさかのぼる。

古殿遺跡出土の四脚付机

木製品のうちぼくが注目するのは、四本の長い脚をつけた机である。このような四脚付机は、食膳具の案に分類されやすいが、横に長く幅の広い形や、脚の高さと板の面が平らなことなどから、机の上に紙や絹の帛をひろげて文字を書く文机ではないかと考える。

年号鏡の多い元の丹波は、早くから漢字文化を受容していたとみられ、古墳時代の文字を書くための文机があったとしてもおかしくはない。

もう二〇年ほど前に福岡市博多区の雀居《ささい》遺跡（福岡空港内）で、文机の可能性のある弥生時代後期の脚付机が出土したというので、実物を拝見したことがある。脚が揃っておらず、それに机の板も欠けていたこともあって、これは食膳具でもよいようにおもった。そういう意味で古殿遺跡の四脚付机は、日本列島の文字文化を考えるとき念頭におくべき遺物である。

ついでに書くと、文字を書くのは紙だけでなく、絹の帛や麻布でもよい。今日では、字を書くのにもっぱら紙を使うが、紙の字に糸偏がつくのは、もと帛や布も使ったことのなごりであろう。もちろん七世紀以降は木簡でもよい。

硯《すずり》といえば、一定の形の円面硯や風字硯が頭に浮かぶ。だが古くは、石板や須恵器の掌大の破片でもよい。それと固めた墨の粉をすりつぶす、小ぶりの磨石があればよい。円面硯や風字硯が作られるようになってからも、須恵器の坏や皿の蓋を裏返して宝珠を取り去り、硯に転用する例が多い。これは転用というより、古くからの伝統によるものであろう。

どの程度の根拠があるのかはまだ確かめられていないが、烏賊《いか》の墨を墨汁《ぼくじゅう》として古代人が使ったとする見方も、根強くあるそうである。

すでに多くの例を引用したように、元の丹波とくに丹後からは、八世紀の多くの木簡を品物に副えて都へ送っている。これらの木簡は藤原宮や平城宮から出土するため、都の文字文化を示す資料のように思われやすいが、それを記したのは元の丹波の人びとであり、そのなかには丹後の海人も含まれていたのである。海人が文字文化を受けいれたことは丹後だけではなく、隠岐諸島、屋代島（周防大島）、奄美島、それに三河湾の佐久島や日間賀島などで記した木簡から、そのことは推測されている。

藤原宮出土の木簡に「与謝評大贄伊和志」がある。ほかの木簡での鰯《いわし》の表記が「伊委之《いわし》」とされる例があるのにたいし、のちの丹後の与謝評（郡）では「伊和志《いわし》」の表記にしている。

ちなみに、宮津湾のイワシは、今日も油漬の缶詰として売り出され、ぼくの好物で丹後へ行くと求めることを楽しみにしている。宮津のイワシは、戦前には与謝郡が臨む阿蘇海で捕れる金樽（金太郎）鰯が好まれたという。

桃谷古墳出土の漢代の珥瑺

古殿遺跡の南西の丘陵上に、古墳時代後期の桃谷古墳群がある。

その一号墳は、ごくありふれた横穴式石室をもつ古墳だが、戦後間もなくの調査で、小さな銅鏡、玉類、鈴、鉄製武器類や馬具などとともに、中国の漢代に流行したガラス製の珥瑺《じとう》一個が出土した。古くに丹後へもたらされ、この地の家に代々伝えられたものであろう。

珥瑺は耳たぶに通し、さらに珥瑺の孔に紐を通して、それに玉をつりさげて飾にしたといわれている。

耳たぶに数個のガラス小玉をつけることは、古墳時代後期の女の埴輪によく表現されている。ぼくは大阪府高石市の富木《とのぎ》車塚古墳で、墳丘内に直葬された木棺で実例を検出し、女性の被葬者を見分ける重要な資料とした。このように桃谷一号墳の珥瑺は小さな遺物だが、元の丹波と異国との交流をたどるうえで貴重である。

古代の日本列島で、耳を金や銀製の環（金環・銀環）あるいはガラス玉などで飾ることは、古墳時代後期になって列島中に普及した風俗である。ところが実例は多くはないが、玉を耳につけることは弥生時代や古墳時代中期にもある。

「洛東の巻」で述べたが、京都市伏見の伊予親王墓の改修工事であらわれた伏見黄金塚二号墳（もと前方後円墳）に使われていた盾形埴輪には、玉で作ったとみられる耳飾を左右の耳に垂下させる絵が描かれていた。この耳飾の左右の先端には、勾玉が一つずつついている。

このような例は、以前に福岡県豊津町の徳永川の上遺跡で、弥生時代の土壙墓の発掘中に現地で観察したことがある。その日のぼくのノートによると、右の耳飾はヒスイの勾玉一個を先端につけ、メノウの管玉一三個とガラスの丸玉三個、左の耳飾も先端にヒスイの勾玉一個をつけガラスの丸玉二七個のいずれも小型の玉で構成されていた。勾玉を親玉とし管玉からなる首飾と、小型の管玉で連をなす左右の手首の玉は別にあった。なおこの土壙墓では、胸の位置に龍虎鏡が一面副葬されていた。

桃谷古墳群の北方には、別に述べられるように弥生時代後期の赤坂今井墳丘墓がある。墳丘墓とはいうものの立派な方墳である。

赤坂今井墳丘墓も、丹後の弥生時代の墓に多くみられる多数埋葬を示し、墳頂部だけで六基の主体部があって、それぞれ墓壙を掘り下げている。ここで取りあげたいのは第四主体部で、遺骸の頭部と推定される位置から、もとの状態で頭飾と耳飾が検出された。

頭飾は三連の玉からなり、二五個のガラス製勾玉と一二七個のガラス製管玉で構成されていた。左右の耳には、碧玉製の小型の管玉を列状に垂下させ、先端に小型のガラス製勾玉二個と三個をそれぞれつけている。これらの玉類は、出土時の状態のまま切取り保存されたため、報告書で説明し切れていない点はあるものの、弥生後期に管玉と勾玉を垂下した耳飾があったことは間違いない。なお、耳たぶへの装着方法は不明とされているが、珥璫を使っていたとすればこの問題は解決する。骨角か木などの有機質の珥璫を使ったのだろうか。

この発掘には、当時、ぼくのゼミにいた壱岐一哉君（石井町教育委員会）が参加した。当時は学生だったが、この主体部の発掘に加わり、発掘報告書の『赤坂今井墳丘墓発掘調査報告書』（二〇〇四年、峰山町教育委員会）に、彼が作図した「頭飾・耳飾復原図」が掲載されている。壱岐君の作った復元図では、これらの玉で飾った被葬者を女性として描いているのは、調査団の意向をうけたものであり、ぼくもそのように考える（27頁の図参照）。

棺内には、右足の外側ぐらいに、短い鉄剣一本と鉄製ヤリガンナ一本が副えられていた。このようにヤリガンナを墓にいれる例がよくあるのは、当時の習俗を知るうえで注意してよかろう。

園部垣内古墳のヒスイの勾玉と碧玉の石製品

園部垣内古墳《そのべかいち》は、調査当時は船井郡園部町内林（現在は南丹市）にあった。古墳時代前期後半の前方後円墳で、古墳時代前期に限ればのちの丹波国では最大規模の古墳である。園部には、位至三公君宜官銘の双頭龍文鏡を副葬した古墳時代初期の黒田古墳（小型の前方後円墳）があるし、園部垣内古墳の一段階前の前方後方墳の中畷古墳があるなど、のちの丹波国では早くから豪族のいた土地である。この場合ののちの丹波国とは、桑田・船井・天田・何鹿の四郡で、多紀郡と氷上郡は本書の扱う範囲ではない。

園部垣内古墳は、ぼくが発掘にかかわった直後に、後円部の中央で長大な高野槇《こうやまき》の木棺を覆った粘土槨が見つかった。調査当時に墳丘はかなり欠失していたことと、その頃のぼくには、元の丹波地域の歴史的なすごさが理解できていなかったこともあって、さほどの緊張感もなく発掘を始めた。だが、この先入観は発掘が始まって間もなく大きく変更する破目となり、その後のぼくの、日本列島を地域学の視点でとらえようとする構想へ一歩を踏み出すことになった。

ぼくがそれまでに発掘にかかわった古墳時代前期の前方後円墳として、大阪府の和泉黄金塚古墳、奈良県の新沢《にいざわ》五〇〇号墳（新沢茶臼山古墳）、柳本天神山古墳、徳島県の愛宕山古墳などがある。だが園部垣内古墳の副葬品や埋納品は、それらに匹敵するばかりか、ヒスイの勾玉を例にとると、それまで知られていたなかでも、ずば抜けた逸品といわざるをえない。それにこの古墳で車輪石や石釧のような腕輪型碧玉製品、さらに銅製矢尻ばさみをつけた石製の鏃などは、造型的にもみごとな遺物である。

日本列島で古代に使われた硬玉ヒスイは、知られている遺物の全部といってよいほどが新潟県の糸魚川市と青海《おおみ》町の渓谷で採取されたものである。姫川ヒスイといったり越《こし》のヒスイともいう。姫川ヒスイの採取と玉への加工は縄文時代前期に始まり、弥生時代から古墳時代前期までが盛んであった。古墳時代中期になると姫川ヒスイの使用が衰え、古墳時代後期でほぼ終わっている。このように、日本列島での硬玉ヒスイの採集と玉への加工が他の諸国よりも古く遡るのは注目してよい。

岩石学的に硬玉ヒスイとよんでよいものは、今日では大きいものはテーブルの板にも使われているし、糸魚川で手に入れた文鎮や印鑑も岩石学的には硬玉ヒスイである。これらも硬玉ヒスイには違いないが、白濁していて透明度がほとんどない。つまり玉、とくに勾玉にされるような硬玉ヒスイは、透明に近く内部に白濁部分がないほど珍重された。この基準は今も昔も変わりはなかろう。

ぼくは幸運にも恵まれ、今までに数十個の硬玉ヒスイ製の勾玉と、若干の硬玉ヒスイ製の棗玉を発掘している。だがそのなかでも、園部垣内古墳で首飾の親玉にされていた二個の硬玉ヒスイの勾玉が、もっとも上質であり、かつ美しい。この首飾には、勾玉のほか二二個の碧玉製管玉が使われて、連をなしていた。

すでに随所でふれたように、元の丹波では弥生時代から身体を玉で飾ることが流行していたし、ガラス玉をこの土地で作っていたことを示す遺跡もあった。このことには越や出雲などの、良質の玉の原料を産出する土地との交流の便があったことと、さらに元の丹波で玉に加工する技術のあったこととも関係するであろう。おそらく今日のファッションデザイナー的な、装身具の作り方と身に付け方を指南する人も、いたことだろう。

垂仁天皇の皇后は、元の丹波（のちの丹後、竹野川流域）出身のヒバス媛で、天皇とのあいだに生まれた三番めの子が大中姫である。大中姫は、天皇家がもつ宝物類を納めた神庫《ほくら》の管理を担当した。この神庫は、ヤマトの石上《いそのかみ》にあって、その神庫を核として石上神宮となった。

垂仁天皇八七年に、大中姫は老齢を理由に神庫の管理を辞退した。このとき神庫にあった代表的な宝物として、一つの玉を説明している。

〝昔、丹波国の桑田村にいた甕襲《みかそ》という人が足往《あゆき》という名をつけた犬を飼っていた。甕襲が足往を連れて山へ狩に行ったところ、足往は山の獣である貉《むじな》（穴熊）を咋《く》い殺した。すると獣の腹から八尺瓊《やさかに》の勾玉が出てきたので天皇に献上した〟。『日本書紀』はこの話の最後に「この玉はいま石上神宮に有り」と結んでいる。

間違っていけないのは、垂仁天皇八七年の記事は、大中姫が石上の神庫の管理を辞退した年であり、甕襲が勾玉を献上したのは、それよりも「昔」のことである。石上神宮には七支刀や鉄盾、天日槍の将来した神宝など武器類をはじめとする多くの神宝がある。それにもかかわらず、代表例の一つとしてあげたのが丹波の勾玉だった。ということは丹波にあった勾玉に古代人がいだいていた価値の大きさがしのばれるであろう。なお、この説話にある丹波国の桑田村は、桑田郡の主邑とみられ今日の亀岡市付近であろう。

園部垣内古墳の鏃、とくに石製の鏃

古墳時代の鏃に、平根《ひらね》式とよばれる茎《なかご》をもたない鏃がある。平根式は鉄鏃、銅鏃、石製の鏃のどれにもあって、園部垣内古墳からは以上三種の鏃が出土している（石鏃の用語は縄文時代と弥生時代の狩猟具や武器に使う）。

平根式の鏃は、棺の南側外部の粘土槨に、矢柄を東西にして置かれていた。内訳は鉄鏃一六本、銅鏃三本、石製の鏃三本と、他の形式の鏃にくらべ数は約八分の一にすぎない。

有茎式の鏃は、茎を直接矢柄に着けられるのにたいして、無茎式の鏃の矢柄への着装の具合が、この古墳の調査までは分らなかった。ところが平根式、つまり無茎の鉄鏃と銅鏃には、木製の矢尻ばさみを着け、鏃をはさむ部分の逆側を細く削っていた。この部分を矢柄に差し込み装着していたことが分った。矢尻ばさみは縄文時代からあったとみられるが、まだ系統的な研究はない。

平根式の石製の鏃は刃のある部分が大きく、銅製の矢尻ばさみをつけていた。矢尻ばさみは青錆が出ていて、銅製ということはすぐに分ったが、鏃の本体も銅製かと思わせるほど丁寧な仕上げをしていた。この鏃に使った、淡い褐色をおびたグリーンタフ（緑色凝灰岩）の産地は、日本

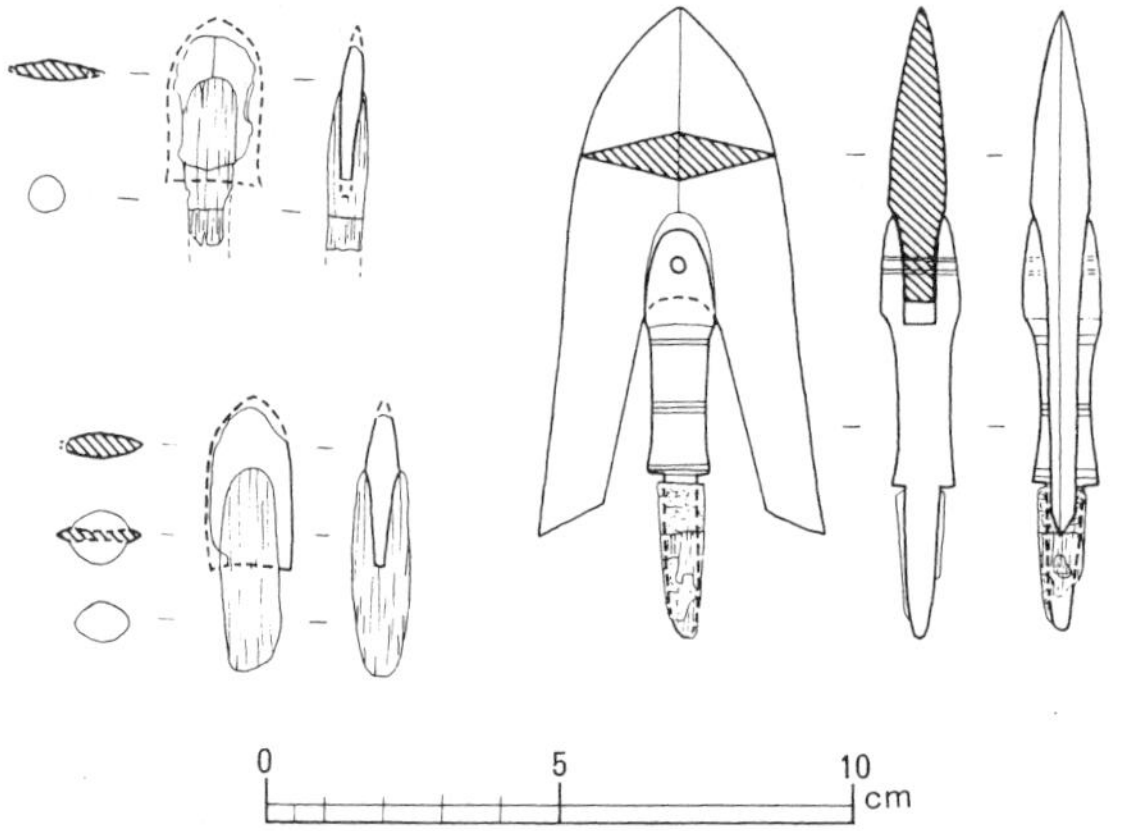

垣内古墳の槨外出土の銅鏃と石製鏃（左の上下２本の銅鏃は木製やじりばさみ，右の石製鏃には銅製のやじりばさみが付く）

海側に多く、石川県加賀市の片山津玉造遺跡でも鍬形石などの材料として使っている。いずれにしても、このような銅製の矢尻ばさみは他に例がなく、どこで製作したかなどを含め、究明課題をのこしている。

鏃のなかに鑿頭《のみがしら》式の石製の鏃一四本（以上）があって、この濃い緑色の碧玉の産地は島根県の花仙山とみられる。いわゆる出雲石である（『園部垣内古墳』に所収の藁科哲男、東村武信「垣内古墳出土の石製装飾品の蛍光エックス線分析による原材産地分析」）。

島根県の花仙山は、有名な出雲の玉造り遺跡のすぐ北東にそびえる山で、早くから碧玉の産地として知られ、その至近の地にある玉造り遺跡は、玉の原材の産出地のごく近くにできたとみられる。

このように、平根式の石製の鏃の石の原産地はなお不明とはいえ、勾玉の原材料の硬玉ヒスイは姫川ヒスイ、鑿頭式の石製の鏃の原材料の碧玉は島根県の花仙山産のもので、元の丹波を中にして、その東方の越とその西方の出雲との交流があったことは明らかである。越や出雲との交流には、日本海の海上交通を掌握していた丹後の豪族があたったとみられ、のちの丹波の豪族と丹後の豪族との親しい関係も想定される。

園部垣内古墳の六面の銅鏡と出土位置の確認

園部垣内古墳の粘土槨からは六面の銅鏡が出土した。ところがこの六面は一括して置かれていたのではなく、棺の内外三ヶ所に分けて置かれていた。銅鏡を置いた場所が異なることから、それぞれの銅鏡について古墳時代人がもっていた価値観の違いを読み取ることができる。

日本の考古学者の鏡の研究なるものには、出土遺跡を軽視し、さらには一つの古墳での埋置状況にも頓着することなく、まるで通販会社のカタログのように、ただ銅鏡の写真を集めてあるだけの書物も見うける。これでは古墳出土の銅鏡から、歴史はおろか、真の考古学をも読み取ることは不可能である。

この古墳では、棺内の遺骸の頭部に接したと推定される位置に、平縁の盤龍鏡（六号鏡）一面があった。また遺骸があった、とみられる場所だけ水銀朱がほどこされていた。この鏡は錆のため銘文は読みにくいが、残された文字からもとの銘文も復元される。また銅に次いで錫の成分が多く三六・五パーセントを占め、中国からの舶載品であろう。広峯一五号墳でも遺骸の近くに盤龍鏡が置かれていた。

棺内では東の方向、つまり遺骸の頭部方向で、小口板より六五センチ内側に仕切板を立てて副室的な小空間を作り出していた。棺内ではあるが遺骸とは仕切板でへだてられていた。ここには三角縁神獣鏡（四号鏡）一面と、擬銘帯神獣画像鏡（五号鏡）一面の計二面の銅鏡を、丹波産とみられる織物で包んで収めていた。擬銘帯神獣画像鏡は、文様化した銘とみられる記号文を配し、神や動物文の便化からみても、明らかな仿製品である。四号鏡は、いわゆる三角縁の獣文帯三神三獣鏡で銘文はなく、同型の仲間が多く従来から鏡研究のうえでは、仿製品として意見の一致している鏡である。ぼくは三角縁神獣鏡流行の後半にあらわれたとみている。

棺の西の方向、小口板よりも外の棺外槨内に、三面の銅鏡があった。三角縁神獣鏡（二号鏡）、三角縁仏獣鏡（三号鏡）、四獣鏡（一号鏡）である。四獣鏡は問題のない仿製品であるが、二号鏡は従来一部の鏡研究者によれば、舶載鏡（ときには魏鏡とも）と強弁されてきた。「吾作明竟甚大好」以下のやや短い銘文をもっている。また三号鏡は、これから説明しようと思う三角縁三仏三獣鏡である。

発掘当時すでに割れていた鏡の断面に、ぼくの責任で小孔をあけて、微量の試料を採取し安田博幸氏らに分析を依頼し、報告書の『園部垣内古墳』に「垣内古墳出土鏡四面の原子吸光分析法による化学分析」を掲載できた。ここで四面とあるのは割れた鏡で、のこり二面は完形品で分析の対象にはしなかった。

すでに述べたように、中国鏡とみられる六号鏡が錫三六・五パーセントであるのにたいし、二号鏡は二三・四パーセント、三号鏡（仏獣鏡）は二五・二パーセント、五号鏡は二四・八パーセントと近い量の錫を含有していた。五号鏡が明らかな仿製鏡であることから、のこり三面も仿製品だとぼくは考えている。このことは二号鏡と三号鏡が棺外槨内に埋納されていた出土状況とも一致している。

三角縁仏獣鏡と歴史的意味

三角縁仏獣鏡は長らく三角縁神獣鏡の仲間に含めてしまっていた。ところが遺跡学の方法によって中国の仏像を終生の研究課題とされた水野清一先生(故人)の「中国における仏像のはじまり」(『仏教芸術』第七号、一九五〇年、のち『中国の仏教美術』に所収)のなかの「漢式鏡の仏像」の項で、日本出土の仏獣鏡が取りあげられた。そのころからしだいに、日本出土の仏獣鏡が意識されるようになった。

水野先生は、中国の雲崗や龍門の石窟の調査に戦争中もあたられ、戦時中におこなった日本の学術的成果として戦争後に高く評価された。さらに考古学を遺物学から遺跡学のレベルに高められ、ぼくが強烈な学恩をうけた方であり、自然に先生とよばせてもらっている。仏獣鏡についても、直接にご意見をうかがったことがある。

園部垣内古墳出土の三角縁仏獣鏡は、直径二〇・五センチの大型鏡で、鏡背中心の鈕は二重に蓮弁状の花文で飾っている。仏と獣文を交互に配し、仏は結跏趺坐《けっかふざ》の姿勢である。頭には三山冠をかぶり、肩から細い曲線で羽もしくは翼をあらわすのは、神仙と共通する。

この鏡と同型とみられるのは、京都市西京区樫原百々ケ池《かたぎはらどどがいけ》の百々池古墳で一面と、向日市寺戸町の寺戸大塚古墳で一面、合計三面が知られている。この三古墳は、いずれも桂川やその上流など同じ水系にある古墳での出土であることが注目される。

この三古墳のうち、寺戸大塚古墳がやや古く、古墳時代前期の中ごろの築造とみられる。墳長九八メートルの前方後円墳である。後円部と前方部に一つずつの竪穴式石室があって、三角縁三仏三獣鏡は、もう一面の三角縁神獣鏡とともに後円部の石室に埋納されていた。前方部の石室に

寺戸大塚古墳の後円部の竪穴式石室
（昭和42年８月20日撮影）

は三面の銅鏡があり、その一面が園部垣内古墳の棺東部の仕切板と小口板の間の小空間に納められていた三角縁獣文帯神獣鏡と、同型ではないが文様の構成はよく似ている。

　園部垣内古墳の三角縁三仏三獣鏡では、仏の像の一つの鋳出が不鮮明で、寺戸大塚古墳後円部の三角縁三仏三獣鏡にくらべ同型品とはいえ、より後で製作されたとみられる。このことに示された時間差が、寺戸大塚古墳では主体部に竪穴式石室を採用し、園部垣内古墳では粘土槨になっている、という違いであろう。とはいえどちらの古墳も、石室や粘土槨が保護しているのは長大な木棺であり、長大な木棺に死者を葬りその外部を厳重に石室や粘土槨で固めているのである。

　百々池古墳の所在地は、京都市への合併以前は山城国葛野郡川岡村字岡にあり、『和名抄』の大岡郷だったと推定される。桂川の左岸の山陰街道と、西国街道の交差点に近く、丹波や西国への交通の要衝で、江戸時代には樫原宿があった。南方至近の地が乙訓郡物集女《もずめ》である。このように葛野郡内にあったとはいえ乙訓郡に近く、古墳時代での土地の区分については、一つの研究課題となる。

百々池古墳は、明治三三年（一九〇〇）に発掘され、梅原末治氏が現地を訪れたころは大きな円墳だったといわれている。主体部は竪穴式石室とみられ、八面の銅鏡ほかの遺物が知られている。銅鏡のうち半数の四面が三角縁鏡で、その一面が三角縁三仏三獣鏡である。園部垣内古墳の調査のあと、東京国立博物館で実見したけれども、園部垣内古墳の三角縁三仏三獣鏡の不鮮明な仏の像と同じ位置の、一つの仏の像の鋳出が不鮮明で、寺戸大塚古墳の鏡のほうが先に製作されたとみられる（『東京国立博物館図版目録』古墳遺物篇・近畿1にレントゲン写真がある）。

百々池古墳は、樫原古墳群のなかでは準盟主墳とみられる。この古墳の周辺には、二〇基ほどの古墳（円墳が多い）があったと伝えられ、とくに百々池古墳の南にあったのが一本松塚古墳で、北には天皇の杜《もり》古墳がある。

一本松塚古墳は、一〇〇メートルほどの墳丘の前方後円墳と伝えられ、竪穴式石室からは二面の銅鏡の出土がわかっている。天皇の杜古墳も墳長八六メートルの前方後円墳で、早くから知られ江戸時代には文徳天皇陵とされたときもあり、古墳名にちなんで御陵村といった時期もある。大正一一年に史跡指定をうけている。

一本松古墳→百々池古墳→天皇の杜古墳の順で築かれたのであろう。いずれにしても山陰街道ぞいのこの地に、四世紀後半に道守《ちもり》の役割をもった豪族がいたのであろう。

なお百々池古墳の東方至近の地に、飛鳥時代後期に建立された樫原《かたぎはら》廃寺があり、八角瓦積の塔（または八角円堂）とみられる建物の基壇を中心とする四天王寺式の伽藍があった。この寺は、樫原古墳群をのこした豪族の末裔が築いたとはいいがたく、秦氏が桂川左岸にも盛んに進出しているので、秦氏関係の寺とすることも一つの考えである。

『梁書』の扶桑国と活発な仏教流伝

日本列島の古墳で出土する仏獣鏡は、すでに十数面に達している。これにたいして日本列島以外の東アジア地域での出土がごくわずか（三角縁鏡はない）であることを考えると、日本列島での特異な現象として注目する必要がある。

日本列島の仏獣鏡は、大きく区分すると四世紀代の三角縁鏡があり、ここでは仏の姿が坐像として表されている。これにたいして六世紀代の仏像鏡は、平縁で仏の姿は坐像にくわえ立像としても表現されている。もう一つ注意してよいことは、六世紀代の仏獣鏡を出した古墳の至近の地に、その地域では最古の寺があったとみられることが多い（「考古学からみた仏教受容―仏獣鏡出土古墳と伽藍の造営」同志社大学考古学シリーズⅥ『考古学と信仰』所収）。

後期古墳の被葬者は、年代的にみて私伝であろうと公伝であろうと、伽藍仏教に接した可能性は高いから、仏獣鏡を副葬した古墳の近くに古い寺（もしくは寺跡）があっても違和感はない。

問題は三角縁の仏獣鏡である。この種の鏡の年代である四世紀代は、従来理解されている仏教の私伝や公伝の時期より一五〇年前後はさかのぼる。

三角縁仏獣鏡は、三角縁神獣鏡のなかでは獣文帯の神獣鏡のような、後出の鏡群と共存することの例はすでにみた。だから、三角縁仏獣鏡の年代を四世紀後半と考えて、以上の年代差を算出した。

四世紀後半といえば、中国では統一国家の西晋が滅亡し、華北では五胡十六国の時代、華中と華南では東晋の時代がつづいた。この東晋も四二〇年には宋に代り、以後は斉、梁、陳と目まぐるしく興亡を繰返す。この間の仏教については史書は多くは語っていない。そのなかで『梁書』の列伝中の扶桑国の記事が目をひく。ちなみにこの列伝中の東夷の国では、高句驪、百済、新羅、倭、（その倭国の東北にある）文身国、（文身国の東にある）大漢国、扶桑国の順で記述されている。

扶桑国は、古代中国では東海にある国と意識された。だが遣唐使で中国を訪れた倭人にたいして〝扶桑から来た友〟のようによんでいるし、平安時代の漢詩集の『扶桑集』や仏教に重点をおいた歴史書の『扶桑略記』では、扶桑を倭（日本）の総称として使っている。

ぼくは『梁書』の列伝で用いられた東夷の国々の順番を重視し、倭人の国ではあるが畿内の政権の政治力が浸透しにくかった東北（関東や中部の日本海側も含まれたか）ではないかとみている。

『梁書』の扶桑国の記事は、扶桑国の沙門の慧深《けいしん》が斉の永元元年（四九九）に荊州《けいしゅう》（湖北省）に行ってそこで説いた話でまとめている。話の内容は多岐にわたっているが、そのなかで〝その俗もと仏法なし。その大明二年（四五八）に罽賓《けいひん》国の比丘（僧）五人が遊行してその国にいたり、仏法や経像を流通し教えて出家させた（それによって）風俗が改った〟としている。

ぼくはまだ『梁書』を通読していないので、この記事に説明することは控える。要するに中国の東方にあるとみられていた扶桑国には、五世紀中ごろから末にかけて、異国の僧が訪れたり、逆に扶桑国の僧が梁を訪れるなど仏教が盛んであったと記されている。そのことに関連して、扶桑国の風俗や産物を述べた一節に、「文字あり扶桑の皮で紙となす（つくる）」とすでに経巻を写せることも書いている。

ぼくは蝦夷の仏教に注目している。ひどい仏教史の本は、東北地方への仏教の波及を中世にみているが、考古学資料からみても、史料からみてもとんでもない。『日本書紀』では、持統天皇三年（六八九）正月に〝陸奥国の優𡺸曇《うきたま》郡の城養《きかふ》の蝦夷脂利古《しりこ》の男《こ》、麻呂と鉄折が鬢髪《ひげかみ》を剔《そ》って沙門となることを願った〟とあり、天皇はこれを認めた。ウキタマとは、奈良時代になると置賜と表記し、今日の山形県の南部の広大な地で、米沢市も含まれる。

日本の古代遺跡シリーズの『山形』の著者である川崎利夫氏は、山形県の考古学を書いたとき第一章を「置賜地域」から書きおこし、第一節を「まほろばの里、置賜盆地」としていて、川崎氏が置賜にいだいている思いが伝わってくる。前方後円墳が多く、何よりも後期古墳の立派さが注目される土地柄である。

持統三年に正月の同日〝越の蝦夷の沙門道信に仏像一軀、灌頂幡、鍾、鉢各一口〟そのほかの品々を賜っている。仏教に必要な用具のほかに〝鍬十枚、鞍一具〟があることから、道信とはかなりの豪族が僧になったようにぼくはみる。

東北地方の仏教史を考えるとき、〝畿内に伝わった仏教が徐々に伝わってくる〟という先入観だけで臨んでは、研究が無駄に終るかもしれない。これは東北地方だけではなく、北海道にたいしてもその心構えは必要である。東アジアの北東部から、直接に北海道や東北に文化や物が伝わってくることは少なくないからである。

ぼくは中年の元気なころ、頻繁に東北地方にでかけて、遺跡や古くからの神社や寺をみてまわった。

一九九三年の一一月、福島県の坂下《ばんげ》で塔寺とよばれている恵隆寺へ寄った。高寺ともいうように、山頂に元の寺跡がある。お寺でもらった由来書に、この寺は〝欽明天皇元年に梁国の僧青岩が開いた〟とあるではないか。その日のノートには「さらに調べること」のメモはあるが、再訪を果たしていない。西日本の寺では行基開基や空海開基が多いのにたいして、梁の僧が開いたという伝承があるのはすごいことではないか。

以上述べたように、三角縁仏獣鏡の背景を解くためには、従来の日本仏教史では役に立たない。でもその解決の糸口だけは、しっかりととらえたように感じている。このことは梁という国そのものをもっと知ること、何よりもその国の外交史をしっかり学ぶことが必要であろう。

第5章　丹後・丹波・乙訓の弥生時代

陶塤の来た道

近畿地方北部の弥生文化は、どのようなルートで入ってきたのだろうか。日本海域では、島根半島に位置する松江市古浦《こうら》砂丘遺跡で、朝鮮半島の弥生文化を象徴する松菊里型土器が出土し、島根県大社町原山遺跡では、朝鮮半島の遼寧《りょうねい》式石剣の影響を受けた磨製石剣が出土するなど、早くも前期前半には第一波が山陰西部に定着している。

弥生文化の黎明期の遺跡は、近畿地方では、縄文系の突帯文土器と最古の弥生土器である遠賀《おんが》川《がわ》系土器が共伴する遺跡が、播磨灘から大阪湾沿岸部で確認されているが、丹後半島では丹後町平《へい》遺跡で縄文系の突帯文土器が出土しているのみで、まだ確認されていない。

しかしながら、近畿地方北部のなかでも内陸部の由良川流域には、綾部市馬場池東方遺跡で突帯文土器と遠賀川系土器の採集による報告があり、また由良川河口南東にある舞鶴市浦入《うらにゅう》遺跡でも両者の出土例がある。こうしたことから、近畿北部における弥生文化の受容ルートには、二つのルートを想定することができる。

一つは、由良川を通る道、すなわち瀬戸内地域から加古川沿いに北上して北丹波を通り北近江・北陸へと抜ける道であり、もう一つは、日本海沿岸部の弥生文化波及の第二波となる弥生時代前期後半に、丹後に陶塤《とうけん》と呼ばれる土笛をもたらした海上の道である。北部九州や山口県の響灘沿岸海域や島根県宍道湖《しんじこ》周辺、さらに東進して丹後半島に到達する日本海ルートである。

ただし、この海の道はドミノ倒しのような連続的な伝播経路をとるのではなく、山陰の沿岸部に大陸や北部九州から直接伝わる中核的な地域があると考えた方が妥当である。最古の弥生木棺墓が出土した弥生時代前期中頃の島根県鹿島町堀部第Ⅰ遺跡では、山口県綾羅木《あやらぎ》郷遺跡とほぼ同じ時期の最古の陶塤が出土しており、かならずしも西から漸進した弥生文化波及の結果ととらえる必要はなくなっている。

　この地域は縄文時代晩期にすでに朝鮮半島の孔列文土器が出土するなど、大陸と早い段階から交流をもっている地域として知られる。第二波の出発点はかつて考えられていたように北部九州や山口県の響灘沿岸部だけでなく、島根半島の沿岸部であったり、あるいは第二波がおよぼす弥生時代前期の鉄製品の分布からすると、それほど遅れない時期に、海路によって丹後に直接入ってくるルートも視野に入れておくべきであろう。

陶塤（土笛）
（右：扇谷遺跡、左・中：途中ヶ丘遺跡、左長さ6.4cm）

　この日本海ルートを象徴する陶塤は、日本海側で受容された弥生文化の源流を考えるうえで、きわめて興味深い資料である。陶塤は卵形の小さな土笛で、上部に吹き口があり、裏に穿孔された四つの小さな指孔を調整して音を出す、中国古代の楽器である。日本では、北部九州から日本海沿岸部の、主に弥生時代前期後半の遺跡から出土する特徴的な遺物で、丹後はその分布の東限にあたる。

　陶塤は中国・西安市半坡《はんぱ》遺跡など河姆渡《かぼと》文化晩期の紀元前四〇〇〇年頃の新石器時代には出現し、殷・西周時代の紀元前一一〇〇年以前の遺跡で主に出土し、漢代の画像石には礼楽に用い演奏

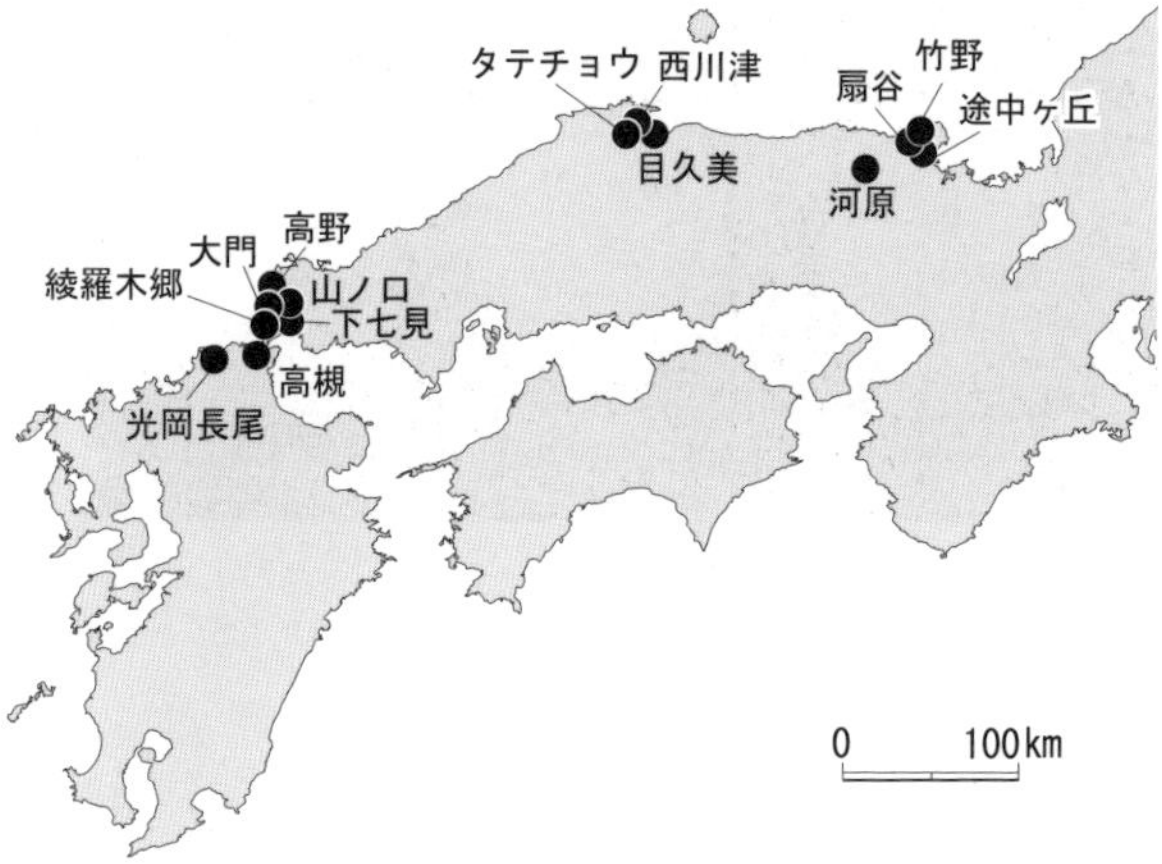

陶塤（土笛）の分布

している姿が陰刻されている。中国では、現代でも伝統音楽の世界で、側面に八つの孔を穿ったアレンジされたものがある。日本では、この土笛が山口県綾羅木郷遺跡ではじめてみつかり、調査にあたった当時山口大学の国府直一氏が中国南方起源説をとなえた[1]ことで知られているが、中国と盛行時期が大きく離れているという問題がある。

陶塤の分布は、周防《すおう》灘東部から日本海域西部の地域に集中し、綾羅木郷遺跡や島根県松江市周辺の遺跡でこれまでに一五カ所以上、一〇〇例余りの出土例がある。とくに松江市周辺の西川津遺跡やタテチョウ遺跡では、五八点と驚くべき量が出土している。また鉄製品や銭貨など多量の大陸系の遺物が出土し、弥生人の頭骨に脳が残っていたことでも注目された鳥取県の青谷上寺地《あおやかみじち》遺跡からも六例の出土例がある。

丹後は、前期から中期初頭における陶塤分布圏の東端にあり、京丹後市峰山町扇谷遺跡一点、同途中ヶ丘遺跡三点、さらに海岸部の京丹後市丹後町竹野《たかの》遺跡で一点出土し、計五点を数える。扇谷や途中ヶ丘では集落を囲む環濠とみられる大溝から出土し、いずれも前期後半~中期初頭に帰属するとみられる。こうした陶塤の出土をどのように評価できるだろうか。与謝野町温江《あつえ》遺跡で出土した弥生前期の興味深い土製品とともに考えてみたい。

弥生人面と日本海域弥生文化の系譜

二〇〇九年に京都府埋蔵文化財調査研究センターの調査によって、与謝野町（旧加悦町）温江遺跡の環濠の可能性がある弥生前期中頃の溝から人面の小さな土製品が出土した。首から下の基部は折損しており、土器の口縁部などについていた可能性がある。大きさは長さ、幅ともに各七・六センチで、切れ長の細い目に、鼻筋が通ったいわゆる「引き目鉤鼻《かぎばな》」を特徴とする。頭にとさか状の突出部が縦方向に付き、この部分には理科学分析の結果、ベンガラが塗布されていたことがわかった。

同じく二〇〇九年には岡山県総社市上原遺跡で、トサカ状の突起のついたヘルメット状の土製品が出土し、実際に頭にかぶった可能性があるとされており、やはり突起の部分に意味がありそうである。温江遺跡の土製品は、突出部は髷《まげ》の表現の可能性もあるとされ、その下部には髷をかんざしのようなもので刺していたらしい表現もある。鼻孔は二つあけ、両耳にも耳飾りをしていたのか貫通する小さな穴があけられている。細目で鼻筋の通ったその顔は渡来系弥生人に特徴的な顔として注目された。

人面頭部の突出する髷《まげ》は、弥生絵画にみられる鳥装をして儀式を行う人物にみるもので、鳥のとさかを表現したとする指摘もある。こうした人面の土製品は弥生時代前期~中期前半にいくつか類例はあるが、各地の類例のなかでも、頭の形や細目で鼻筋の通った面高の特徴は、前述の弥

頭に突出部をもつ人面（右：温江遺跡、左：島根県西川津遺跡）

生前期後半の西川津遺跡の事例が温江遺跡の人面にもっともよく似ている。西川津遺跡は、島根県宍道湖周辺の遺跡だが、この地域の弥生人の顔の骨格を知ることができる資料に、西川津遺跡からほど近い海岸部に位置し、弥生前期の埋葬地であった海蝕洞穴の古浦砂丘遺跡から出土した人骨がある。

かつてこの遺跡を調査した金関丈夫氏は、古浦砂丘遺跡の人骨と陶塤が出土したことで知られる山口県土井ヶ浜遺跡の人骨を比較してその類似性を指摘した[2]。

金関氏は、北部九州タイプのなかでも、土井ヶ浜・古浦砂丘人骨は、吉野ヶ里タイプとされる三津永田などの北部九州弥生人のように頑強な頭骨をもっておらず、頭骨の分析からはさらに系統的に分かれるとされる。土井ヶ浜から古浦砂丘遺跡や西川津・タテチョウ遺跡に向かう日本海ルートは、陶塤の伝播ルートであり、さらに東の丹後へと繋がってくる。おそらく、山陰の沿岸部と同様の陶塤や人面の土製品が出土した丹後の地は、土井ヶ浜や古浦砂丘遺跡と同系統の渡来系弥生人が定着した地域であったのだろう。

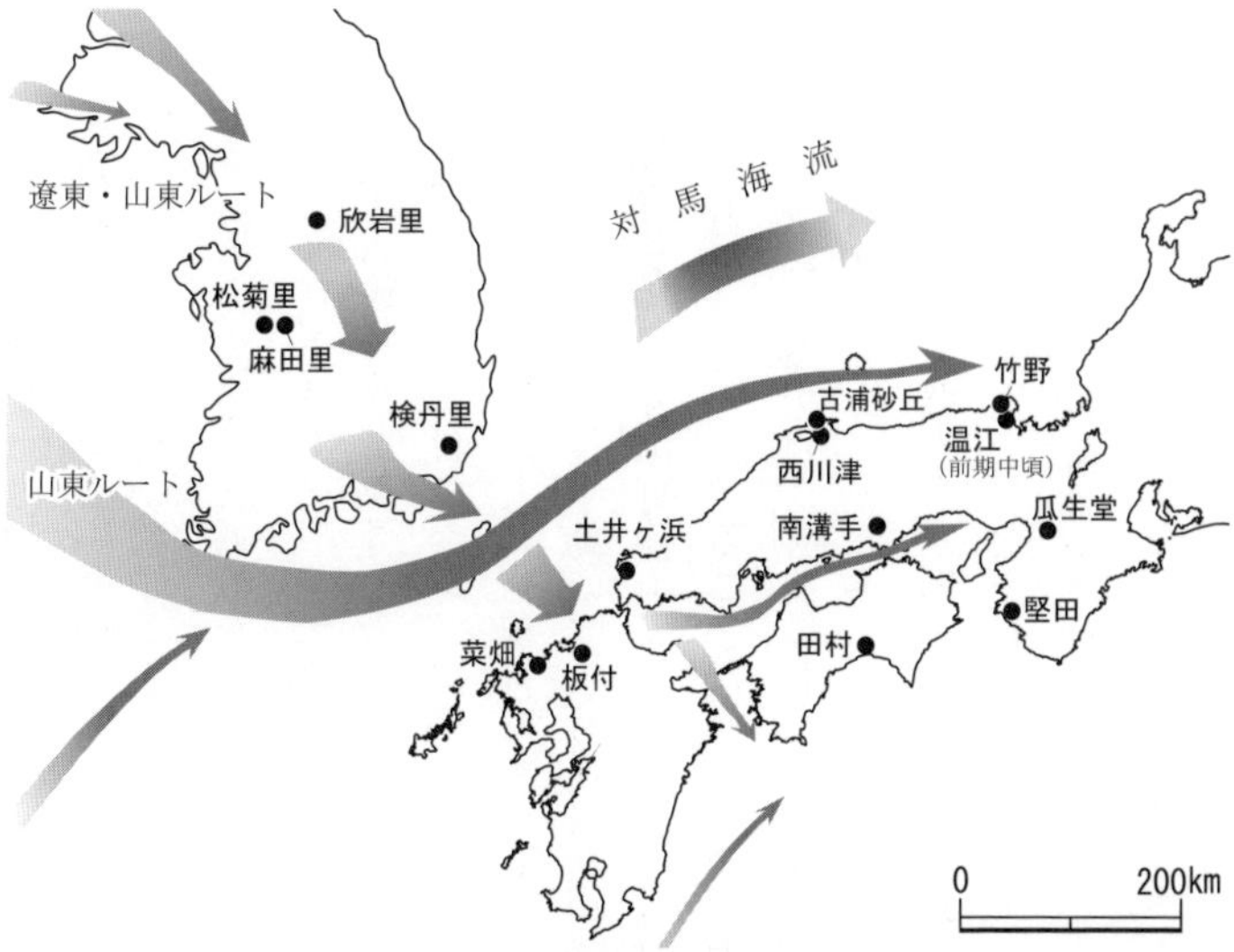

日本海域への弥生文化の波及ルート

古浦砂丘遺跡のある松江市周辺では、陶塤のほかにも、佐《さ》太《た》講《こう》武《ぶ》貝塚遺跡、板屋Ⅲ遺跡などの縄文後期後半の遺跡において、口縁部に小さな孔を連続して巡らせる孔列文土器といわれる朝鮮系無文土器の系統をひく土器や、弥生終末期には松江沖で楽浪系土器が出土し、古来、大陸の諸地域と関係性の深い地域である。近年では、松江市の田和山遺跡で、前期末～中期初頭とされる環濠から、楽浪郡に類例があるという硯の一部とみられる石製品がみつかったことは大きな話題となった。

日本海側を東進し、丹後へと辿《たど》りついた渡来系弥生人の系譜はどこに由来するのだろうか。弥生前期から中期初頭に北部九州から日本海沿岸部にのみ分布する陶塤は、前述したように中国で出土する資料と年代的に大きく離れていることから、中国から朝鮮半島南部地域を介して流入した可能性が高いと考えられているが、重要な点は朝鮮半島で無文土器時代の遺跡調査がこれだけ進んだ現在も陶塤の出土例はまだ確認されていないということである。

土井ヶ浜ミュージアム館長の松下孝幸氏は、土井ヶ浜人骨と山東半島周辺の春秋戦国時代の古人骨を比較し、両者の共通性を指摘している(3)。その故地として山東半島などの中国東北部地域は有力な候補となるということだろう。

陶塤は、丹後にまで到達した日本海側の弥生文化が、瀬戸内海を東進する弥生文化と単にルートが異なるというだけでなく、朝鮮半島での経由の在り方や伝わり方にも違いがあり、よりストレートに故地から到来した可能性をも示している。

扇谷遺跡と前期環濠集落

丹後半島の弥生時代前期の遺跡には、竹野川河口の丹後町竹野遺跡、中流域の峰山町途中ヶ丘遺跡・扇谷遺跡、野田川流域の与謝野町(旧加悦町)蔵ヶ崎遺跡・温江遺跡などをあげることができる。このうち、温江遺跡と共に野田川中流域の加悦谷に位置する蔵ヶ崎遺跡では、弥生時代前期中葉頃の水田耕作に伴うとみられる水利施設が発掘された。

この施設は、幅約一・五メートルの溝に、矢板が打ち込まれ、しがらみ状に杭例が並んで検出されたもので、水路から水田へ導水するための水量調節のための井堰《いぜき》とされる。同じ調査では、注目される石器が出土した。長さ一七センチあまりの縞《しま》状の文様がみられる凝灰岩製の石鑿《のみ》であるが、北部九州や近畿地方の前期集落で出土例がある小形柱状《ちゅうじょう》片刃《かたば》石斧(石鑿として用いられる)は、一〇センチを超えるものは稀有な例であり、縞状の文様の特色とあわせ、朝鮮半島製の可能性が高い注目すべき石器である。近畿地方北部で受け入れられた初期の水稲農耕が、こうし

蔵ヶ崎遺跡の水利施設と石鑿

た搬入された工具類をともなう渡来系の技術とともに受け入れられていることが知られる興味深い資料である。

丹後の前期の拠点的な集落は、竹野川水系には途中ヶ丘遺跡と近在する扇谷遺跡があり、野田川水系では温江遺跡があるが、いずれも溝が集落を取り囲む環濠集落と推定される。温江遺跡は、集落の北と東を画するとみられる断面V字形の溝が部分的に検出され、調査を担当した岩松保氏は径約一〇〇メートルの規模の環濠集落として復原している。温江遺跡は、蔵ヶ崎遺跡の周辺に展開するとみられる水田域を形成した集落なのであろう。天橋立によって形成される阿蘇海という潟湖を目前に、半漁半農のムラの姿が浮かびあがる。

弥生文化を構成する重要な要素の環濠は、江南を起源として、紀元前一〇〇〇年頃には早くも朝鮮半島慶尚南道の上村里遺跡などにみられ、忠清南道松菊里遺跡などBC五〇〇年頃には半島内に大きく広がり、日本の環濠集落の形成に直接影響を与えたものと考えられている。弥生集落の特色といえる環濠は、水稲耕作にともなう要素としての水利機能や、外敵からの防御のための機能だけでなく、寺沢薫氏は環濠の掘削という行為そのものが重要であり、集落の共同体成員の帰属意識を高めるという意味があるとする[4]。

一方、前期の環濠については、大阪府八尾市田井中遺跡や京都府長岡京市雲宮《くものみや》遺跡など、環濠の内側に柵を巡らせ、防御性を高めたものがあることから、中期以降の環濠とは別の意義を考える必要があるとする森岡秀人氏の指摘があるが[5]、以下にみる扇谷遺跡は、まさにそうした防御性のきわめて高い集落である。

扇谷遺跡は、古代丹波の中心、京丹後市峰山町の字「丹波」の丘陵上に築かれた前期末〜中期初頭の環濠集落である。環濠集落であると同時に、平地との比高差約三〇〜四〇メートルの丘陵上に築かれたいわゆる高地性集落でもある。環濠は、丘陵上に二重に掘削され、総延長は約一・一キロメートルと推定されている。断面はV字形をなし、幅約四メートル、深さ約二メートルを測るが、一部では幅六メートル・深さ四メートルにも達していた。丘陵の中央部に谷状地形があり、この部分は開放し、環濠は全周していない可能性が高い。内環濠に囲まれた範囲は、約四・四ヘクタールと試算されている。

環濠からは多量の土器とともに、鉄製品やガラス原料、玉作り関連遺物やその未製品、石器製作にかかわるとみられる剥片など注目すべき遺物が出土し、環濠の内部に生活域があると考えられていた。しかし、この内側はすべてを調査されたわけではないものの、調査区からは柱穴などが検出されたにとどまり、住居は確認されず、安定した定住的な集落でなかったと推定される。

日本海域には、この扇谷遺跡と時期を同じくし、集落形態が類似する遺跡がある。島根半島の東部に位置する松江市田和山遺跡である。田和山遺跡は、独立丘陵上に築かれたいわゆる高地性集落で、三重の環濠をもつ。環濠は、弥生時代前期後半に内側の第1環濠が掘られ、中期中頃に第2・第3環濠が掘られたようだ。濠の断面形はV字形で、広いところで幅七メートル、深さ二メートルをはかり、環濠からは三〇〇〇個に近い石弾・石鏃などが出土した。

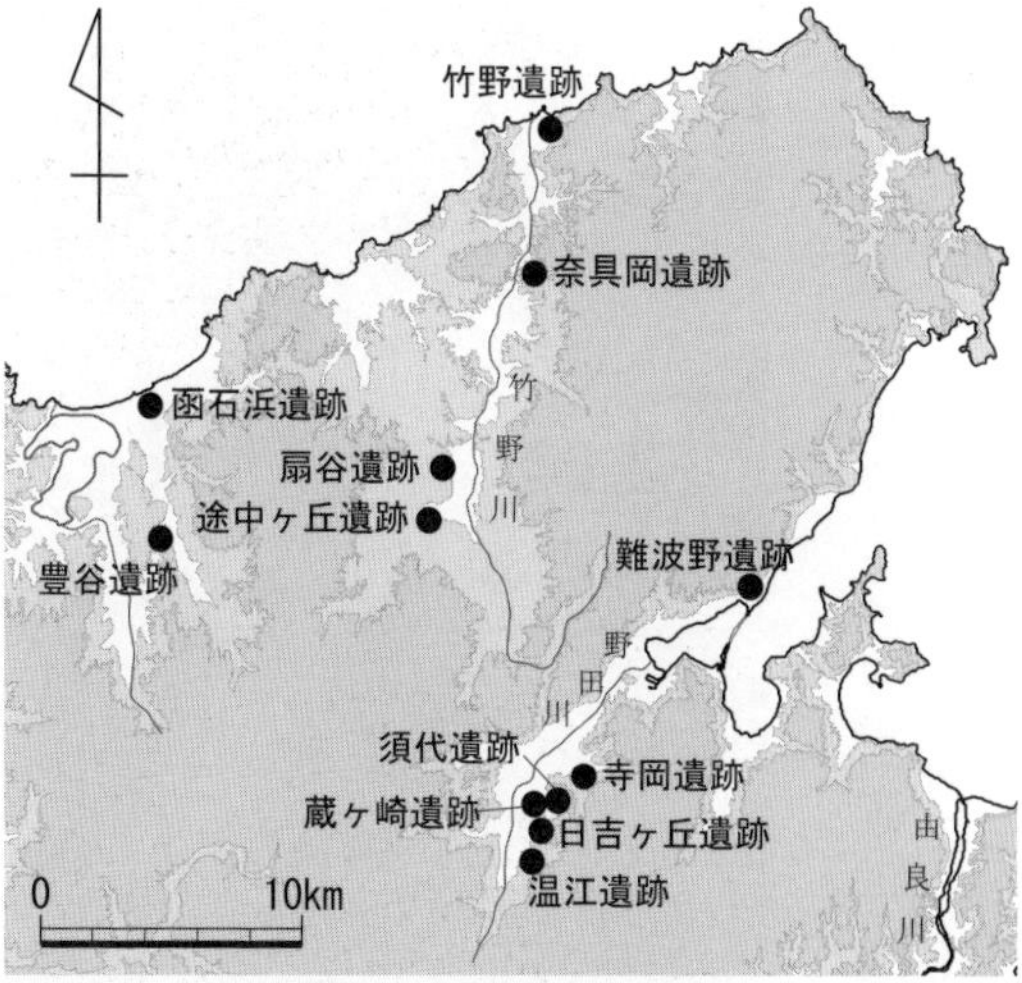

丹後の主な弥生集落

しかし、ここでも環濠で囲まれた内部の最高所には、神殿あるいは物《もの》見《み》櫓《やぐら》と考えられている二棟の掘立柱建物跡と柵列しか検出されず、逃げ城的な集落機能を重視するよりも、環濠のなかを聖域とし、集落の精神的なシンボルとして築かれたものではないか、とする見方が出ている[6]。

日本海西部の沿岸部には、前期後葉〜中期初頭に環濠をもつ高地性集落が多く分布し、扇谷遺跡や田和山遺跡のほか、鳥取県米子市尾高尾立山遺跡、同西伯郡諸木遺跡、同清水谷遺跡などが知られる。いずれも断面V字形の環濠をもつものであり、日本海沿岸部において、社会的緊張がこの時期に増大したことをうかがわせる。

扇谷遺跡の環濠

丹後でも、実際に抗争の影を落とす資料として、京丹後市久美浜町豊谷一号墓からは、折損した打製石剣と共に、二〇点以上の矢を射こまれた人物の墓がみつかっている。高所における大規模なV字環濠の掘削は、抗争の脅威を背景に、聖域を「守る」あるいは「創る」という行為によって共同体内に湧きおこる不安を鎮静化させることに役立ったであろう。

　扇谷遺跡では、対外的な遠隔地交易によって獲得された近畿地方最古とされる鉄製品が出土し、また近年の田和山遺跡の調査では、朝鮮半島における中国王朝の支配拠点・楽浪の遺品に酷似しているとされる列島最古の硯の破片が出土し、改めて日本海沿岸部と大陸との活発な交流を再認識させた。

　日本海域におけるV字環濠をもつ弥生前期の高地性集落の出現は、このように大陸や北部九州あるいは日本海沿岸部の地域間相互の交流が増す一方で、地域間抗争が起こる可能性が現実的なものとなり、遠隔地の異質な社会との接触による社会的緊張が増大したことが背景にあるのだろう。外界との接点が飛躍的に増した弥生前期末、日本海側の高地性集落は、抗争時には逃げ城としての機能を求められつつ、高所にアジールとしての聖域をつくる共同作業によって、共同体成員の社会的緊張にともなう不安をやわらげ、精神的な一体感を高揚させる役割があったのではないか。

鉄滓が語るもの

扇谷遺跡の環濠からは、鉄製品のほか、ガラス原料、玉作り関連遺物など、多量の注目すべき遺物が出土した。特に鉄製品には、砂鉄系原料による鋳造とされる板状の厚い鉄片（鉄斧とされる）、粗悪な鍛造鋼片、一二〇〇℃以上の高温による加工過程で不純物が固まり生じた鍛冶滓《かじさい》などがあり、ガラス原料にも高温下の反応を経た半融状態の小塊がある。鉄斧の列島内最古の事例は、福岡県曲り田遺跡で出土した弥生時代早期の鍛造の板状鉄斧や、福岡県長行《おさゆき》遺跡の鋳造鉄斧の例が知られるが、扇谷遺跡の鉄器は青谷上寺地遺跡の資料とならび、これらにつぐ早い段階の資料であり、とくに鍛冶滓は、弥生時代前期〜中期前半の唯一の資料とされる。鉄素材・ガラス素材などの当時列島内では入手できなかったこれらの原料を、大陸や北部九州との遠隔地交易によって獲得したと考えられている。

発掘当初、環濠から出土した鉄片（鉄斧）や鉄滓は、混入したものではと思われるほど、当時の研究状況に照らせば、これらの遺物はまさに想定外のものであった。二〇年以上前の、まだ大形貼石墓や弥生生産遺跡の調査によって丹後の遺跡群が注目される以前のことである。調査を担当された田中光浩氏はその重要性に鑑《かんが》み、当時最先端の技術によって成分分析を委託され[7]、分析を行った清永欣吾氏や考古学者の森浩一氏は、弥生時代の早い時期に鉄器を生産していた可能性を考えさせる大変重要な資料だと指摘されていたが（109頁参照）、あまりに早い段階の資料であるだけに学界では大きく取り上げられることはなかった。

弥生時代前期から中期にかけての鉄製品について、古代鉄の成分分析を進めた大澤正巳氏は、この段階には日本列島に鋳造品を製作する技術は想定できない[8]として大陸からの舶載品としている。しかし、これにたいしては大阪府鬼《き》虎川《とらがわ》遺跡の資料など、その独特な形態から大陸製の鉄器であることに否定的な橋口達也氏の見解[9]があり、現在では、少なくとも中期には鋳鉄脱炭鋼による鉄器やその破片を列島内で再加工することにより鉄器生産がはじまったと考える研究者が増えてきている[10]。

扇谷遺跡の鉄滓

扇谷の鉄滓は、交易の過程で鉄滓そのものが大陸から搬入されたものとみる見方が支配的だが、そのように考えられている背景には、鍛冶炉や鞴《ふいご》羽口などの資料が確認できないなかで、前期における送風をともなう高温鍛冶作業（鋳鉄の融解温度は一一五〇℃とされる）、が技術的に困難であるとみられていることも、大きな要因となっている。しかしながら、前期にさかのぼる銅鐸の製造技術はもちろんのこと、和歌山県御坊市の堅田遺跡の調査では銅製鉇《やりがんな》の鋳型が出土し、すでに前期中頃から近畿周辺部で金属器製作のための高温操業が可能であることが示されている。
さらに丹後では、こうした視点でみたとき、非常に興味深い資料がある。扇谷と同じ竹野川流域の河口部に立地する丹後町竹野遺跡は、陶塤が出土した前期の遺跡として先に紹介したが、ここでは高温によって溶融《ようゆう》した土器が出土した。一一〇〇℃以上の高温焼成によって陶土が溶融し、沸点に達して気泡が発生して塊となったものである。調査を担当した田代弘氏は、こうした高温が維持できるのであれば、金属器の生産も可能であったことを示唆している。

竹野遺跡（右手後方に神明山古墳）

竹野遺跡の周辺は、周辺地形の調査によって良好な潟湖が形成されたことを三浦到氏が復原しており[11]、これまでの調査では多量の石材が投棄された弥生時代前期の州浜状の遺構が検出されている。この遺構は、弥生前期の港に係る遺構ではないかと指摘されるものである。丹後の前期弥生社会は、天然の良港であった潟湖を通じた交易によって、独自の鉄器や鍛冶技術の獲得ルートを開拓した可能性がある。

扇谷遺跡の鉄滓は、清永欣吾氏の分析では砂鉄起源のものであるという。砂鉄製錬はたたらを必要とし、列島内では弥生時代のはるかのち、古墳時代後期にいたってはじめて大規模に開始されたと考えられている。

扇谷で出土した砂鉄系原料によるとされる鉄素材や鉄滓は、はたして大陸のどの地域に起源するものなのだろうか、扇谷遺跡の全容の解明には、まだ多くの問題が残されている。

貼石墓と玉

二〇〇一年に、京都府加悦町明石の日吉ケ丘遺跡で、弥生時代中期の大規模な方形貼石墓が確認された。SZ01とされる貼石墓の墳丘は、南北約三三メートル、東西二〇メートル前後と同時期の列島内の墳墓では最大級の規模をもち、墳丘には石材が整美にタイルのように貼られ、周囲には溝がめぐる。埋葬施設が一基しかなく個人墓とみられることや、碧玉・緑色凝灰岩製管玉約六七〇点以上が副葬され、その周囲に朱が検出されるなど、王墓の可能性があるとして注目された。

弥生時代中期の大形墳丘をもつ墳墓のうち、列島内の最大のものは中期前半の佐賀県の吉野ヶ里北墳丘墓であり、墳丘規模約四〇メートルを測る。近畿地方中央部では、規模約二五メートルの大阪市加美遺跡Y1号墓や、瓜生堂《うりゅうどう》遺跡2号墓などが最大級の墳墓であり、日吉ヶ丘遺跡SZ01や後続する寺岡遺跡SX56はこれらをしのぐ規模をもつ。同様の規模をもつ墳墓は、愛知県名古屋市朝日遺跡SX057があげられるに過ぎない。

加美遺跡Y1号墓や瓜破堂遺跡2号墓は、大共同体の首長墓と考えられているが、いずれも墳丘上に幾つもの埋葬があり、子供を含めた有力家族墓とみられるのにたいし、日吉ヶ丘SZ01は特定個人墓であり、近畿地方中央部では例がない碧玉製玉類の多量副葬という特色がみられることから、最古の弥生王墓ではないかと注目されたのだ。

日吉ヶ丘遺跡SZ01は、丹後を核として分布する方形貼石墓のなかでもっとも早い段階のものである。丹後の方形貼石墓には、竹野川水系に京丹後市弥栄町奈具岡遺跡や小池墳墓群、野田川水系に与謝野町寺岡遺跡、千原《ちはら》遺跡、そして二〇〇六年調査された宮津市難波野《なんばの》条里《じょうり》遺跡などの例がある。さらに周辺地域では、北丹波の由良川下流域に立地する舞鶴市志高遺跡、また二〇〇一年に但馬ではじめて確認された朝来市山東町粟鹿《あわが》遺跡があり、近畿北部を中心に七遺跡、一二例が判明している。

この方形貼石墓には、近畿北部のほかに列島内で分布の中心がもう一つあり、かつて野島永氏は近畿北部の貼石墓について中国地方の山間部の墓制との関係性を説いている。[12] 中国地方山間部から日本海沿岸部を中心に見つかっている方形貼石墓は、弥生時代中期後半に築造されたもので、近畿北部とほぼ同様の時期に築造されている。山陰の方形貼石墓はその後新たな資料が加わり、最古とされる方形貼石墓は、松江市友田遺跡や江津市波来浜Ａ区２号墓など出雲から石見の日本海沿岸部にあり、出土土器から弥生時代中期中葉の墳墓と推定されている。[13] 土器の併行関係を詳細に詰める必要があるが、日吉ヶ丘ＳＺ０１は中期中葉でも新しい様相をみせることから、調査を担当した加藤晴彦氏が指摘するように、[14] 山陰の貼石墓が先行する可能性が高いと言える。

日吉ヶ丘ＳＺ０１は、両地域を通じて傑出した規模をもち、すでに完成された墳墓形態をもつことから、これに先行して受容している可能性はあるが、先行墓制のなかに墳丘や埋葬施設に石材を用いる墳墓が未だ確認できないことからも、現状では配石墓以来の伝統が残る山陰で最初に成立したと考えることが妥当であろう。加藤氏は、鉄素材の入手に係る交易を通じて、こうした地域との関係を深めたのではないかと指摘する。島根半島周辺部は、楽浪系土器や田和山遺跡にみる楽浪系の硯の破片の出土など、大陸との交渉を頻繁に行っていた地域であることを考えれば、

日吉ヶ丘遺跡 SZ01と出土した碧玉製管玉

その可能性は高いと言えるだろう。

日吉ヶ丘ＳＺ０１から出土した碧玉製玉類は、確認できるだけで六七七点にのぼり、その出土状況から玉飾りなどの製品を構成していたと推定されている。これらの玉は、顔の上に置かれていたのか、あるいは下に置かれていたのか不明とされるが、遺体の顔の周辺とみられる位置に小さくまとまって出土している。

筆者は現地でこの玉類の出土状況を確認した際、古代中国の死者の顔に付ける葬玉のように、玉のマスクとして被葬者の顔を覆っていたように見え、中国の支配者層の死にともなう装束を情報として知っていた可能性があると考えた。この玉飾りについては、宇野隆夫氏は冠のような頭飾りの可能性があるとし、中国で高い身分を表す「冕《べん》」という冠の装いに由来し、福岡県立岩28号墓とならび、列島内に入ってきた最古段階の冠と言えるのではないかとする興味深い説を出している。[15] 宇野氏はさらに、頭飾りに身分表示の役割があるとすれば、中国王朝の冠帽や冠に装着する玉の材質と色調を、官位ごとに定めた位階制を見聞していた可能性さえあるとする。

日吉ヶ丘遺跡では、集落内で碧玉製玉作りが行われていたが、副葬されていた玉は直径わずか一・六〜二・六ミリのきわめて細い管玉であった。こうした極細の管玉製作にかかわる資料は集落内では確認されず、他地域からの搬入品である可能性が指摘されている。搬入された地域を検討するために、碧玉素材については、藁科《わらしな》哲男氏による蛍光X線分析およびESR分析が行われ、その素材の一部がこれまでから問題となっていた「女代《めしろ》南B群」のデータと一致した。[16]

「女代南B群」とは、兵庫県豊岡市女代南遺跡の分析において、地元の玉谷産石材が使用される一方、これとは異なるグループに属する石材の一群があるとして名づけられたものだが、その後、このグループは、近畿、山陰、瀬戸内、九州と列島内の広範囲で出土する石材であることが明らかにされた。

長らくその産地については具体的に明らかにされていなかったが、二〇〇三年に北陸最大の弥生中期の遺跡である石川県小松市八日市地方《じかた》遺跡の報告で、石材のグループがいずれも「女代南B群」に属することが判明した。さらに小松市周辺の菩提・那谷にはその露頭があり、菩提川・宇田川の河床で採取された石材組成が「女代南B群」に一致することが判明した。まだ一部の分析が行われているにすぎないが、日吉ヶ丘から出土した玉は、石材産地と推定される北陸の南加賀、小松周辺から搬入されている可能性が高まったといえる。

　日吉ヶ丘遺跡の貼石墓の立地する丘陵から、尾根を一つ隔てた約一キロ北の山麓に式内社須代神社がある。明治三八年（一九〇五）に、神社再建のため鳥居の石材を採取する作業中、須代神社裏山の中腹にある花崗岩の巨石の下から一個の銅鐸が出土した。ほぼ完全な形を保つ、高さ四五・七センチの流水文銅鐸で、丹後で出土したとされる七個の銅鐸（現存四個）のなかで、もっとも古い型式の銅鐸である。野田川流域の比丘尼《びくに》城跡で出土した二個の銅鐸は突線鈕式の後期の銅鐸であるから、丹後半島の内陸部では唯一の弥生中期の銅鐸である。銅鐸の編年では中段階（Ⅲ—二式）の扁平鈕式であり[17]、弥生中期中頃に作られたものと推定される。

須代神社裏山出土の
流水文銅鐸と魚の拓影
（高さ46.5cm）

　この銅鐸は、鈕に魚の図形がみられる興味深い銅鐸である。銅鐸が出土した丘陵の下には中期後葉と後期に盛期を迎える須代遺跡が広がるが、遺跡範囲の南端で一部検出された幅五メートルの大規模な溝は、日吉ヶ丘遺跡を囲む環濠のような役割の溝ではないかとする指摘がある[18]。日吉ヶ丘遺跡では、遺跡各所で四個の小さな銅鐸形土製品がみつかっており、銅鐸祭祀が集落構成員の信仰に深く関わっていると考えられる。銅鐸は日吉ヶ丘遺跡の最盛期に近畿中央部との交流によって入手され、おそらくは日吉ヶ丘貼石墓の被葬者が主宰する集落祭祀のなかで用いられたものであろう。

中期後半以降、丹後では土器様式の上からは、播磨をはじめとした瀬戸内地方からの影響が強く認められる。日吉ヶ丘貼石墓の組み合わせ式木棺からは、北部九州や近畿の大共同体首長墓あるいは家族墓にみられる朱が出土している。土器様式にみるごとく、朱の産地を管理下に置いた東部瀬戸内地域との交流がうかがえる資料である。

独自の鉄器生産と水晶製玉作りによって対価材を得た丹後は、鉄器生産のための素材獲得のために大陸や日本海沿西部地域との対外交渉を行う一方で、北陸を含めた日本海東部地域とも活発に交易を行い、北丹波を介して近畿中央部や瀬戸内沿岸部とも密接に交流していたことが明らかになってきた。丹後における大形方形貼石墓の出現は、こうした遠隔地との交易が、それを集約し統括する統率者の出現をうながし、いち早く階層化した社会を作り出したことを物語っている。

奈具岡遺跡の玉作り

丹後は、浦島伝説や羽衣説話など神話伝承の多いことで知られる地域だが、古代史の和田萃氏は、こうした海の彼方に仙界があるとする思想や常世信仰は、丹後が早くから海上交易を通じて大陸を含めた遠隔地と交流していたことが背景にあるとしている[19]。奈具岡遺跡はその羽衣伝承のある竹野川中流域の奈具神社の前の丘陵上に広がる遺跡である。

一九八〇年代から、丹後では国営農地造成工事にともなう調査が大規模に行われ、低丘陵を大きく削り、耕地化する工事が行われた。その開発にともなって発掘調査が数多く行われたが、なかでも奈具岡遺跡の調査は、丹後の歴史的な評価を書きかえる端緒となるものだった。

一九九三年・一九九七年に行われた奈具岡遺跡の発掘調査では、弥生時代中期後半の水晶製玉作りの専業的な工房とみられる住居群が検出された。その数は、丘陵の斜面を削り出して造られた簡易なものを含め、約九〇基にのぼる。玉作り関連遺跡は、前期にさかのぼるものが日本海沿岸部の鳥取県長瀬高浜遺跡などにあり、丹後では扇谷遺跡でも環濠から碧玉製管玉製作にかかわる玉作り関連遺物が出土しているが、専業的な生産が想定される大規模な工房群としてみつかったのはこの奈具岡遺跡がはじめてである。

奈具岡遺跡では、じつに約四〇キログラムにのぼる水晶玉や素材石核が出土した。奈具岡の玉作りは中期中葉にはじまり、当初は地元で産する緑色凝灰岩製やあるいは北陸からもたらされたとみられる碧玉素材をもとに管玉などが製作されていたようである。やがて中期後葉に水晶製の玉生産を大規模におこなうようになり、水晶製小玉を中心に、算盤玉・棗玉・勾玉などが作られるようになる。水晶はきわめて硬質の素材で、中期における水晶製玉作りを行った遺跡は、奈具岡遺跡のほかには、後続する中期末頃に鳥取県東伯郡大栄町の西高江遺跡が確認されるだけである。[20]

玉類は他に、ガラス玉やその未製品も出土している。ガラスにかかわる玉生産は、弥生時代中期後半には少なくとも舶載素材を用いて国内での製作が推定されているが、ガラス小玉の製作が確認される遺跡としては、北部九州を除けば最も早い段階のものである。[21]

奈具岡遺跡の攻玉技術のなかで、とくに注目されるのは、玉の穿孔具とみられる針状の鉄製品が出土したことであった。とくに硬度が高い水晶加工のために、はじめて導入された玉作り専用の鉄製工具と考えられている(22)。こうした鉄器を作るために、簡単な鍛冶も行われていたようであり、タガネや棒状の鉄製品、未加工の鉄片などが多量に出土した。

これらのなかには、脱炭処理をした中国原産の鋳造鉄を原料とするものがあることが判明している。鋳型に流しこみ鋳造された鉄器は、炭素を多く含むため、堅く衝撃に弱くて壊れやすく、漢代には表面の炭素を減らして脱炭処理を施し柔軟性をもたせた鉄が用いられたという。

奈具岡遺跡では、この鋳鉄脱炭鋼と呼ばれる大陸から舶載された鉄素材を用い、硬質の水晶玉の針状の穿孔具などを製作していたことが明らかにされた。また、ガラス滓やガラス融着遺物が出土していることも、当時列島内では得られなかったガラス原料を大陸や、あるいは北部九州を介して交易によって得たことを示している。

水晶製玉類（奈具岡遺跡）

奈具岡の水晶製玉の生産体制は大規模なものであったが、丹後ではこれを消費した形跡はない。奈具岡遺跡の東方丘陵には、三基の方形台状墓が検出された奈具墳墓群があるが副葬遺物はほとんど認められない。これまでのところ、水晶製玉が出土した墳墓は、後期初頭の墳墓である京丹後市大宮町の三坂神社墳墓群三号墓第一〇主体部の水晶製小玉の出土例をみるにすぎない。

こうしたことから奈具岡遺跡で生産された水晶製の玉製品は、在地で消費するものではなく、交易品として用いられたと推定されているが、果たしてその交易の相手とはどういった地域なのだろうか。中期の水晶玉の消費地について、国内での出土例がそもそもきわめて少なく、福岡県高木遺跡や、長野県天王垣内遺跡などわずかが知られるにすぎない。近畿地方では、後期初頭の奈良県唐古・鍵遺跡の有稜棗《なつめ》玉やガラス小玉があげられるのみである。

近年、玉製品の産地分析で成果をあげている蛍光X線分析などの理化学分析も、水晶には鉱物中に不純物がほとんど入らないために、産地の比較検討はほとんど不可能とされている。調査を担当した河野一隆氏らは、玉作りの技術に大陸系の技術による鉄製品が使用されていることや、原三国時代に多量の水晶製品を出土している朝鮮半島南部地域に注目し、鉄資源を得るために朝鮮半島南部地域との交易品として用いられたとみている。

一方、弥生時代の玉に詳しい大賀克彦氏は形態的な特徴から、国内でも消費された可能性を指摘する。朝鮮半島の水晶玉は良洞里墳墓群出土資料など、玉に明瞭な稜をもつ算盤玉が主体である一方、奈具岡遺跡は小玉が主体で、稜が不明瞭で丸みを帯びているという特徴がある。大賀氏は、これときわめてよく似た形態を示す資料は、中部高地の長野県岡谷市天王垣内遺跡の弥生時代中期後半の礫床墓から出土した水晶製小玉の一群にあるとし、日本海地域と東国との交流に着目する[23]。弥生中期における日本海地域と中部高地との交流をみる視点に立てば、二〇〇七年にや

時代	時期	<丹後>	<各地の遺跡と出来事>	<朝鮮>	<中国>
（縄文時代） B.C.500		平遺跡	菜畑遺跡（佐賀）	古朝鮮	東周 春秋
	早期		板付遺跡（福岡）		戦国
B.C.300	前期		古浦砂丘遺跡（島根）		
		竹野遺跡　温江遺跡	雲宮遺跡（京都）		
B.C.200		蔵ヶ崎遺跡	太田遺跡（京都）		秦
弥生時代		扇谷遺跡	鶏冠井遺跡（京都）	衛氏朝鮮	前漢
B.C.100	中期	日吉ヶ丘遺跡	神足遺跡（京都）	楽浪郡	
		奈具岡遺跡	池上曽根遺跡大形建物（大阪）［52年］		
A.D.1		寺岡遺跡		高句麗	新
	後期	三坂神社墳墓群	委奴国王、後漢に遣使［57年］	原三国時代	後漢
		左坂墳墓群			
A.D.100		大山墳墓群	倭面土国王帥升、後漢に遣使［107年］		
		大風呂南１号墓	森本遺跡（京都）		
A.D.200		赤坂今井墳丘墓	倭国相乱れる［178年頃］		
（古墳時代）		古殿遺跡	中海道遺跡（京都）		三国
		浅後谷南遺跡	邪馬台国女王卑弥呼、魏に遣使［239年］		
		大田南２号墳			
		大田南５号墳	壱与、西晋に遣使［266年］		西晋

丹後の弥生遺跡年表

はり礫床墓が検出され、五個の銅鐸と八本の銅戈が出土したことで話題を集めた長野県中野市の柳沢遺跡が思い起こされよう。

　柳沢遺跡では、青銅製武器形祭器である銅戈《どうか》は、近畿地方には出土例がない一本の九州型と七本の大阪湾型であるとされ、日本海側から中部高地へ入るルートが注目されている。丹後の弥生中期の遺跡で消費された形跡のない水晶玉の供給地もまた、大陸や九州地方はもちろん、中部地方、さらには中部地方を介した東国へのルートも視野に入れ、日本海域の海のルートを検証する必要があるだろう。

水晶製玉類の専業的な生産が明らかになった京丹後市弥栄町奈具岡遺跡では、工房の鍛冶炉《かじろ》とみられる小形の焼土坑から、鍛冶作業にともなう鍛造剥片とともに、鉄製品の破片や玉の穿孔道具とみられる針状鉄製品が出土した。鉄製工具類にはその未製品も含み、鞴羽口《ふいごはぐち》や鍛冶炉が検出されたことから、鉄器生産の視点からも北部九州につぐ早い段階のものとして大いに注目された。

奈具岡遺跡の調査以降、日本海側地域では、鳥取県妻木晩田《むきばんだ》遺跡や鳥取県青谷上寺地遺跡など、多量の鉄器を出土する遺跡がつぎつぎと確認され、弥生時代に鉄器生産においてきわめて先進的な技術をもっていたことが明らかになってきた。山陰における確実な鍛冶炉の検出例は、島根県安来市柳遺跡や同出雲市中野清水遺跡などいずれも弥生時代後期後葉以降の遺跡であるが、鳥取県青谷上寺地遺跡では弥生時代中期後葉の鍛造工具や鉄片や棒状鉄器などが出土しており、鉄器生産の開始を奈具岡遺跡とほぼ同時期の弥生時代中期後葉と想定している。

丹後の鉄器生産

丹後における鉄器生産は、奈具岡遺跡の水晶製玉生産と前後してはじまるものと考えられていたが、二〇〇一年の与謝野町（旧加悦町）日吉ヶ丘遺跡の調査によって、さらにそれをさかのぼることがわかってきた。日吉ヶ丘遺跡の調査では、大形方形貼石墓の発見が注目を浴びたが、弥生時代鉄器生産をめぐる研究の上でも大きな成果があった。環濠とみられる溝から弥生時代中期中葉〜後葉の鉄製品が多量に出土し、奈具岡遺跡よりもさらに一段階古い時期の鉄器を含むことが明らかにされたのだ。

これらを分析した広島大学の野島永氏は、鋳造《ちゅうぞう》鉄器の刃部や鋳造農具の刃部とみられる鉄器片が多く含まれているとし、素材として大陸からの船載鋳造鉄器片を入手し、独自に鉄器を製作したものとして注目している。鉄製品の製造には、鋳《い》型に流し込む鋳造鉄器と、鍛冶《かじ》打ち出しによって製造された鍛造《たんぞう》の技法があるが、東アジアでつくられた最初の鉄器は中国東北部の燕《えん》（BC八〇〇頃～）の地域を中心とした鋳造鉄器であったことがわかっている。鋳造鉄器は鍛造鉄器に比べて堅いが脆《もろ》いという性格があり、工具や武器などの利器にはより強い鋼としての鍛造の技法へと製作技術が移り変わってゆく。

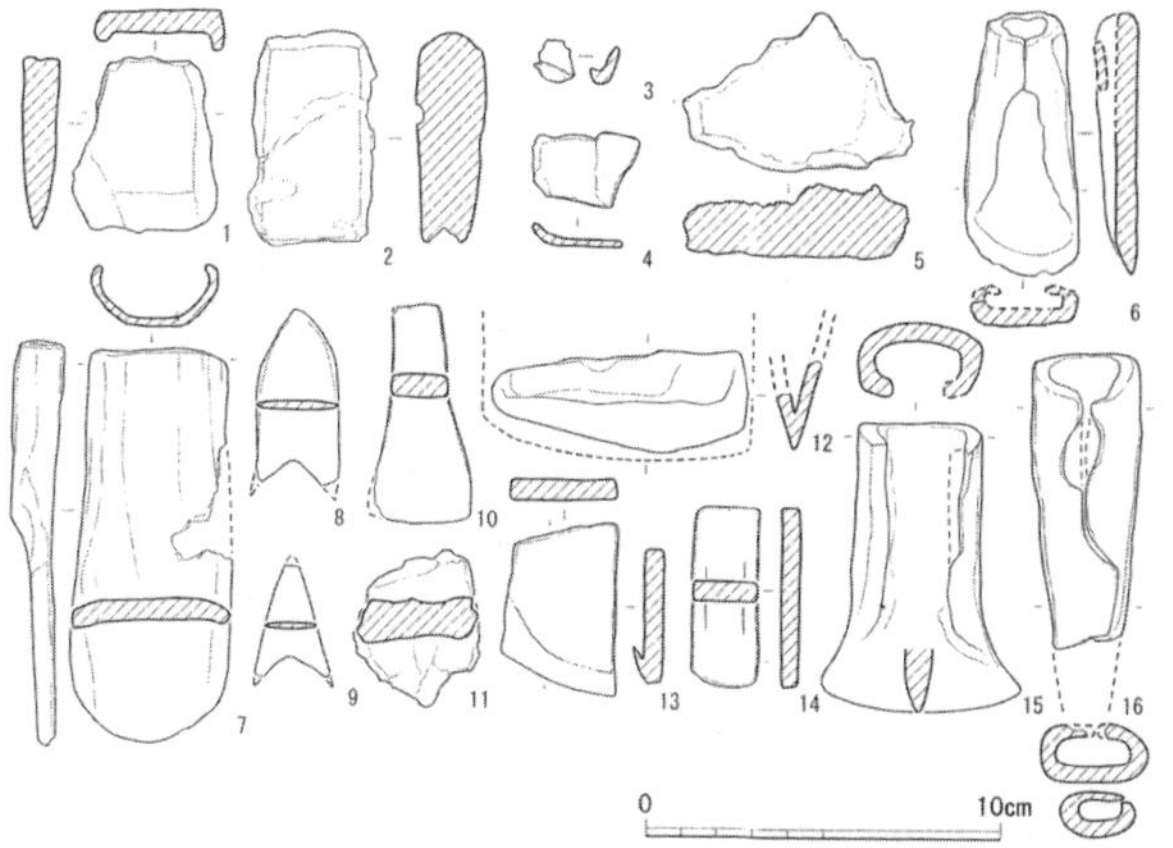

近畿北部の弥生時代中期鉄製品（野島2009）
1．途中ヶ丘遺跡　　2～5．扇谷遺跡　　6．桑飼上遺跡
7～11．奈具岡遺跡　　12～16．日吉ヶ丘遺跡

　野島氏によれば、日吉ヶ丘の鋳造鉄斧とみられる鉄器片は、袋部のわずかな破片ながら、刃部先端部まで空隙《くうげき》を形成しており、これまでに明らかになっている朝鮮半島の紀元前の鋳造鉄斧よりも精巧で、中国の戦国時代晩期から前漢代のものに類するという。ほかにもこうした鋳造鉄斧の一部とみられる破片が含まれるとされ、

中国戦国時代の鋳造鉄器が製品として、あるいはその一部が素材として多数搬入されたと推定している。(24)

日吉ヶ丘遺跡では、高温で溶融し発泡した鍛錬鍛冶にみられる滓の一部や湯玉とみられる微細遺物が出土している。また鍛造鉄斧の形態も、二条突帯鋳造鉄斧に似た刃部が鉞《まさかり》状に広がる独特な形状をなし（185頁図版15）、鉄鑿《のみ》も鋳造品を真似た他に例のない袋部をもつことが指摘され、弥生時代中期中葉に独自の鍛冶加工によって鉄器生産が行われていたとされる。大陸あるいは日本海西岸地域との鉄素材を獲得するための対外交渉が、これらを統括する首長の権力伸長をうながし、他地域に先駆けて日吉ヶ丘方形貼石墓にみる特定個人墓を実現したのであろう。

方形台状墓の世界

丹後の墳墓の特色は、方形台状墓といわれる丘陵上にある盛土をもたない墳墓であるといわれてきた。弥生時代前期に近畿地方中央部で成立したとする説が有力な低地の方形周溝墓に対して、丘陵上に墳丘を削り出すことにより造成する墓を指して呼称されたものだが、実際には貼石をもたない丘陵上の墓を方形台状墓と呼んできた現状がある。

近年、資料の増加とともに方形台状墓の概念を再検討する動きが盛んになっている。藤井整氏は、丘陵上にある墳墓でも、例えば前期の但馬の豊岡市駄坂《ださか》・舟隠《ふなかくし》遺跡や中期の峰山町カジヤ遺跡、さらに弥栄町奈具墳墓群など、墳丘四周に溝をもつ墓は、「丘陵上の方形周溝墓」として見直すべきとしている。(25)

一方、こうした溝で区画するだけの方形周溝墓とは全く異なり、墳丘を高く削り出し、裾部に平坦面を造成することによって墳丘形態を整えた京丹後市峰山町七尾遺跡や、削り出しによって造成するだけの同久美浜町豊谷1号墓のような墳墓もあり、「丘陵上の方形周溝墓」とは別に方形台状墓と呼ぶべき墓制は前期に遡るとする指摘もある。(26) こうした前期の資料については、筆者もとくに注意が必要であると考えている。

規模こそ比較にならないものの、例えば北部九州にみる弥生前期の福岡県夜須町東小田峯《ひがしおだみね》遺跡の大形方形区画墓などは、中央部を土饅頭のように高く盛る高塚でもあり、大陸的な墓制の影響を受けていると考えられている。列島内でもいち早く前期に扇谷遺跡のような鉄加工などの大陸系の技術を導入した可能性が高い丹後は、墳墓の成立に関しても、いわゆる畿内的な文化の波及ととらえる方形周溝墓の系譜とは別に、近畿地方南部とは別系統の文化的影響も視野に入れておかねばならないだろう。

丹後の丘陵上に造られた弥生墳墓について、丘陵上に占地することこそが地域色として重要であり、その根源を明らかにしようとする視点も出ている。「山の上の墓」について岩松保氏は、近畿地方北部では、近畿地方中央部にみる平面的な死生観に現れた平等的な関係を打ち破り、一部の人々だけに山の上の聖地という区別された死後の世界が与えられたとし、階層性を反映した異なる世界観をもっていたとしている。(27)

山陰から北陸の日本海沿岸地域では、自然の良港である潟湖に恵まれ、早くから交易によって大陸と接点を持つなかで、蓬莱山《ほうらいさん》信仰に象徴されるような外来的な他界観を形成したのかもしれない。

階段状に築かれた三坂神社墳墓群

その「山の上の墓」には、後期初頭に大きな変革が認められる。中期に盛行した方形貼石墓は、寺岡遺跡などで一部従属的な埋葬が後期初頭に降りる可能性を残すが、基本的には中期末には終息し、後期に新たに築造されるものは確認できない。山陰や中国地方山間部で、方形貼石墓から四隅突出型墳丘墓へと、墳丘に石を貼るという点において系譜的に繋がる墓制が展開し、連続的な変遷が指摘されるのと大きく異なっている。

弥生中期の墳墓では、尾根と平行する側辺にも溝を備え、墳丘四周を区画するという意識がみられるが、後期には墳丘切り離しのための尾根に直交する溝をもつものが主体で、四周を溝によって区画する墓はみられなくなる。後期に新たに出現する丘陵の頂部や尾根上を平らにテーブル状に造成して累々と埋葬施設をつくる墳墓を、福島孝行氏は「卓状墓」と呼び[28]、朝鮮半島南部の墓制との関係性を指摘している。

この墳丘形態にみる大きな変革は、以後の近畿地方北部の墓の有様を決定づけるものとなった。ただ一人の集団の統括者や少数の近親者のみを埋葬した大形方形貼石墓と比較すると、首長権力の伸長という視点でみれば、一見後退したかにみえる墳丘形態であるが、そうではないことを以下に示すその多様な副葬品から知ることができる。

後期初頭の変革 ―鉄製武器とガラス―

近畿地方北部の後期にはじまる墓制の変革は、単に墳丘の形だけに留まるものではなかった。特定の集団、特定の家族の階層的な優位性を鮮明に浮き上がらせた墳墓には、副葬品の内容にも大きな変化がみられるようになった。鉄製武器類の副葬が、北部九州とともに列島内の弥生墳墓のなかでいち早くはじまったのである。

京丹後市大宮町三坂神社三号墓は同墳墓群の築造契機となった最初の墳墓で、中心に位置する第一〇主体部からは、素環頭鉄刀や鉄鉇《やりがんな》、鉄鏃などが、儀杖とみられる漆塗り製品や玉類とともに出土している。

素環頭鉄刀は、当時の中国でも生産がはじまってそれほど時間を経ておらず、王朝内部でも多くは普及していない最新の武器であるという。丹後ではほかにも大宮町左坂二六号墓でも出土しており、これらは刃部の関に段を形成しない漢代に類例の多い船載品であり、中国王朝との交渉によって得た最高の威信財であったとされる。[29]

筆者は、朝鮮半島で巾着《きんちゃく》形土器といわれる小形壺と丹後の把手付の小形精製壺の類似性から、この時期の朝鮮半島南東部との交流を推定している。[30] 同様な視点では無茎三角形式の鉄鏃についてもその類似性が指摘され、[31] 鉇も刃部がU字状の断面をなす豊岡市東山1号墓の類例が韓国の慶

三坂神社3号墓の埋葬施設と出土鉄器
（左：素環頭鉄刀、長さ29.0cm、中：鉄鉇、右：鉄鏃）

尚南道昌寧市茶戸里《たほり》遺跡などにみられるとされ、大陸や朝鮮半島からの船載鉄器やその類品が急増する。とくに鉄鏃や鉄鉇の特徴的な副葬は、北部九州の先行墓制にもみられず、墳丘裾部に明瞭な区画なく平坦面を作り出して埋葬施設を累々と築く墳墓形式とともに、朝鮮半島南東部、とくに洛東江東岸地域との共通性が指摘される[32]。

後期前葉の墳墓の副葬品には、もう一つの大きな変化があった。ガラス製玉類の副葬である。二〇〇二年、大阪府弥生文化博物館の『青いガラスの燦《きらめ》き』と題された特別展では、淡青色のガラス管玉や小玉などの多量の装身具が衆目を集め、林比佐子氏らによって、京都府北部のガラス玉の出土数は、一三〇〇〇点を超え、対馬を含む長崎県や佐賀県と双璧をなすことが示された。但馬の兵庫県北部でも六〇〇〇点を超えるガラス玉の出土が報告され、その後も南但馬などで出土例が増加していることから、近畿北部で約二〇〇〇〇点が出土していることになる。

弥生後期前半期において、ガラス製玉類の副葬が地域的な習俗としてみられる地域は北部九州と丹後だけである。丹後は奈具岡遺跡にみるように、中期後半にすでにガラス玉の製作技術をもつことが判明している。また、三坂神社墳墓群で出土しているガラス製管玉は、柱状のガラスを針状穿孔具を用いた石製玉作りの技法によって穿孔しており、石製玉作り工人の関与が明らかなことから、水晶製玉作りの専業的生産集団を母体にし、ガラス製玉作り集団へと再編したと考えられている。

ガラス勾玉と小玉（左坂墳墓群）

弥生時代のガラスは、透明な淡青色と紺色を呈するアルカリガラス系統のカリガラスと、半透明あるいは不透明の緑色や青色系を呈する中国系の鉛バリウムガラスの二つの系統がある。丹後のこれら後期前半期の墳墓から出土するガラスは、ほとんどが透明な淡青色や紺色を呈するカリガラスである。

朝鮮半島と日本の弥生時代のガラス製品を比較研究している小寺智津子氏は、後期前半の近畿北部のガラス勾玉は、搬入した製品をそのまま使用する一方、独自の形態をなす勾玉がみられることから、舶載のカリガラス原料を溶かすか、あるいはガラス製品を改鋳して、この地域に独自の勾玉を生産していたとする。[33] カリガラスは、インド・パシィフィックビーズなどと呼ばれる東南アジアのガラス製品に多いもので、今後は、その原材料をいかにして獲得したかが問題となるところである。

しかし、それにしてもなぜ丹後の首長層は、伝統的な白色透明の水晶製玉作りに見切りをつけ、ガラス製玉作りを選択したのか。

先に丹後や但馬の墳墓に副葬された鉄製品と、慶尚南道の茶戸里遺跡などの鉄製品の類似が指摘されることを紹介したが、茶戸里遺跡や大邱《てぐ》八達洞遺跡など、無文土器時代末期から原三国時代前期の墳墓ではガラス小玉の副葬もみられ、丹後にみるガラス製品の副葬はこうした朝鮮半島南東部地域から直接的な影響を受けている可能性が高い。

ガラス製玉類は、この時期、中国やインドなど東南アジア各地でも出土例が増加し、青色のガラス玉への嗜好は汎アジア的にみられる様相とされる。丹後を中心とした近畿北部の地域勢力は、白色透明の水晶玉よりも、青色のガラス玉が交易の対価としてより高い価値をもつことを対外交渉から学び、中国や朝鮮半島、東南アジア、北部九州を含めた広い地域からガラス製品やガラス素材が得られる安定的な供給ルートを開拓し、玉類の生産体制をいち早く再編したのだろう。

その供給ルートの構築には、中期以来の大陸との対外交渉の伝統とともに、新たに朝鮮半島南東部地域と緊密で安定的な関係を構築することに成功したことが背景にあるとみられる。

後期初頭は、首長墓が野田川水系から竹野川水系を基盤とするものへと移り、伝統的な貼石墓という、集落を統括する首長の厚葬墓から特定集団の家族墓へと大きな変革をとげる時期であった。鉄製武器類・ガラス製玉類の副葬開始、新たな土器供献儀礼の開始とすべてを刷新して共通の葬送儀礼を打ち立てた集団は、列島規模で起こった後期初頭の流通ルートの変革の波に、新たな対外交渉ルートの構築という形で即応した新興勢力であった。

土器の交流

土器のスタイルは、時期や年代をきめる指標となるだけでなく、地域間の関係を探るうえで、とても大切な要素である。日本海沿岸部に大形墳丘墓が築かれる弥生時代後期は、北近畿・北陸・山陰は、巨視的な視点でみると、似通った土器を使っている。

これらの地域では、「く」の字に屈曲してさらにもう一度立ち上げる「有段口縁」とか、「複合口縁」と呼ばれる口縁部をなし、その外面に平行する条線状の文様をつける土器を特徴とし、いわゆる畿内を中心とした近畿地方南部の地域が、断面が「く」の字の口縁部の壺や甕を使うのと大きく異なっている。これと同様の特色を示す土器を用いる地域が、内陸部の山陽地方であるが、もともとこの地域が淵源となって、日本海ルートと、瀬戸内東部を介した加古川・由良川へと至るルートによって、弥生時代中期後葉以降もたらされたものである。

後期初頭に至って伝播の勢いは急激に増し、山陽を核とする瀬戸内地域の土器スタイルの影響は、日本海沿岸部の地域では既存の土器様式を書きかえる勢いでドミノ倒しのごとく近畿北部からさらに北陸へと駆け抜けた。その背景には、列島規模の東方地域への青銅鏡や鉄製武器類などの金属器の流通の活発化があるものと考えられている。

日本海沿岸部では、後期中葉以降、段をなす口縁と、その外面に条線状の文様をつけるというスタイルを維持しつつ、山陰・北近畿・北陸の土器の地域色が明瞭になる。後期中頃には丹後系の土器は北陸の土器様式に大きな影響を与え[34]、双耳の半環状把手が付く特徴ある高杯（大山式）は、北陸の猫橋式の後半に現れ、在地でもつくられるようになる。

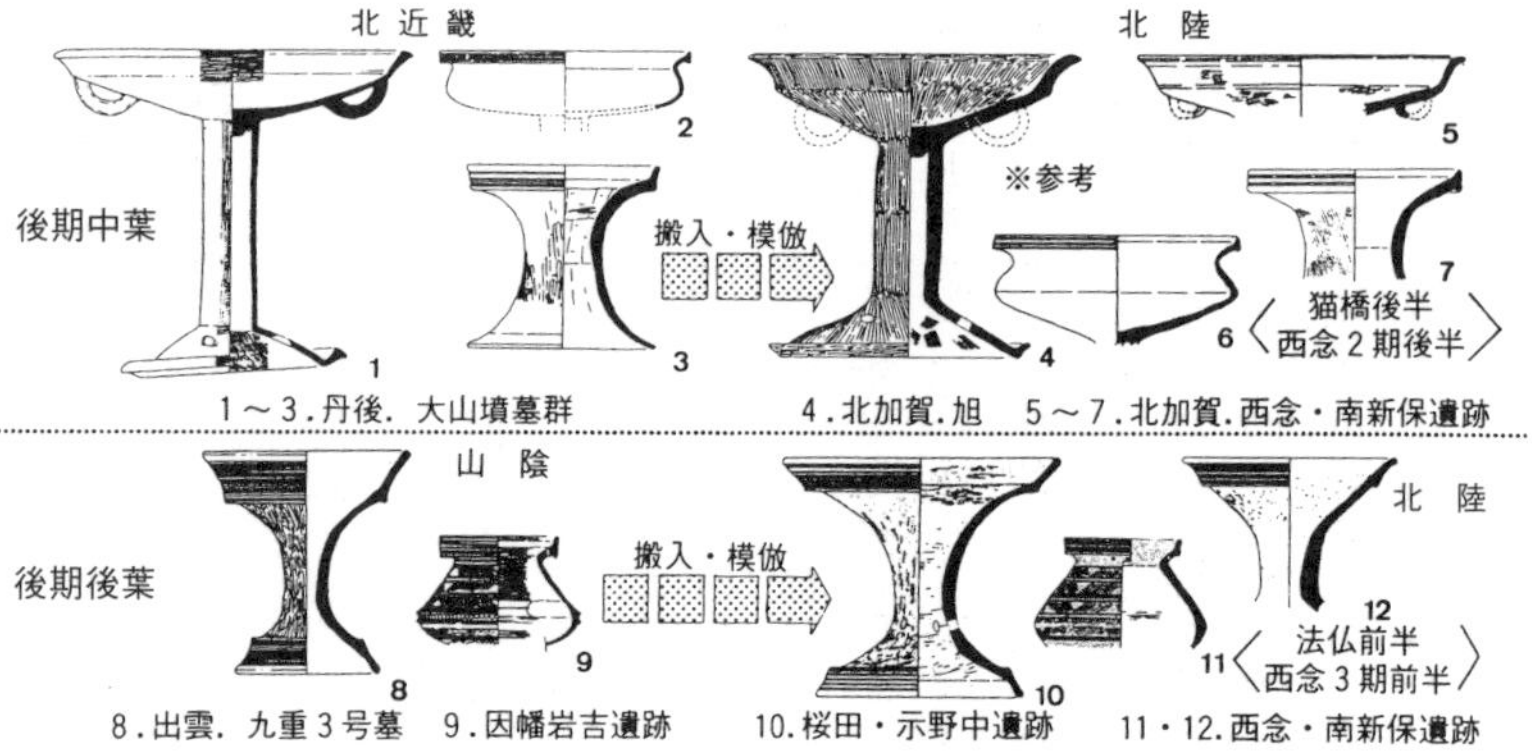

日本海域の土器にみる地域間交流

一方、北陸には山陰からの影響のもとに作られた器台や装飾性の高い台付特殊壺があり、後期前半は北陸が山陰と丹後の土器様式を受け入れるという図式がみえる。それは点的な土器の搬入ではなく、様式構造に影響を与える面的なきわめて密接なもので、頻繁な人の交流と移動が無くしてはありえない。近年、北陸ではこの時期の墳墓からガラス小玉が出土する例が増えているが、土器の移動の背景に、丹後から北陸へ向けたガラス製品や鉄器など物資の流通ルートの形成があると考えられる。

大形墳丘墓が築造される後期後半には、日本海側ではきわめて興味深い土器の交流がみられる。日本海沿岸部には後期後半に台付装飾壺と呼ばれる祭式土器が分布する。

この壺はしばしば赤彩され、祭祀的な場で用いられた壺とみられるが、山陰・近畿北部・北陸で大形墳丘墓が相次いで築造される後期後葉には、地域間で明確な形式差が表れる[35]。山陰と北陸では、貝殻施文やスタンプ渦文を施す装飾性の高い壺が分布するが、一方丹後では山陰系の装飾壺を受け入れず、無文か竹管文を施すだけのシンプルな壺が分布する。分布状況から、山陰と北陸が、海上ルートによって丹後を飛び越え交流を深めたことを読み取ることができる。

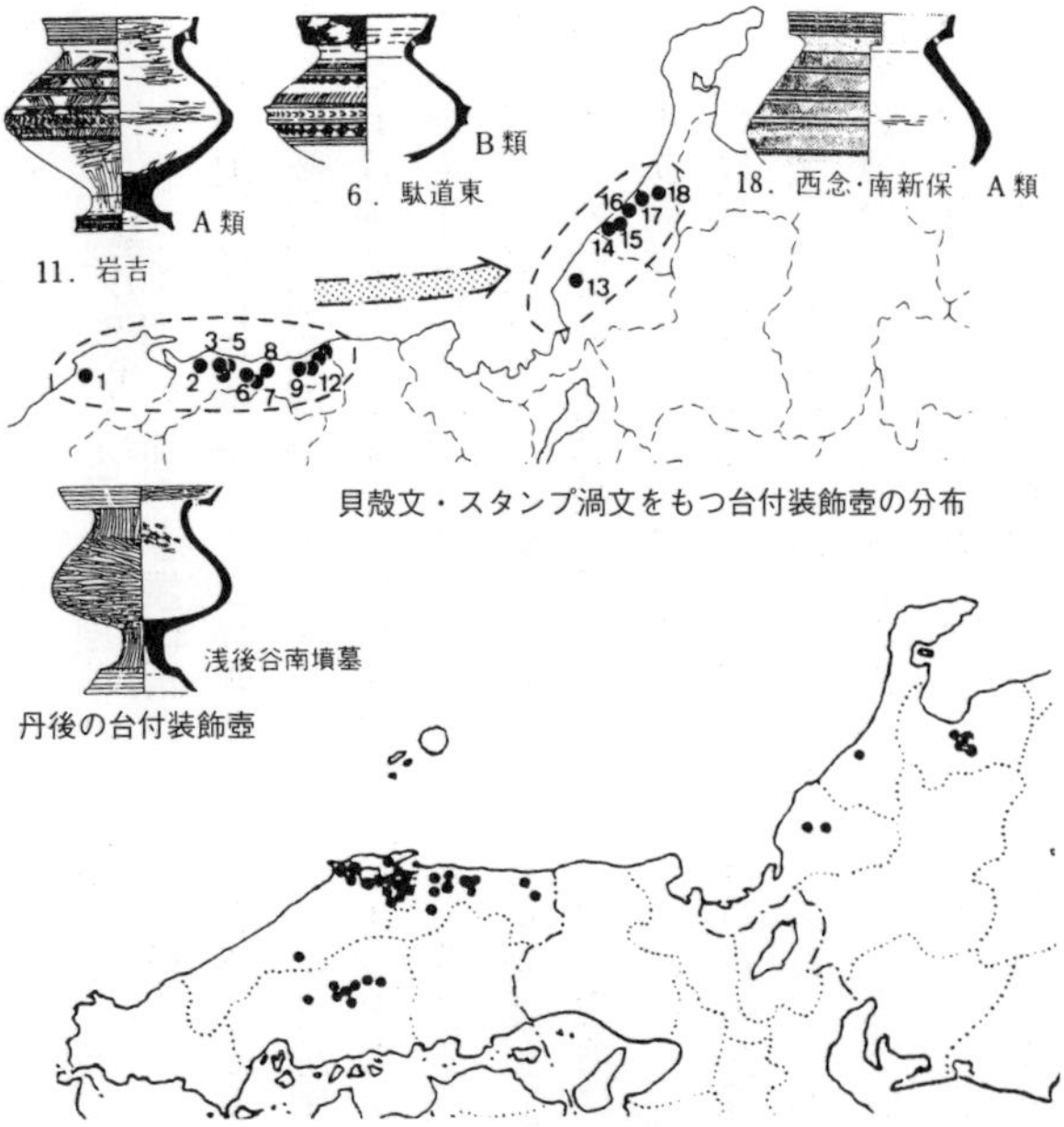

四隅突出型墳丘墓の分布

台付装飾壺と四隅突出型墳丘墓の分布
（上段：高野2000、下段：桑原2005）

こうした分布状況は、墳墓の形態にもみられ、山陰の四隅突出型墳丘墓が北陸でも石材を用いないタイプの四隅突出型墳丘墓として受け入れられるのにたいし、近畿北部では独自の方形墳が築造され、明確な違いが表れるのと対応している。丹後の大風呂南一号墓の副葬品は、それ以前の弥生墳墓にみられない隔絶した内容をもつもので、この墳墓に象徴される丹後王権の伸長は、日本海域で隣り合わせる両地域には大きな脅威となったことだろう。土器様相は、こうした地域間関係もつぶさに表わしている。

大形墳丘墓の時代

弥生後期後葉〜後期末は、列島内でもいち早く日本海域の各地域と瀬戸内の吉備にあいついで大形墳丘墓が築造される段階であり、日本海側のそれぞれの地域の首長権がもっとも伸長した時期である。こうした墳墓の一つである与謝野町大風呂南1号墓は、阿蘇海を見下ろす丘陵の先端部に立地する。

筆者は調査中に現地を訪れた際、全長七メートルを超え、深さ二メートル以上を測る弥生墳墓とは思えない埋葬施設（墓壙）の大きさに圧倒されたが、出土土器が各地の大形墳丘墓よりも古く、後期後葉でも早い段階に帰属することを確認してさらに驚いた。大風呂南一号墓は、鉄製武器をはじめとする副葬品の多量埋納という点で古墳につながる要素をもち、列島内の大形墳丘墓造営の先駆けとなった墳墓である。

墳丘は裾部が道路建設による削平を受け、正確な墳丘規模を知ることは難しいが、丘陵の背面に位置する2号墓との間に巨大な区画溝があることから、おおよそ約二七メートル×一八メートルの規模の方形墳として復原される。墳丘の部分的な断割調査では、大部分が丘陵の基盤（地山）を利用しており盛土がわずかであるとされ、「方形台状墓」として報告されている。墳頂部では四基の埋葬施設が検出されたが、中心埋葬となる第1主体部上では礫敷の上で土器を割る儀礼が行われたようである。

丹後・但馬地域では、弥生時代後期以降、埋葬の際に墓壙のなかで土器を割る特有の儀礼（墓壙内破砕土器供献儀礼）が行われたことを、肥後弘幸氏や松井和代氏らが明らかにしている。[36] 大風呂南1号墓でも同様な儀礼の痕跡がみられるが、首長権の拡大にともない、さらに土器破砕の儀礼を墳丘上での儀礼としても儀式化し、葬送儀礼の重層化と荘厳化を図ったものであろう。

この墳丘上での破砕土器供献儀礼は、以後、北陸の小羽山30号墓など各地の大形墳丘墓にみられるようになり、後期末の赤坂今井墳丘墓を経て、近畿地方中枢地域の初期古墳の葬送儀礼にまで影響をおよぼすことになる。

大風呂南1号墓（上方は阿蘇海、左後方に天橋立）

大風呂南1号墓では、埋葬施設に舟底状の底部をもつ舟形木棺を使用していることがわかった。近年、舟そのものを利用した可能性のある棺が、弥生時代中期後葉の愛知県平出町遺跡で見つかっているが、こうしたものとは区別されるものである。舟形木棺は、朝鮮半島では前述した紀元前一世紀頃の昌原市茶戸里遺跡ですでに使用が確認され、この時期の大陸との交流のなかで棺として採用されるにいたったとみられる。[37]

丹後では以後の首長墓に舟形木棺が用いられるようになるが、その情報はあるいは山陰を経て瀬戸内にも伝えられ、岡山県黒宮大塚古墳など吉備の首長墓にも採用されたのであろう。さらに瀬戸内地域を介して、墳丘上での破砕土器供献儀礼と同様に、奈良県ホケノ山古墳などの初期古墳に影響を与えることになる。

大風呂南一号墓は、墳丘規模もさることながら副葬品の内容が多種多様で、その量もまた傑出したものであった。中央に埋葬された第一主体部からは、ガラス釧一点、ゴホウラとみられる貝製釧一点、有鉤銅釧一三点、鉄剣・鉄鏃などの鉄製武器類、組み合わせヤスなどの鉄製漁具、鉄鉇や鉄鑿などの工具、さらに緑色凝灰岩製管玉二七二点とガラス製勾玉一〇点が出土した。

副葬品のなかで、とくに注目を集めたのは、稀有な青色のガラス釧であった。筆者はこの墳墓の副葬品がもつ最大の意義は、古墳につながる要素と言える鉄製武器類の多量副葬にあり、弥生墳丘墓ではじめて確認されたことが重要であると考えている。

被葬者の右腰には、生前に所持していたものであろう五〇センチの長剣を含む二振の剣が置かれていたが、このほかにも刃関双孔剣《はまちそうこうけん》と呼ばれる刃部の関《まち》の両側に穿孔を施した特色ある剣九振を副葬していた。この茎《なかご》が短い刃関双孔剣については、韓国・嶺南地方の墳墓にみる鉄矛を被葬者の頭側部に束ねて副葬する方法を模倣したものとする村上恭通氏の指摘があり[38]、鉄剣が槍である可能性が示唆されている。岩井顕彦氏もまた、近畿北部の鉄剣の中には鉄槍を含み、鉄槍は弥生後期末に近畿北部で生産された特徴的な副葬鉄器としており[39]、その最初の段階になるのかもしれない。

いずれにしても、これまでの弥生首長墓の副葬品が、基本的に被葬者の着装品かあるいは生前に所持していたものを中心とするのにたいし、鉄製武器を多量副葬しているという点で画期をなすものであった。それは被葬者が威信財であった鉄製武器の再分配を可能にしていたことを示し、配下を軍事的に統率することができる強大な権力をもつ王が出現したことを意味する。

　大風呂南1号墓から出土した刃関双孔をもつ剣は、その分布が東海から関東へと広がる近畿北部と東海以東の地域との交流を示す遺物であるが、野島永氏は北部九州の鉄器製作の技術的影響のもとに近畿北部から東海にかけての地域で生産されたとしている[40]。同墳墓から出土した特徴ある有鉤銅釧は、愛知県三王山遺跡に類例があり、また供献土器からはパレス壺の口縁部に似た小片と山形状の波状文を施す東海的な加飾要素をもつ土器が出土している[41]。こうした副葬遺物の共通性や土器交流から、丹後と東海との関係性はこの時期に急激に強まったことが明らかである。

　日本海側の首長墓の対外交渉を知る上で、興味深いデータがある。大風呂南一号墓第一主体部では、被葬者の顔面の周辺で約一キログラムの朱が出土した。近年、水銀朱に含まれるイオウの同位体比分析からその産地を特定する理科学的な研究が進み、大風呂南1号墓の朱はその前後の時期と産地を異にしているらしいことが分かってきた。

　日本の水銀朱の産地は、徳島県水井、奈良県大和鉱山、三重県丹生《にう》などであるが、大風呂南一号墓や、鳥取県門上谷《もんじょだに》一号墓、島根県西谷二・三号墓など、弥生時代後期後半の日本海域の一部の王墓だけが、国内産の朱のデータから大きく逸脱し、中国陝西省産（安寧市青銅銅山）の分析データに一致しているという[42]。同じ方法による分析から、三世紀初頭前後とみられる赤坂今井墳丘墓では、国産の三重県丹生鉱山の朱が使われたと推定されており、奈良県をはじめとする三世

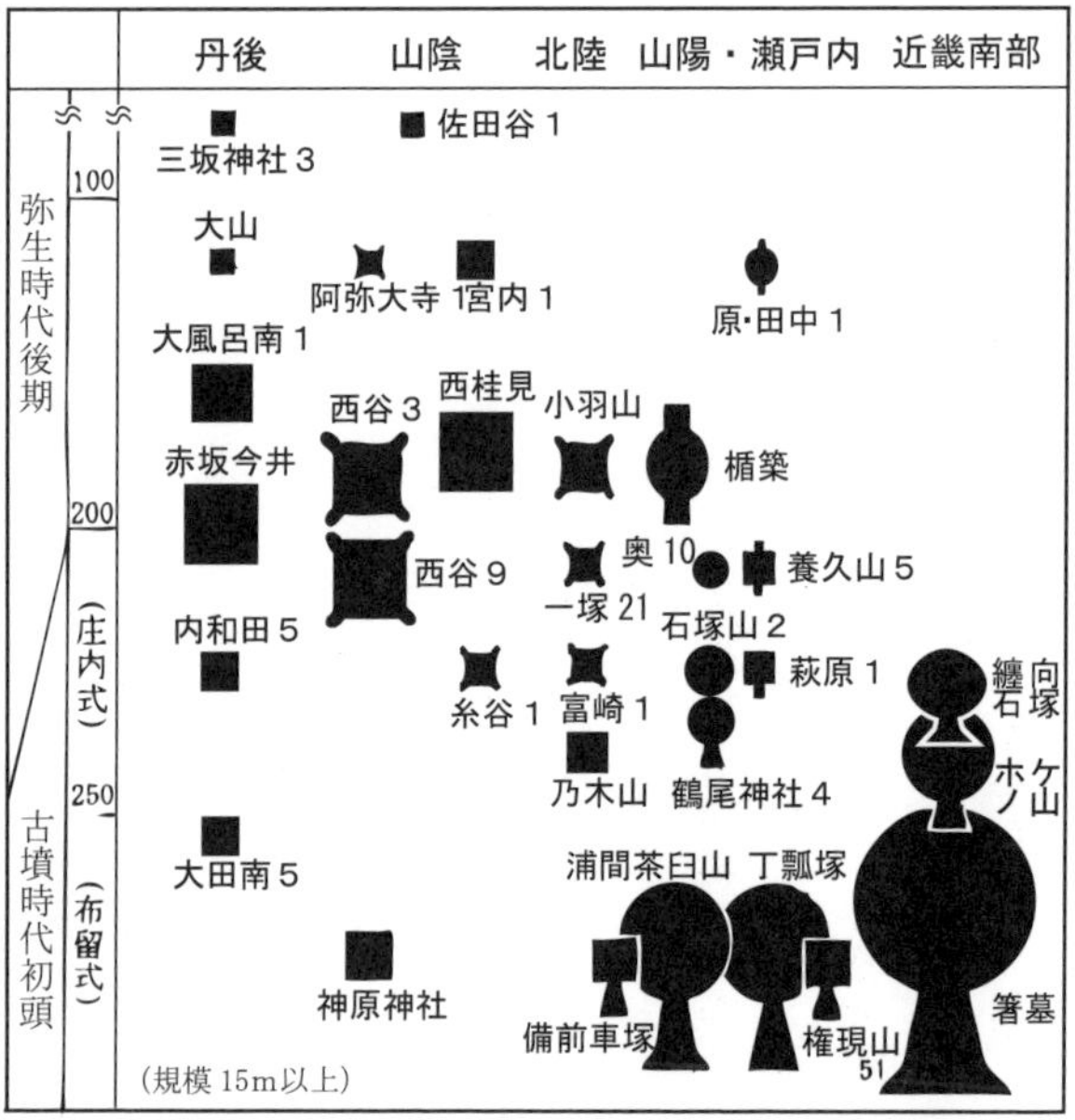

弥生時代後期から古墳時代初頭の墳墓の併行関係

紀以降の首長墓もやはり国内産であるとされる。中国産の朱が、二世紀中頃から後葉の限られた時期にのみ日本海側の首長墓に使われていることになる。

この時期は、鳥取県の妻木晩田遺跡や青谷上寺地遺跡にみるように、日本海側の鉄器生産がそれぞれの地域でピークを迎える時期であり、鉄素材の確保のために海峡を越え、競って盛んに対外交渉を行っていた時期である。こうした日本海沿岸部の各地域の活発な交易活動の結果として、中国産の朱が持ち込まれたものとみられるが、首長権が伸長する一方で、同時に交易の優先権をめぐって地域間の緊張関係が深まったことは想像に難くない。

大風呂南一号墓の築造を端緒として、日本海域では大規模な四隅突出型墳丘墓がつぎつぎと築造された。出雲の西谷三号墓、因幡の西桂見墳丘墓、北陸の小羽山三〇号墓と、貼石をもつ山陰と、もたない北陸という違いはあるが、共に両地域では同形式の親縁性の高い墳丘墓を築いている。丹後の地域勢力は、大陸との対外交渉を積極的に進める一方、新たなチャンネルとして東海との地域的連携を模索し、その関係性を強めつつ、四隅突出型墳丘墓の分布地域である山陰と北陸に対峙《たいじ》していたのではないだろうか。

三種の腕輪が語るもの

大風呂南一号墓の調査中、見学に訪れた関係者の関心は、もっぱら木棺内に鏡があるのではということだったが、姿を現した棺の中央にあったものは、それにも優る稀有なガラスの腕輪だった。大風呂南一号墓では、三種の腕輪が出土した。ガラス釧（釧は腕輪の古語）、有鉤銅釧、そして南海産の貝輪である。このうち報道で注目を集めた淡いブルーに透き通るガラス釧は、被葬者の左腕にはめられていたか、あるいは赤色顔料の位置から胸の上に置かれていたと考えられるものである。

これまでガラス釧は福岡県糸島市の二塚《ふたつか》遺跡から二点が出土している。ほかには丹後の比丘尼《びくに》屋敷墳墓から出土した緑色の釧の断片と、二〇〇五年に出雲市で出土した西谷九号墓の二例があるにすぎない。

二塚遺跡の釧は甕棺から出土したものだが、この墳墓は大陸外交の拠点である伊都国の首長墓とされ、ガラス釧が首長の威信財として最高のものであったことをうかがわせる。大風呂南一号墓の釧は、側面に稜があり、断面が五角形を呈するが、こうした形態のものは、インドやベトナム、台湾など、東南アジアに類例があるとされ、遠隔地との海洋交易によって、はるばるもたら

大風呂南１号墓のガラス釧（径9.7cm）

されたものとみられる。

一方、頭部上方付近に配置されていた銅釧（125頁参照）一三点は、ゴホウラ（護宝螺）と呼ばれる巻貝を青銅器化した、鉤《かぎ》状の突起をもった釧である。迷路のような構造をもつ巻貝は、その切断の仕方によって、鉤状の突起が現れる。青銅器化するときには、この突起が大きく強調されることが特徴である。金関丈夫氏によれば、有鉤銅釧や勾玉、星形のスイジガイを模したとされる巴形銅器などの突起（鉤）は、たんなる装飾でなく、魂が身体から離れることを防ぐ呪的な意味があるという。呪的意味合いをもつ有鉤銅釧は、権力の象徴であり、北部九州の弥生首長墓に特徴的な副葬品であった。

日本海側では、福井県鯖江市に有鉤銅釧の出土例があるが、大風呂南一号墓の釧は、突起の先端が尖らない特殊な形態で、長崎県原ノ辻遺跡から出土した有鉤銅釧の系統にあるとみられ（126頁参照）、名古屋市の三王山遺跡の環濠から出土した一点と共通する。倭国争乱期の緊迫した情勢のなかで、丹後と東海との関係性の深まりを示唆するものだ。

ガラス釧や銅釧など豪華な腕輪類に目を奪われがちであるが、有鉤銅釧とともに出土した小さな貝輪の断片こそは注目すべきものであった。この貝輪は銅釧からの銅イオンの影響を受け、たまたま一部が残ったもので、ゴホウラ製と推定されている。

ゴホウラは、奄美諸島以南の砂地の海底に生息する大形巻貝である。水深一〇〜二〇メートルの海底にあって、素潜りでも得ることができたという沖縄諸島は、その重要な産地であった。北部九州へ交易品として送られたゴホウラは、そこで貝輪に加工されたと推定され、北部九州の弥生首長層の装身具あるいは身分を象徴する品として珍重された。

本州以西では、大正七年（一九一八）に、ゴホウラ二〇数個が入った弥生土器が出土した兵庫県神戸市夢野遺跡が東限であったが、ここは歴史的に知られた良港、大輪田泊《とまり》を見下ろす位置にあり、瀬戸内海交易の一大拠点と考えられている。日本海側では、これまで島根県平田市の猪目《いのめ》洞穴に出土例をみるのみであり、大風呂南1号墓の例は新たな東限となった。

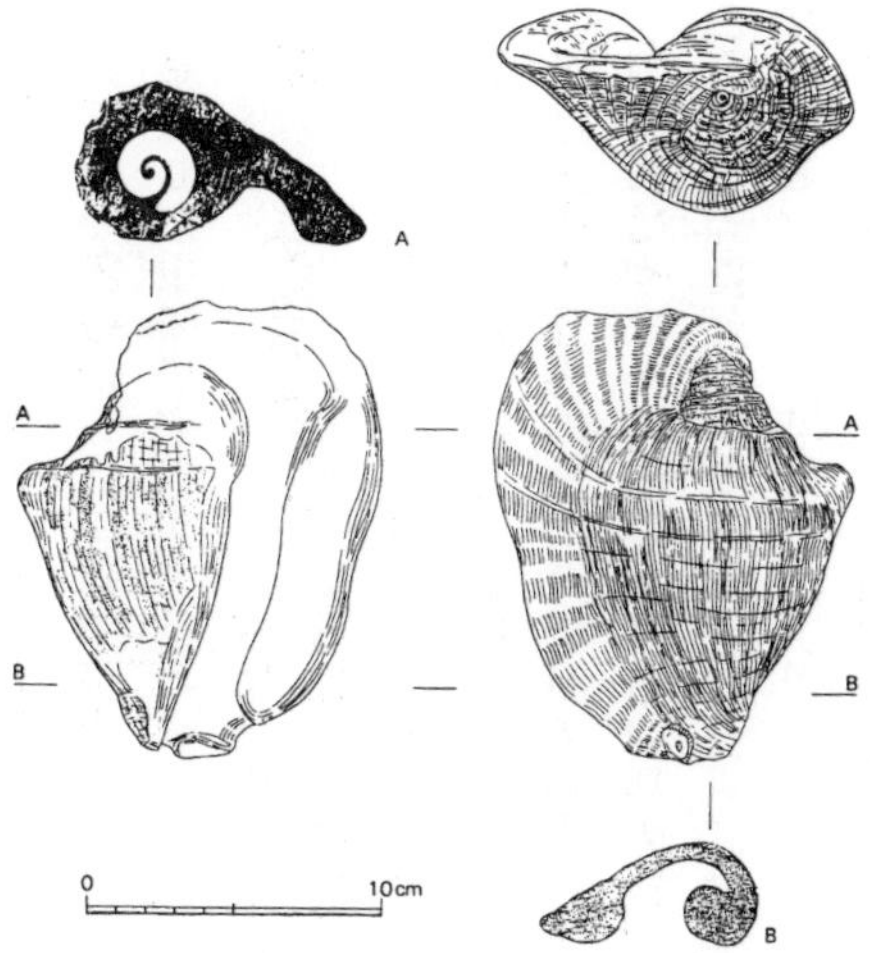

ゴホウラとその横断面（橋口2004）

南海産の貴重なゴホウラの貝輪は、古墳時代の王墓に副葬された腕輪形宝器である鍬形石の祖形になるが、ゴホウラと呪術的な文様の関係を研究した橋口達也氏によれば、弥生時代以来のマジカルな文様として知られる弧帯文やあるいは古墳時代の直弧文でさえも、ゴホウラの水管の渦巻き様の形態がその祖形にあるという[43]。ゴホウラの貝輪は、弥生時代から古墳時代における首長を守る呪的文様としてその精神性が継承されたと考えられる。大風呂南一号墓から出土した三種の腕輪からは、日本海を股にかけ、遠隔地海洋交易を統括することにより、強大な権力を掌握した王の姿が見えてくる。

頭飾りと女性の被葬者

古墳出現の前夜、弥生時代後期末に出現した京丹後市峰山町赤坂今井墳丘墓の出現は、丹後の地域政権の勢力伸長がピークに達したことを示すものであった。その墳丘は約三九×三六メートルの巨大な方形墳であり、墳丘周囲のテラス部分の造成を含めると一辺四八メートル、墳丘造成だけでも二〇〇〇人を超えるとする試算もあるほど弥生墳丘墓のなかで屈指の規模を誇るものである(44)。

中心にはやはり弥生墳丘墓最大級の規模となる、長さ一四メートル×一〇・五メートルの埋葬施設があった。この第一埋葬についてはその輪郭を確認しただけで、現在も未調査のまま保存されている。

第一埋葬の上部では、円礫が敷き詰められ、その上で朱を供献し、土器を細かく割る破砕儀礼が行われており、そのなかには北陸や播磨、東海以東の影響を受けた広い地域との交流のみられる土器が含まれていた。また墳丘上の東辺中央には井戸を思わせるような巨大な柱穴が検出された。

調査を担当した石崎善久氏(45)は、墳丘墓の主である第一埋葬の被葬者が埋葬されたのち、大形木柱樹立の儀礼が行われたと推定している。おそらく旗が付けられ、幡旗《のぼりばた》として威容を誇ったのであろう。

第一埋葬と直交して構築された第四埋葬は、発掘調査が進められ、大きな成果をあげた。この被葬者は王の近親者とみられ、舟形木棺の中からみごとな頭飾り（27頁参照）が出土したのだ。それは、深い緑色の碧玉製管玉と淡い緑色のガラス製勾玉からなる三連の連珠をはちまき状の布に綴じつけ、両サイドに連珠を下に垂らした豪華なものである。また耳元の位置からは、弥生時代には類例がない垂飾の耳飾りが出土したが、こちらも細い碧玉製管玉を何本も連ね、その先端に緑色の小さなガラス勾玉を付けた目を奪うばかりの繊細で煌《きら》びやかな製品であった。

ハチマキ状の布に玉を取り付けるのは、玉類の装着法としては初めて確認された例である。古代の服飾史に精通した武田佐知子氏は、この冠のようにも見える装身具は、日本書紀などにみえる雄略期の「押木玉蔓《おしきのたまかずら》」を想起させるという[46]。蔓は、本来、つる草で編まれるが、やがて布や金属でも作られるようになり、今回の例によってその具体的な形を知ることができるという。

頭飾りは、その素材もまた驚かせるものであった。青色の管玉は、鉛バリウムガラス製であった。その着色には、蛍光X線分析によって、中国の戦国ないし漢代に西方の技術で作られ、秦の始皇帝の兵馬俑の彩色にも用いられた「漢青」という人工顔料が用いられていることが確認された[47]。鉛バリウムガラスを青色に発色させるには、通常コバルトイオンが用いられ、「漢青」によって着色した例は、世界の古代ガラスにもほとんど知られていない。

国内では、千点以上出土した同種の管玉のうち、これまで岡山県有本遺跡と、鳥取県宮内遺跡の弥生後期の墳墓で確認されるのみである。ガラスは、原料そのものが中国からの輸入品と考えられているが、着色料もまた特殊な輸入顔料であったことが判明し、大陸をも含めた遠隔地との

赤坂今井墳丘墓と第４埋葬

交流によって得られたものであることが判明した。

一方、ガラス製勾玉に関しては、これまで北部九州、あるいは朝鮮半島からの搬入品と考えられていたが、東アジアのガラス製品に詳しい小寺智津子氏は、赤坂今井墳丘墓や浅後谷南墳墓などにみるガラス勾玉は、統一された形態をもって出現した定形的な勾玉であり、丹後にのみ集中的に出土することから、この地域における改鋳・製作が想定されるとする。[48]

これらのガラス製品は、その原料は中国系の鉛バリウムガラスで、「楽浪を象徴するガラス」ともよばれる中国でしか得られない、石製管玉が持たない高い付加価値をもつ製品であった。小寺氏は、広域の交易によって急速に勢力を伸ばした大首長層が、新たな威信財として独自のガラス製品を創出し、首長層の紐帯を強化するという側面があったとみている。

さて、では頭飾りをもつ被葬者はどのような立場の人物であろうか。その埋葬施設は、中心埋葬につぐ規模をもち、一部を重ねて、北側に配されていた。王の死後、埋葬されたこの人物は、頭飾りと垂飾の耳飾りを装着していることから、近親者の女性と推定された。

赤坂今井墳丘墓には、裾部に二〇基という従属的な埋葬がある一方、墳頂部には中心埋葬と頭飾りの被葬者のほかに、鉇《やりがんな》が副葬された二基と、周縁部寄りに配された副葬品のない二基の埋葬がある。鉇など鉄器のみを副葬する埋葬は、丹後のこれまでの弥生集団墓の調査例からおおよそ男性と推定される。

とすれば、墳頂部には、首長とその近親者の女性、さらに二人の男性と性別不明の二人が埋葬されているということになる。赤坂今井墳丘墓の時代、弥生時代後期末〜古墳時代初頭には、近畿の首長系譜は男性優位が確立しているとされる。仮にこの説に従って、未調査の中心埋葬が男性首長であるとすれば、頭飾りの女性はその妻と考えたいところだが、かならずしもそうとは言えないようである。

北部九州の甕棺墓や石棺墓の人骨から、遺伝学的な形質である歯冠の計測によって、被葬者の性別判定に成果をあげている九州大学の田中良之氏は、同一の墓に埋葬される被葬者の関係は、夫婦であることは稀で、兄弟や親子であることが多いとしている。北近畿での分析例は少ないが、但馬の豊岡市坪井2号墓の石棺に頭位を交互にして埋葬された三体の人骨は、壮年男性と壮年女性、さらに成年後半以降の男性と鑑定され、とくに壮年男性と壮年女性は兄弟である可能性が高いとされた[49]。赤坂今井墳丘墓よりも時期が下がる前期古墳の分析例だが、赤坂の場合も女性とみられる第4主体部の主は、妻とは限らず、女性の兄弟の可能性もあることになる。

埋葬施設の規模や副葬品を比較すると、周辺に配された二人の男性に比して、頭飾りの女性は高い地位にあることがわかる。卑弥呼の例を出すまでもなく、とくにシャーマン的な働きをする女性は地位が高く、森浩一氏によれば、女性首長と推定される古墳は海洋交易の拠点に多く、航海の安全を司るシャーマン的な働きを求めたためではないかとされる[50]。

女性首長であることが明らかなものは、熊本県の不知火海《しらぬい》を見下ろす位置にある向野田《むこうのだ》古墳や、兵庫県神戸市の大輪田泊を見下ろす位置にある得能山古墳などが知られるが、丹後でも五世紀の帆立貝形古墳に女性を埋葬した大谷古墳の例がある。

赤坂今井墳丘墓の頭飾りは、勾玉の取り付け方法も注目されるもので、鉤状に曲がる尾の部分を強調するかのように縦向きに付けられていた。勾玉の鉤状に曲がった形は、流れてゆく魂が離れないようにするという呪的な意味があるとされ、勾玉の呪力を最も引き出す装着方法と考えられていたのだろう。海洋交易を支配した王の近親者であり、王の配偶者か、それに次ぐ高い地位にあったとみられる女性が、シャーマン的立場の女性であったことを物語る頭飾りと言える。

日本海域の木の文化

日本海沿岸地域では、弥生時代後期に鉄器の出土量が飛躍的に増大するが、これらは中期にみられた鋳造鉄器を起源とする鉄素材や鋳鉄脱炭鋼ではなく、塊錬鉄《かいれんてつ》と呼ばれる別の原料鉄であることが分析で明らかにされている。塊錬鉄とは、「たたら」製鉄などにみられる鉄材で、鉄原料を溶かさずに半溶融のまま還元し、炭素の発生をおさえた強靭な鋼《はがね》である。島根県上野Ⅱ遺跡や鳥取県妻木晩田遺跡から出土した板状の鉄素材は、倭の多くのクニがこぞって求めたという朝鮮半島南部の「弁辰の鉄」に相当するのではないかとする指摘がある。[51] 日本海側では、こうした鉄素材を得て独自の鉄器生産によって鉄製工具類が普及するが、工具の進化は同時に木の加工技術を飛躍的に高め、優れた木工文化を生み出した。

日本海側の弥生後期の遺跡に、特徴ある分布をみせる木製品がある。桶《おけ》形木製品と呼ばれる双耳の把手がつく、刳物《くりもの》と組物の技術によってつくられた木製品である。丹後の資料では、京丹後市大宮町アバタ遺跡の後期中頃の溝から、穂刈り具である木包丁などとともに出土した。

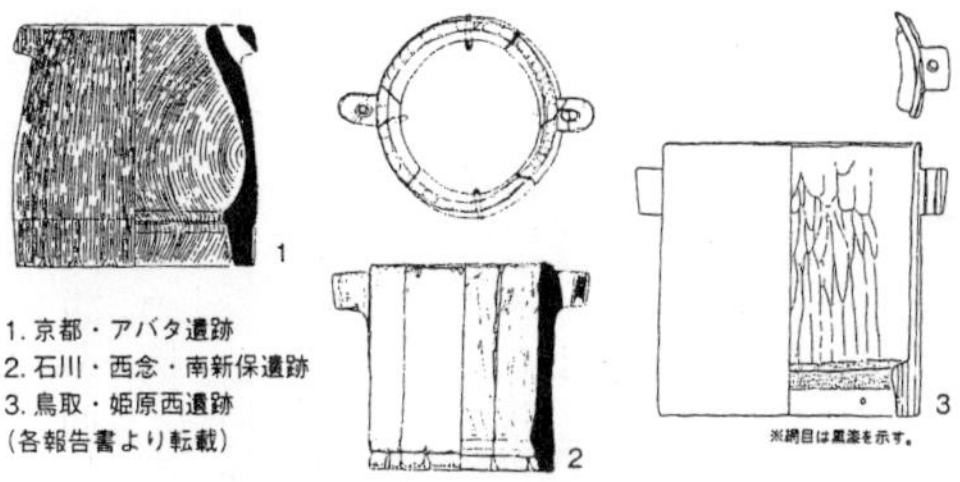

日本海域の桶形木製品（縮尺1/10）

　その形状は、円筒形の桶本体の側面上部に双耳の把手が付くもので、桶内面底部に段をつけ、底板と組み合わせるものである。底部との組み合わせ部の形状には強い共通性がみられ、しばしば黒漆を塗り、水漏れを防止するための処理が施されている。また双耳の把手部には、蓋との結束孔としての機能をもつとみられる縦方向の穿孔がなされている。

　こうした特徴ある刳物が、北陸を分布の中心として日本海沿岸部の遺跡で主に出土し、北陸では石川県金沢市西念《さいねん》・南新保遺跡や富山県惣領《そうりょう》野際《のぎわ》遺跡、山陰でも鳥取県青谷上寺地遺跡など二〇例あまりが出土している。北陸との関係性がうかがえる木製品であり、筆者は後期前半期に山陰や丹後の鉄製品やガラス製品との交換材の一つとして北陸の優れた木製品があり、後期を通じて技術伝播しているのではないかとみている。

刳物としての桶を作成する技法は、さらに大形品の製作にも応用され、北陸では大形の桶の底板を抜いた材を井戸枠として転用したものが多くの遺跡で出土し、北陸の地域的特色となっている。この桶転用井戸の西限は丹後で、古墳時代初頭の峰山町古殿遺跡から出土している。近年、北陸の後期後葉の法仏式土器が丹後・経ヶ岬沖で出土し、本書でも紹介されているが(118頁参照)、木製品からみても単にモノの移動に留まらず、生活遺構におよぶ深い交流が認められる。

日本海沿岸地域の弥生時代後期〜古墳時代初頭の木製品には秀麗な製品が多く、目を見張るものがある。金沢市西念・南新保遺跡では、ロクロ使用が指摘される花弁形の杯部をもつ高杯が出土したが、大規模集落を中心にすでに五例以上の類例を数えているという[52]。西念・南新保遺跡の高杯と酷似するものは鳥取県青谷上寺地遺跡でも確認され、また島根県姫原西遺跡からは、首長層が保有したとされる扇の軸部になる団扇形木製品が出土している。

丹後でも、前述した古殿遺跡から注目すべき木製品が出土した。一九八二年の調査で出土した案とよばれる木製の机(140頁参照)は、天板と脚部をホゾ穴結合により組み合わせたものである。

同時期の奈良県布留遺跡出土例などと異なり、天板の縁には反りをもたせ、脚は中央を細くして全体的に曲線的に仕上げ、さらに脚の下端に蹄《ひづめ》の表現を施した秀麗なつくりである。その形態は、中国や朝鮮半島西北部にみる漢代の墓から出土する案の型式を踏襲しており、なかでも楽浪漢墓の彩篋《さいきょう》塚から出土したものに類似することが指摘されている[53]。

木製の案は、国内では北部九州に分布が集中し、弥生時代後期末～古墳時代初頭の福岡市博多区雀居《ささい》遺跡と同博多区の下月隈C遺跡と合わせて、脚だけで三〇点以上が出土している。森浩一氏が古殿遺跡の案を文机として、大陸的な文字文化を象徴する木製品とされるように、この地域はすでに漢字文化圏に組み込まれていたとする指摘さえある。

日本海域の弥生後期から古墳時代初頭の木製品には、大陸との関係をうかがえる資料が多くみられる。島根県姫原西遺跡ではじめて出土した木製の射撃具である弩《ど》（おおゆみとも訓じる）は、漢代の画像石にみる弩そのものである。また、鳥取県青谷上寺地遺跡からは、把手部に傘状の突起がつく一見珍妙な椀などの木製食器類が出土し、この意匠が朝鮮半島の平壌貞柏里一三五号墓から出土している漆器に類例のあることが明らかにされている[54]。

古殿遺跡の案をはじめ、日本海沿岸部の弥生時代後期から古墳時代初頭における多様な木製品は、大陸との文化交流が朝鮮半島南部など一部の地域に限らず、広い地域との接点をもっていることを再認識させる資料である。

志高遺跡の弥生の港

二〇〇四年、台風23号の影響で由良川が増水し、バスが取り残されるという大きな被害が出たが、記憶に新しいあの場所が志高遺跡の立地するところである。志高遺跡は、由良川が舞鶴湾にそそぐ河口から約一〇キロ遡上した山間部にあり、由良川の自然堤防上に築かれた大規模な集落遺跡である。

志高は、古代の『和名抄』の志託《したか》郷にあたり、高山寺本の訓には「之多加《したか》」とされ、丹後風土記残欠の志託郷に関する地名説話では「荒蕉」（読み不明）とされる。由良川の流れが大きく屈曲する地点で、肥沃な沖積地が形成される一方、氾濫原でもあり洪水でよく荒れたという意味ではないかとする説もある。

由良川は福知山盆地を流れる中流域では、川幅も広く緩やかな流れだが、下流域はいわゆる谷底平野で、狭長な山裾を流れる。

由良川の河川改修にともなって行われた一九八六年の志高遺跡の調査では、縄文時代前期から鎌倉時代にいたるまでの各時代の遺構や遺物が分厚い洪水砂の堆積層の下から発掘された。この時、とくに注目されたのは三基の長方形の墳丘をもつ弥生時代中期末の方形貼石墓の発見であり、高さ二メートルにおよぶみごとな墳丘の貼石が検出され、貼石墓が丹後から北丹波まで広がる北近畿に特徴的な墓制であることが知られるようになった。調査後も弥生時代の遺構としては貼石墓に注目が集まったが、調査から二〇年を経て、志高遺跡をこれまでと全く異なる視点で再評価する興味深い論考が出されている。

「志高の舟戸」と題された田代弘氏の論考は、調査で約五〇メートルにわたって検出された堤

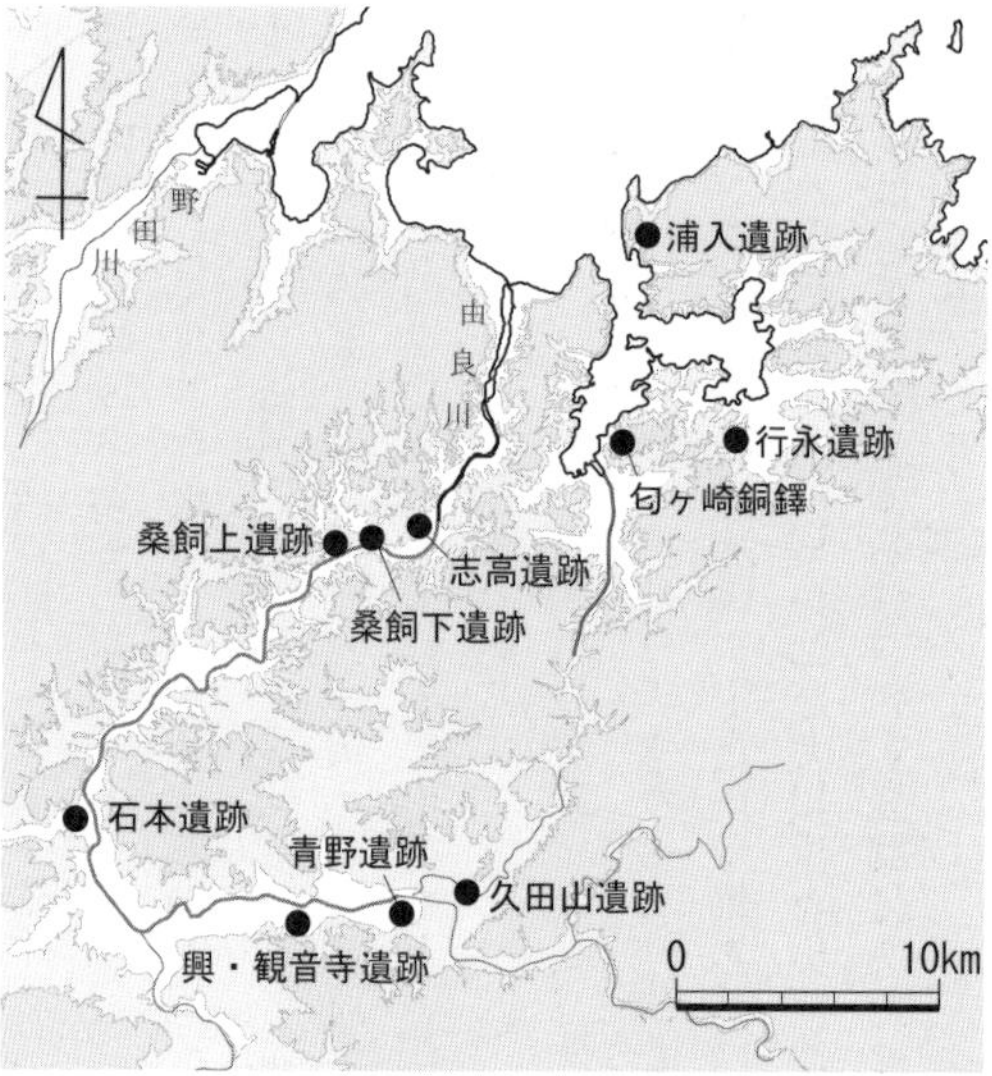

由良川流域の弥生遺跡

防状の遺構を弥生時代の船着場とし、志高遺跡を交易の拠点として再評価するものである。[55] 舟戸は志高遺跡周辺の小字名であるが、森浩一氏は調査が進められていた時期からこの地名に注目し、「古代の良港は河口よりも、少し上流に上がったところに形成される場合が多く、不明遺構としている石積遺構は、船着き場として護岸したものでないのか」と現地を見学されて指摘されたという。

石積遺構は時期の判定が難しく、報告書では貼石墓の可能性があるとされる。しかしながら、森氏に同行していた田代氏はその指摘を課題とし、その後、長崎県で最古の港湾として報道された原ノ辻遺跡（弥生時代中期初頭～後期）や、岡山県倉敷市上東遺跡で後期前半の港湾施設とされる遺構が検出されるにおよんで、性格不明とされた大規模な堤防状遺構に再評価を加えたのである。

田代氏は発掘調査を再検証し、Ｔ字形の形状をなす石積遺構ＳＸ８６２３１の周囲に窪地があり、貼石墓にＳＸ８６２３１の構築による二次的な改変が加えられているとし、

志高遺跡の石積遺溝
（後方に方形貼石墓が三墓ある）

これらは船着場（堤防状遺構）の基部造成による浚渫《しゅんせつ》工事にともなうものとする。中期末に貼石墓が造成されてのち、これら先行遺構を一部削平・改変しながら堰堤状の盛土を構築し貼石護岸や集石を行ったもので、土木建築用語のいわゆる「捨石工法」による造成としている。

また、舟戸とする地名についても考察を加え、寛文九年（一六六九）に田辺藩の記録として書かれた「村々道法之覚」では、海岸の船着場を「舟着《ふなつき》」とし、由良川岸の船着場を「舟戸《ふなど》」と呼び分けていたとし、志高遺跡の小字名「舟戸」がまさに近世田辺藩の交易の中心となる由良川の船着場であったとしている。

弥生時代にここに入港した船とはどのようなものであったのだろうか。

日本海側では、鳥取県青谷上寺地遺跡から、装飾した船首をもつ大形の船に小形の船が従って船団を組み航行する姿を線刻した弥生中期の板材が出土し、また丸木舟に舷側板などをつけて外洋に出ることを可能にした準構造船の資料も、静岡県浜松市角江遺跡で中期後半の板材がみつかった。

二〇〇四年には滋賀県守山市赤野井浜遺跡で前期後半〜中期初頭の川跡から舳先《へさき》の部分が出土しており、弥生時代の早い段階から準構造船が存在したことが明らかである。志高遺跡のT字の堤防状石積遺構の形状は舟のドッグとして都合よく、規模からすると準構造船数隻が入港することも可能だという。

志高遺跡は府内有数の縄文遺跡でもあり、近接するやや下流の桑飼下遺跡や桑飼上遺跡を含めると北近畿最大規模の縄文時代の遺跡群である。全長七・二メートルの見事な丸木舟が出土した舞鶴市浦入《うらにゅう》遺跡もその河口からほど近い岬にあり、この一帯が縄文時代から内陸部と海浜部を結ぶ交易の拠点となっていたことがうかがえる。浦入遺跡は、北陸・加賀を中心とした弥生時代中期後半の標識土器である小松式土器が近畿地方で唯一出土しているが、これは小松式の分布の西限とされているもので北陸との交流が注目される遺跡である[56]。

一方、舞鶴市行方《ゆきなが》遺跡では西方地域の影響もあり、中期後葉の竪穴式住居群のなかに、円形住居の中央部の土坑を挟んで二本の柱を立てることを特色とする「松菊里類型」とされる住居が検出された。忠清南道の松菊里遺跡の住居形態から命名された「松菊里型」住居の列島内への波及型式である[57]。

弥生早期に福岡県江辻遺跡などの北部九州沿岸部に、渡来第一波の波とともにもたらされたこの住居は、中期には瀬戸内から大阪湾岸へ広く波及していることがわかっており、加古川—由良川ルートから北近畿へと伝えられたとみられる。こうしたことから、由良川下流域とその河口部は、瀬戸内沿岸部や近畿南部地域と日本海地域の双方の文物と情報が行き交う重要な交易路の結節点であったということができるだろう。

調査が終了してから、調査対象外となっていた地点で南海産のキイロタカラガイを多量に詰めたとみられる弥生中期後半の双耳壺が不時発見された。この壺の製作地域については、凹線文をもつ口縁部とやや伸びあがる頸部を特色としていることから、東部瀬戸内地域を中心に丹波を含む加古川流域までの範囲で理解できるものだが、筆者はとくに播磨あるいはその周辺地域から運ばれてきたものではないかと考えている。

瀬戸内東部には、ゴホウラ三〇数個が入った弥生土器が出土した神戸市夢野遺跡がある。播磨から摂津周辺は、歴史的にみても瀬戸内海交易の一大拠点であり、南海産の貝製品が遠隔地交易によってもたらされる地域だ。志高の双耳壺は、おそらく加古川を遡上して搬入されたものであろう。由良川下流域から河口部は、瀬戸内沿岸部やさらに西方の東南海の文化と、日本海沿岸部や北陸・中部高地さえ含めた北国の文化、あるいは北近江を介した太平洋側の東海を含め、さまざまな地域の文化が出会う交易拠点であり、各時代に良好な港が築かれたのであろう。

観音寺遺跡と蝉《せみ》形土製品

由良川中流域の自然堤防上には、弥生時代中期の大規模な集落が形成される。福知山市興遺跡と同観音寺遺跡は、興・観音寺遺跡群として一体の拠点的な集落と考えられる、北丹波最大の中期の環濠集落である。

観音寺遺跡からは、二〇〇三年の調査で、弥生時代中期後半の竪穴式住居跡から興味深い土製品が出土した。蝉形土製品とされる、長さ六センチ、幅約三センチの小さな土製品である。楕円形の緩やかな丸みをもつ外面には、二つの眼の表現と矢羽状の線刻が施される。

羽を模したような矢羽根状の線刻とともに、その丸みをもった背と、大きさがちょうど蝉のようなので蝉形と呼ばれている。蝉の表現とすれば、銅鐸絵画や線刻画も含め、弥生時代には他に例がないものである。

果たして蝉を模したものなのかどうか。筆者は、矢羽根の表現に直行して幾重にも沈線が入り、さらに細かい刻みが施されていることから、蝉の羽ではなく、鱗《うろこ》を表現しているのではないかとみている。鱗であれば、蛇あるいは龍を模したものになる。

龍は空想上の動物で、漢代には死者を仙界へ導く霊獣、画像鏡の世界では仙人の乗り物であり、後述する朱との関係は不老長寿の仙薬という視点で興味深いのだが、残念ながら、これまで中期の絵画表現に確実に龍と言えるものはない。

観音寺遺跡出土の土製品（右：蝉形、左中央奥：銅鐸形）

蛇は縄文時代にはその精神文化のなかに畏敬の対象として根づいているが、銅鐸絵画には表現された確実な例はなく、弥生時代後期以降、龍とともにいわゆる龍蛇信仰となって現れてくる。蛇を表現したものとすれば、弥生時代中期のきわめて稀な資料となる。

この蝉形土製品が出土した住居跡は、規模径約七・六メートルを測る円形住居で、中央土坑周辺に径四メートルもの排水溝を備えた特殊な住居である。銅鐸形土製品が共に出土したことから、こうした土製品を用いた祭祀的な儀礼が行われていた可能性が高い。

蝉形土製品や銅鐸形土製品は、考古展示の速報展で列島を巡回し、全国的にも注目されたが、観音寺遺跡からはそれ以上に注意されるべき遺物が出土した。内面に朱が溜まった痕跡が明瞭に観察される土器である。蝉形土製品が出土した住居から一五メートルほど離れた土坑から出土したものである。

この土器は、水銀朱の研究を精力的に行っている岡山真知子氏らが「把手付広口皿」と呼ぶ土器に類似し(58)、朱の精製容器であると考えられる。把手部こそ見られないが、壺や甕の成形技法に従って体部を成形したのち、体部を半裁するように斜めに鋭利にカットしている点は同じで、片口を作り出した特異な形態の土器である。

岡山氏によれば、こうした朱の精製具となる土器が出土している遺跡は、多くが弥生時代中期末〜後期初頭の限られた時期に位置づけられ、分布の中心は大阪湾周辺にあるとされる。集落出土資料では奈良県唐古・鍵遺跡などがあり、墳墓では大阪市加美遺跡Y1号墓や兵庫県田能遺跡などの大共同体の首長墓とされるような大規模な墳墓で出土し、供給はきわめて限られたものだったようだ。

日本海側では、弥生中期における朱の使用は、出雲荒神谷遺跡の中細形銅剣や加茂岩倉遺跡の銅鐸に塗布された朱のほか、北陸の小松市八日市地方《じかた》遺跡の魚形木製品に塗布された朱などの例があるが、墳墓では島根県松江市の友田2号墓や、北近畿最大の大形貼石墓である日吉ヶ丘遺跡で確認されているにすぎない。朱を出土する弥生時代中期の遺跡は、集落・墳墓出土例ともにやはり各地方で傑出した規模の遺跡であることは疑いない。

観音寺遺跡は、瀬戸内側と日本海側の東西交通の要衝にあり、日本海沿岸地域と、四国東部の水銀鉱山を擁する瀬戸内東部地域とのネットワークを結ぶ上で重要な役割を果たしていたことを示している。

中国古代には不老長寿の仙薬とされた朱。観音寺から出土した土製品が蝉形であるのなら、地中で成長し、地上へ出てくる蝉は再生の象徴であり、朱の信仰と結びつき興味深い。また鱗をもつ蛇であるとしても、脱皮を繰り返す蛇は、やはり再生を象徴する動物である。いずれにしても再生観念と朱の信仰とのつながりを予感させる興味深い資料と言える。

観音寺遺跡は、由良川流域の弥生後期集落の実態が不明ななかで、数少ない後期後葉の集落でもある。近畿北部はこの時期、丹後を核とした土器様式が広く波及する。丹後・但馬・若狭・北丹波・西丹波では、筆者が「西谷式」と呼ぶ、長脚の高杯を特色とする丹後系土器の様式圏を形成する[59]。そのなかにあって、由良川流域は丹後とは異なり、山陰系や北陸系土器も散見されるのが特徴である。

こうした資料の一つとして観音寺遺跡から出土した、脚部に細長い方形の特徴的な透かし穴をもつ高杯がある。方形縦長の透かし穴は、因幡や伯耆など山陰地方の土器や木製品の高杯、器台の特色であり、この土器はそうした地域の影響を受けているとみられる。在地の土で作られていることから、実際に人の移動をともなうものであったことが明らかである。

また、北丹波では、綾部市青野西遺跡で山陰・北陸地方に特徴的な渦文のスタンプ文様をもつ台付装飾壺が出土しているほか、さらに福知山市の岡ノ遺跡では、細片ながら吉備系甕の口縁部が出土しており、丹後・但馬・北丹波を含めた唯一の出土例となっている。由良川流域は、瀬戸内側と日本海側を結ぶ地域として後期にいたっても活発な東西交流が行われ、さまざまな地域の人々が行き交う交易拠点となっていたことを土器の交流からもみることができる。

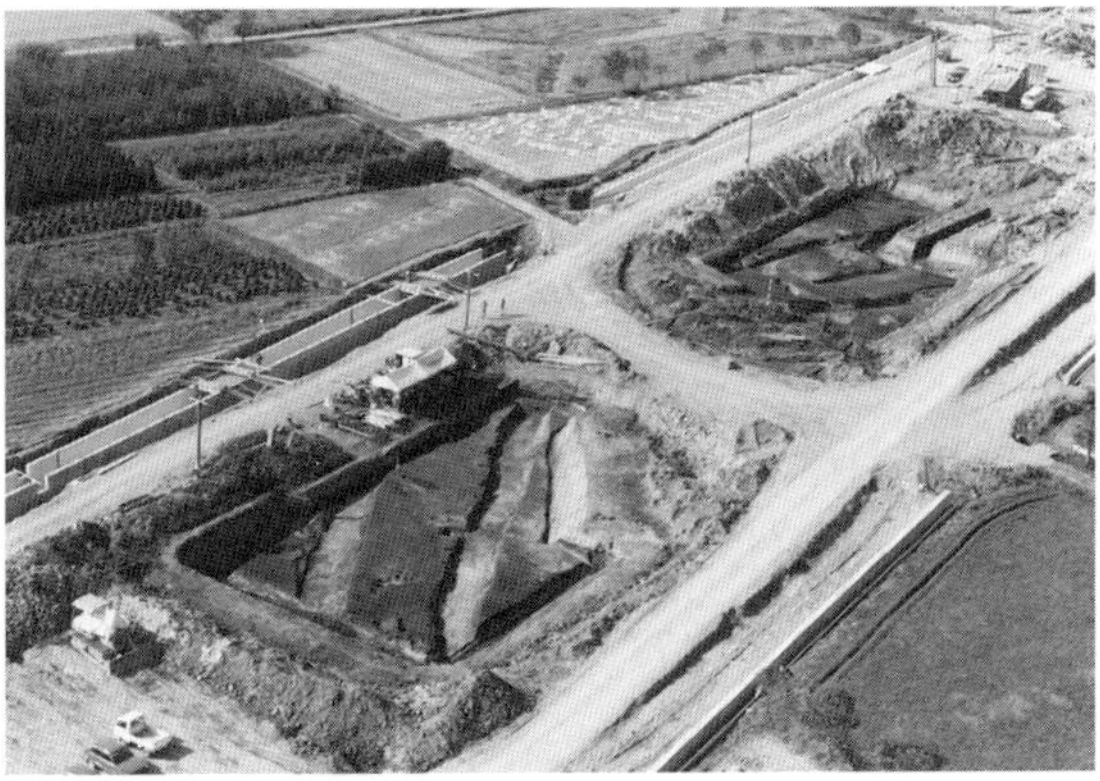

太田遺跡の環濠

弥生文化受容期の南丹波

南丹波の弥生前期の遺跡は、大堰《おおい》川西岸では、行者山東麓に前期〜中期前葉の環濠集落とみられる太田遺跡（亀岡市稗田野町）が立地する。また、大堰川の東岸では、南東部の亀岡市千歳町蔵垣内《くらがいち》遺跡や保津町大淵遺跡で前期の竪穴式住居が散発的に見つかっているほか、北東部の馬路町池尻遺跡で、中期初頭の方形周溝墓群が発見されている。

馬路遺跡の周溝墓は四隅を掘り残して陸橋部を設けるタイプで、近畿地方でも最古段階の方形周溝墓の特徴をよく示すものである。居住域は確認されていないが前期の遺構も一部にあり、太田遺跡と同時期の規模の大きな集落が大堰川東岸にもあるとみられる。

太田遺跡で発見された環濠とみられる溝は、幅二〜四メートルの規模をもつ段面V字形の溝であり、二条ないし三条の溝が約四〇メートル以上にわたって孤を描くように検出されたものである。その形状の復原から環濠の規模が試算され、集落の規模はおおよそ直径約一六〇メートルを測る大規模なものと推定されている。

居住域は確認されていないが、環濠の内外から土坑四六基が検出され、これらは舟形の形状を示すものが多く、埋葬施設の可能性が高いと考えられている。出土した土器には、近江・摂津・大和などの各地のものが含まれるが、なかでもとくに注意されるのは朝鮮系無文土器の系統を引く土器の出土である。

無文土器とは、朝鮮半島南部の青銅器〜初期鉄器時代に盛行する体部外面の装飾要素が少ない土器であるが、弥生時代前期にはこれらの搬入品や、あるいは製作技術をもった人々が渡来して作った朝鮮系無文土器が北部九州を中心に出土している。日本で出土しているものは、無文土器のなかでも後期の「粘土帯土器」とされる口縁端部に粘土紐を貼りつける甕が主体である。太田遺跡では、こうした朝鮮系無文土器の技術的な影響を受けたとみられる土器が出土している[60]。

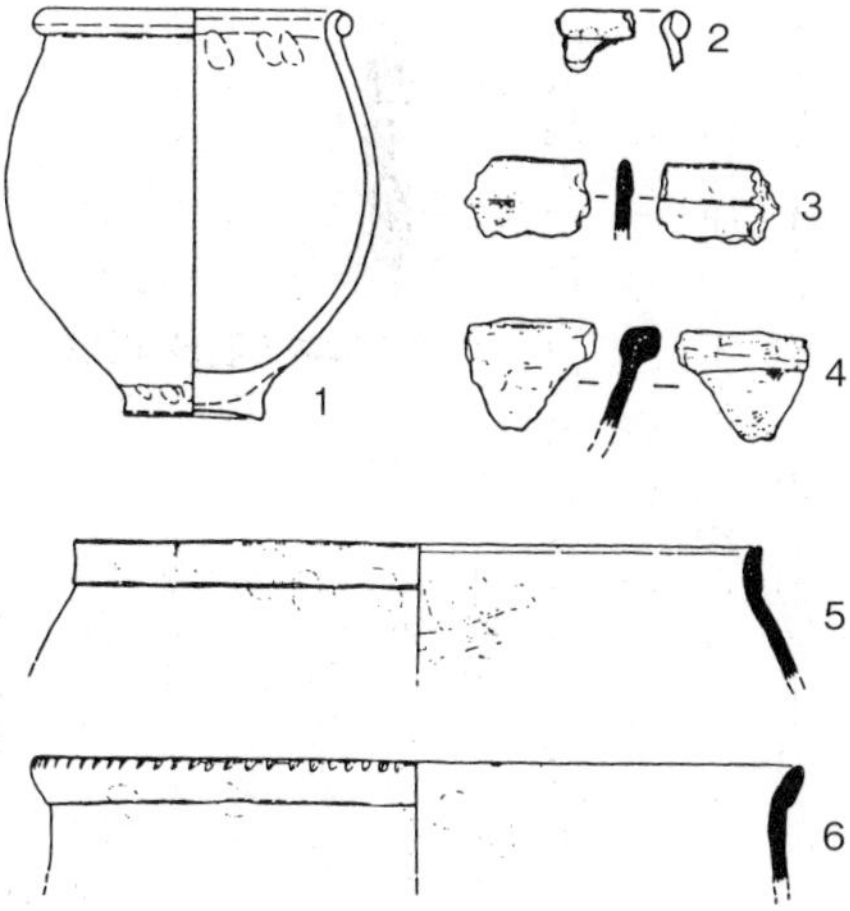

朝鮮半島の無文土器と太田遺跡の無文系土器
1．忠清南道大田市槐亭洞遺跡
2〜6．亀岡市太田遺跡（縮尺1/6）
（2は秋山2000から引用）

これらの土器の特徴は、玉縁状の口縁をなすことだが、近畿地方で出土しているこのタイプの土器は、縄文系の突帯文土器や瀬戸内系の逆L字形の口縁部をもつものと混同されているものが多いようである。太田遺跡の出土資料は、土器の体部上端を薄く納め、器壁を口縁部に巻き込むものであ

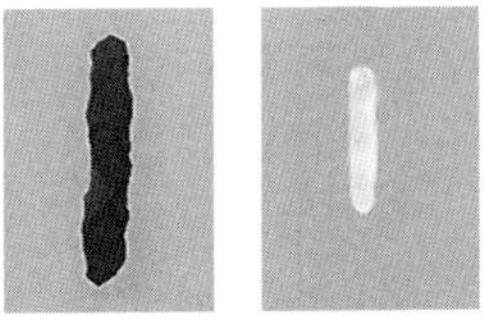

余部遺跡の石製穿孔具
（右：メノウ、左：サヌカイト、右長さ0.9cm）

り、秋山浩三氏らが、近畿地方でも最もオリジナルに近いとされる資料である。[61] 丹波地域に初期の弥生集落が定着する段階に、内陸部にまで北部九州を介して伝えられた半島系土器の影響がみられる点は注目されるところである。

　中期前葉の集落は、集落域が各所に分散・拡大する傾向をみせ、盆地中央でも中期初頭前後から中期後葉まで継続する遺跡として亀岡市余《あまる》部《べ》遺跡が出現する。余部遺跡の集落形成の最初期に構築された住居は、近畿地方で最古段階の玉作り工房であることが判明し、弥生時代の初期の玉生産を考える上で欠くことのできない資料となった。

　この住居の中央土坑からは、玉を穿孔する際の工具であるメノウ製打製石針や剥片類が多量に出土し、床面からは碧玉製管玉未製品のほかに、サヌカイト製打製石錐《せきすい》や玉材を分割するための紅簾片岩《こうれんへんがん》製石鋸や玉砥石など、数多くの玉作り関連遺物が出土した。

　管玉の製作技法は、玉材を効率よく小形化・成形する施溝分割の跡を残し、大枠では近畿地方に広くみられるいわゆる大中の湖技法の系統に属するが、玉材の安定的な供給が困難であったとみられ、規格化した玉製品の生産に不向きな玉材も用い、荒い研磨技法を多用して、限られた玉材を余すところなく用いた独特なものであったことがわかる。

　住居内から出土した工具のうち、穿孔具として石針に用いられたメノウは近畿北部に、石錐に用いられたサヌカイトは奈良・二上山に、また紅簾片岩は紀伊半島にそれぞれ産地があり、いずれも搬入石材を用いたとみられる。また碧玉製の玉材も、藁科哲夫氏による蛍光X線分析およびＥＳＲ分析では、兵庫県北部の碧玉の露頭として知られる日高町玉谷産とされ、これ以降の近畿各地の玉材が北陸産玉材を主に使用するのと趣を異にしている。太田遺跡の朝鮮半島系土器の出土とともに、余部遺跡にみる玉作りは遠隔地との交流によって工具や玉材を獲得したものであり、南丹波における弥生文化受容期の地域間交流の実態を知るうえで貴重な資料となっている。

弥生中期の大規模集落

弥生時代中期には、亀岡盆地北部や北東部を中心に大規模な集落が展開する。盆地北部の南丹市八木町に所在する池上遺跡は、中期後半に大きく展開する南丹波最大規模の弥生集落である。

これまでの調査で、多数の方形周溝墓群からなる墓域と居住域の一部が確認されている。方形周溝墓が分布するエリアの南端では集落を区画するとみられる溝の一部が検出されており、環濠集落となる可能性が高い遺跡である。

南丹波は、地質的には丹波帯に属し、丹波層群中に良質の粘板岩を産出する。池上遺跡の周辺にも筏森《いかだもり》山や諸木《もろき》山の丘陵部には各所に粘板岩の露頭があり、大堰川の河川敷では粘板岩の転石を採取できる。池上遺跡では、地元で得られる粘板岩を用いた石器製作が盛んに行われ、石包丁・石錐・石斧・紡錘車のほか、石鏃や、磨製石斧、石剣、さらには石戈まで、多様な粘板岩製の工具や武器類を製作していることが、調査担当者の中川和哉氏によって明らかにされている。

また、こうした在地石材を用いた石器製作だけでなく、遠隔地の石材を用いた玉生産が行われたことも注目されるところである。中期中葉頃の竪穴式住居跡の一部からは、碧玉製管玉未製品

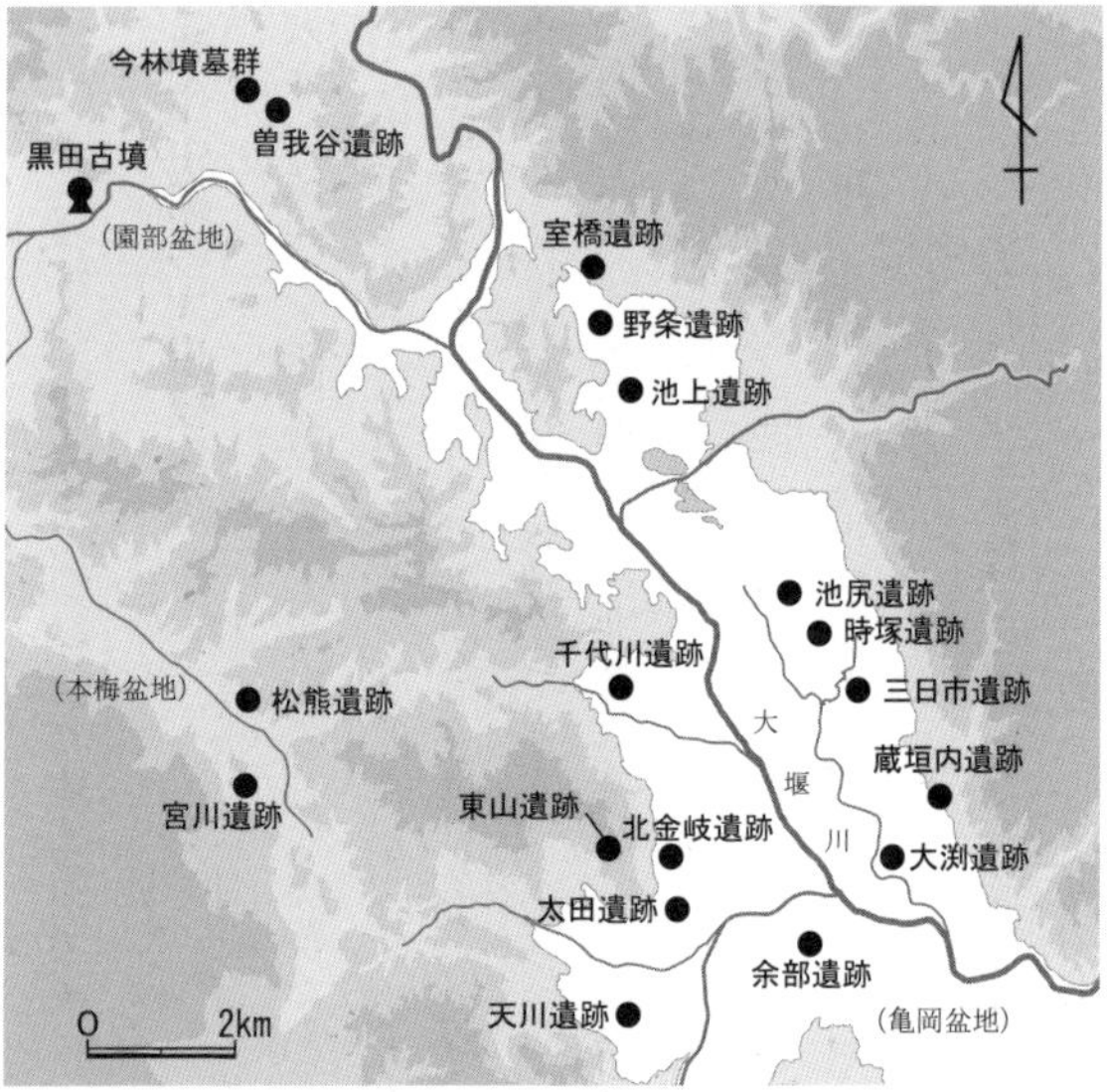

南丹波の主な弥生遺跡

のほか施溝分割によって角柱状に整えられた碧玉石核や、中期初頭の余部遺跡の玉作りでは見られなかったサヌカイト製の磨製石針が出土している。

サヌカイト製磨製石針を用いた管玉穿孔技術は、山城の中期前葉〜中葉の久御山《くみやま》町市田斉当坊遺跡の出土例が近畿地方でもっとも古い事例であり、こうした地域から波及する新たな技術によって、碧玉製管玉製作が行われたと考えられる。碧玉の角柱状の石核には、一辺約五センチ四方の大形の石材が含まれ、前述した余部遺跡が近畿北部産の限られた玉材に依存していたのと異なり、北陸などから安定的に良質の碧玉材を得ていたと推定される。

池上遺跡の出土土器には、河内からの搬入土器や、摂津・播磨系の土器、あるいは円窓付土器と呼ばれる、土器の体部中央に拳《こぶし》大の円孔を開けた東海地方の影響がみられる土器が出土しており、東西遠隔地との交流がみられる。粘板岩の石材産地として粘板岩製石器を多量に生産し、交易における交換財としてそのルートを遠隔地にも拡大し、集落規模を大きく発展させたとみられる。

池上遺跡の、約一キロメートル北には室橋遺跡が立地するが、二〇〇九年、筆者が担当した調査で弥生時代の興味深い遺構を検出した。その遺構は、幅約四～五メートル、深さ約二・五メートルの規模をもつ大規模な溝で、部分的な調査ではあるが、約三〇メートル以上にわたって確認したものである。この溝からは遺物がほとんど出土せず、弥生後期後葉～末の土器数片が出土したのみであるため、溝最下層の炭化物を採取して加速器による放射性炭素年代分析を実施した。

その結果、二カ年にわたって検出したサンプルの年代測定からは、いずれも弥生中期の年代が得られている。放射性炭素年代による年代はサンプル採取の在り方などで誤差を招く可能性も否定できず、あくまで今後の参考とすべき資料ではあるが、いずれにせよ弥生時代の遺構としてはきわめて規模が大きく注目されるものである。溝の埋土には、多量の砂礫が含まれ、滞水を常とする集落の区画溝でないことは明らかであった。

室橋遺跡の大溝

室橋遺跡や池上遺跡が分布する亀岡盆地北端の地域は、地形的にはその北部で大堰川の本流が大きく西へ流れを変えるため、本流から大きく離れ、古来、用水の確保に苦慮してきた地域である。検出された大溝は、北西方向にまっすぐに掘削されており、その先には大堰川から現在もこの地域に水が引かれている取水堰があることから、この溝は大堰川本流に向けて掘削された灌漑用水路の可能性がある。

溝の特色は、底部の幅が大きく、断面の立ち上がりが六〇度～七〇度と大きい点であり、掘削幅と深度が深いだけに、丸木舟などであれば、運行することが十分に可能であっただろう。この水路がどこまで掘削されているのか問題となるところだが、これまでのところ、後期の大規模な集落はまだ確認されておらず、放射性炭素年代分析のとおり、中期であるとすれば、盆地内でも最大規模の弥生集落である池上遺跡との関係を想定に入れ、検討される必要がある。弥生時代の灌漑用水路としては近畿地方で最大級のものであり、こうした大規模な土木工事を可能にした地域集団の実態の解明が待たれるところである。

竪穴式住居の系譜

近畿地方の弥生時代の竪穴式住居の平面形は、中期には基本的に円形住居が営まれ、後期以降、方形住居へ徐々に移行するという過程をとる。南丹波のなかで弥生中期の住居構造がわかる資料はきわめて限られているが、亀岡市余部遺跡は数少ない中期後半の住居形態の変遷を知ることのできる資料である。

余部遺跡では、前述した中期初頭の竪穴式住居のほかに中期後半の一二基の竪穴式住居が検出された。これらの住居の平面形には特色があり、中期後葉に平面プランが円形から隅丸方形へと大きく変化し、中期後葉に方形住居が優勢となることが明らかにされている。中期の方形住居は、伊勢湾沿岸部などの東海や関東など、縄文系文化の伝統が色濃く残る東日本に多く、京都府内でも二〇〇九年に京田辺市南山遺跡で中期後半の方形竪穴式住居群が調査され、伊勢湾西岸地域との関係が喚起されたところである。

一方、近畿地方西部の弥生集落でも、播磨の姫路市六角遺跡では隅丸方形の住居が中期後葉に限って検出され、摂津の加茂遺跡でも一定の割合を占めることから、系統的な検討が必要な住居形態といえる。亀岡盆地の中期後半の土器様相は、瀬戸内系土器の影響が強まることを考えると、こうした地域との関係も視野に入れる必要があろう。

方形住居に関しては、後述するように、山城の長岡京市神足《こうたり》遺跡で小形の方形住居と粘板岩製の石器製作との関係が指摘されており、南丹波が良質な粘板岩産地であることを考えると、両者の交流を背景にしたものとみることもできよう。

近年、亀岡盆地のなかでも北東部を中心に圃《ほ》場整備事業をはじめとした開発が相次いで行われ、池上遺跡から約二〜三キロ南西に亀岡市馬路町池尻遺跡や時塚遺跡、千歳町車塚遺跡などで、弥生中期後半を中心とする集落の存在がつぎつぎと明らかになった。

これらのなかでもとくに時塚遺跡では、弥生中期中葉〜後葉の方形周溝墓の検出が四六基にのぼり、竪穴式住居群の一部も検出された。しかしながら、住居群の床面は大きく削平され、住居構造には不明な点が多い。この時期の住居構造を知る上で注目される遺跡は、時塚遺跡から約一キロメートル北に位置する亀岡市旭町里遺跡がある。里遺跡では、特殊な形態の中央土坑をもつ住居が発見されている。

一般に、竪穴式住居の床面で検出される中央土坑の機能は、被熱の痕跡や炭化物や灰層をともなう例がしばしばあることから、炉としての機能をもつと考えられている。里遺跡の弥生時代中期後葉の竪穴式住居跡から検出した中央土坑は、その周辺の床面を削り出すことによって土坑よりも一回り大きな円堤状の周縁帯をつくり出した、特殊な形態の炉であることがわかった。内部に灰を溜め、保温や調理に適した炉として、都出比呂志氏がかつて「灰穴炉」とも呼ばれたものである。

こうした炉に周縁帯（炉堤）をもつ土坑を付設する住居の例は、弥生前期から古墳前期まで瀬戸内を中心に西日本一帯にみられるが、その初現は弥生前期の吉備にあり、約二百例以上確認される類例のなかでも、その約半数が吉備に分布する。

弥生前期は吉備に分布が限られているが、中期後半には播磨へ波及し、この地域を介してさらに近畿地方周縁部に伝えられる[62]。亀岡市里遺跡の例は、兵庫県丹波市春日七日市遺跡や和歌山県宇田森遺跡・奥山田遺跡などとともに中期後葉頃のもっとも早い時期のものであり、中期における東部瀬戸内地域との人の移動をともなう交流をみることのできる資料である。

中央土坑に周縁帯をもつ住居は、後期になると南丹波で二例が確認されるほか、加古川から由良川流域に入るルート上に綾部市青野西遺跡や同長砂東《ながさこひがし》遺跡、舞鶴市桑飼上遺跡など近畿北部で数例があり、南部では大阪湾沿岸部のほか、山城の久御山町佐山遺跡、京都市和泉式部町遺跡、同左京一条三坊跡、同西京極遺跡、同中臣遺跡などでも確認され、山城は瀬戸内東部について濃密に分布する地域となっている。

南丹波の二例は、山城を介して波及するとみられるもので、後期後葉〜末の南丹市野条遺跡や亀岡市千代川遺跡をあげることができるが、これらはそのなかでもとくに注目される構造をもつ。その構造とは、中央土坑の周縁帯がさらに住居の壁側に拡張して、「ハ」の字状に住居壁体に取りつき、壁体側にもう一基の土坑を配して、二基の土坑を連結するというものである。

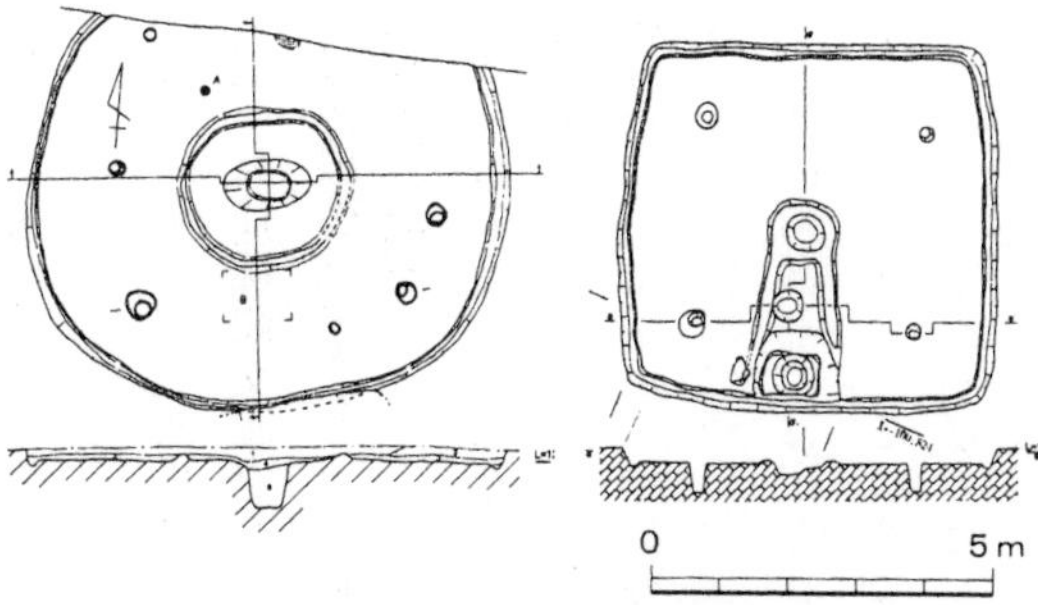

炉に周縁帯（炉堤）をもつ住居
（右：八木町野条遺跡、左：亀岡市里遺跡）

前述した京都市中臣遺跡や同左京一条三坊跡の炉はこれと同じ形態をもつものである。筆者はかつてこうした炉をもつ住居の性格について、床面のなかで炉床が占める割合が高くなり一般的な居住に不向きであること、さらに野条遺跡などでは床面から鉄鏃などの金属器が出土し、同様の形態の炉をもつ神戸市玉津田中遺跡では銅滓やガラス滓が出土していることから、高温操業をともなう金属器生産に関わるものと推定している。

近年、こうした炉と類似した遺構が京都市西京極遺跡で複数の竪穴式住居から発見された。西京極遺跡では、中央土坑の周囲に円形の周縁帯をもつ住居がまとまって検出され、住居うちの一基は円堤の内側に三基の土坑を付設し、より深く掘り下げられた二基の土坑を小溝で連結するものであった。

調査者の柏田美香氏は、防湿構造を有する特殊な遺構であるとし、埋土から鉄滓・鍛造剥片・粒状滓のほか棒状鉄製品や鉄小片等が出土することから鍛冶炉としている。住居の屋内で操業された鍛冶炉であり、専業の鍛冶工房としては近畿でも最古段階のものと評価される[63]。府内南部における中央土坑に周縁帯をもつ住居は、後期後葉に鍛冶技術を発展させた山陽地方を淵源として、玉津田中遺跡など播磨東部との地域間交流を背景に、導入されたと推定される。

後期集落の拡大と古墳の出現

亀岡盆地西部の行者山山頂付近に興味深い祭祀遺跡がある。亀岡盆地が一望できる標高約三三〇メートルの尾根上に位置する東谷遺跡は、大形石材を組み合わせた岩陰祭祀というべき祭祀遺跡である。長さ一・五メートルの板状の石材に、長さ約二・五メートル、厚さ〇・九メートルの石材を架けたもので、その下の空間から完形の弥生後期後葉頃の壺が正位の状態で発見された。岩陰にほとんど土砂が流れ込んでおらず、わずかの土砂をかぶり斜めに傾いた状態で、地元の方によって発見されたものである。

土器の口縁部には山形状の線刻があり、体部下半に穿孔を施していることから、祭祀に用いられたものであることがわかる。高知県香美市の龍河洞という鍾乳洞で、弥生中期の水汲みのために置かれた壺が石灰岩と一体化し今日まで残っている例があるが、この東谷遺跡の壺も驚いたことに約一八〇〇年以上もの間、置かれたままの状態を保っていたことになる。

この祭祀遺跡の山麓部では、後期後葉の大小の遺跡が分布し、その中核に亀岡市北金岐遺跡がある。北金岐遺跡では大溝や竪穴式住居跡が検出され、周辺の馬場ヶ崎遺跡や南金岐、太田遺跡でも同時期の遺構が確認されることから、行者山東麓では後期後葉の集落が大きく展開するとみられる。東谷遺跡の祭祀は、こうした集落を基盤としたものであったのだろう。

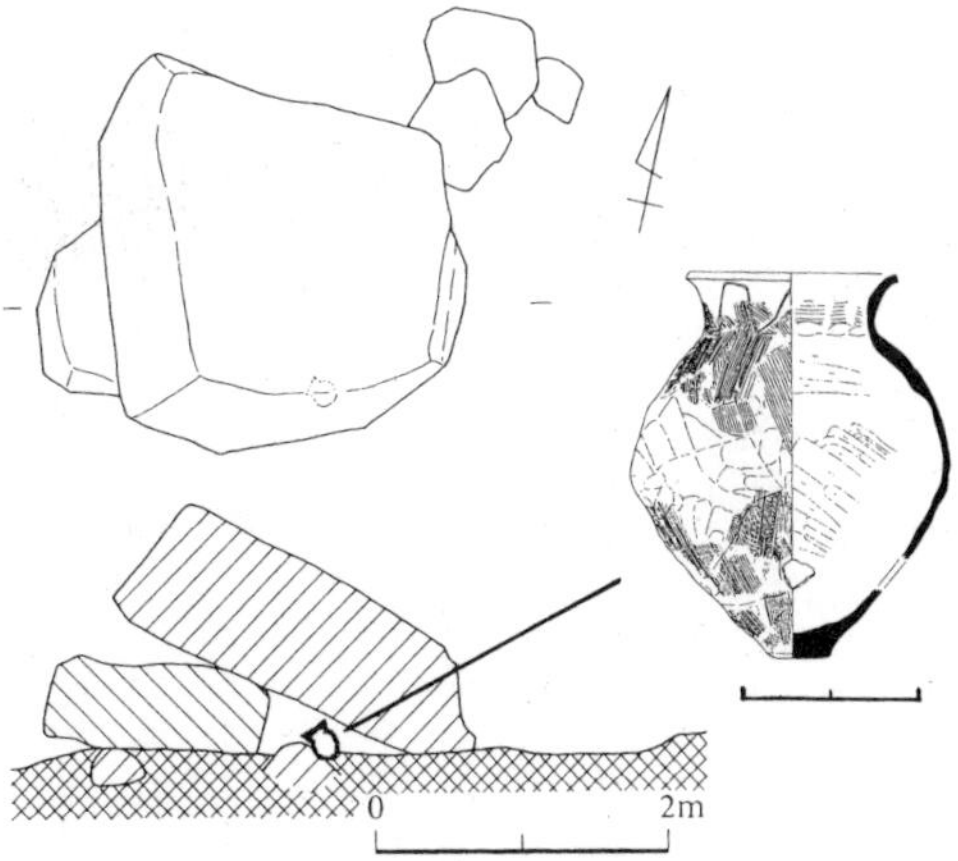

岩陰から発見された東谷遺跡の弥生土器
（『亀岡市史』より）

後期集落が拡大する一方、この時期の墓域は中期のような大規模な墓域は確認されていない。後期の墳墓は限られた資料ではあるが、亀岡盆地では南金岐遺跡の例などから、山城地域と同様に方形周溝墓を築くことが基本であったと考えられるが、一方、南丹波でも北部の園部盆地では方形台状墓が発見されている。

南丹市園部町挟間《はざま》墳墓群では、後期中葉〜末葉の台状墓が調査され、そのなかの挟間一二号墓第一主体部からはカリガラス製のガラス小玉三四〇点余りが出土した。この墳墓は後期中葉後半に築造されたもので、丹後・但馬の台状墓に特徴的なガラス小玉の副葬の最終段階にあり、方形台状墓

の築造とともに北近畿の影響を受けたとみられる。

園部盆地では、中期の大規模集落は未確認だが、後期後葉以降、低丘陵上に今林遺跡などの弥生集落が展開し、後期末〜古墳時代初頭には造墓活動が活発化して、やがて近畿北部最大の出現期前方後円墳である黒田古墳の出現をみることになる。

黒田古墳出現前夜の注目される墳丘墓として、挟間墳墓群の立地する丘陵上に築かれた園部町

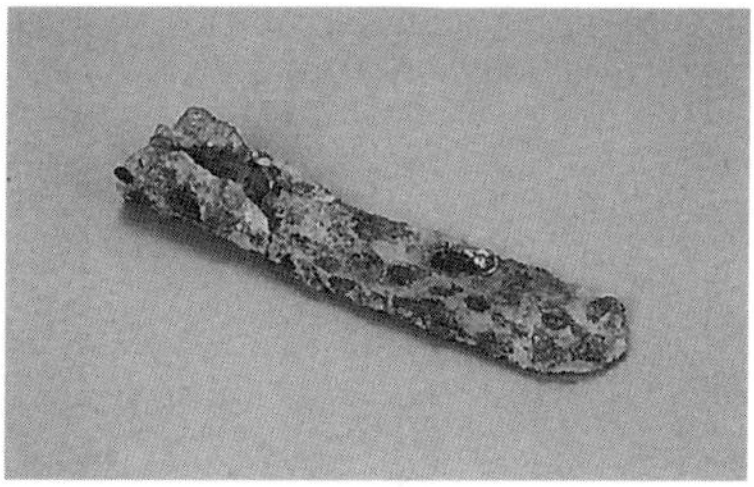

朝鮮半島製とみられるタビ〈踏鋤〉
（今林８号墓、長さ27.5cm）

今林八号墓をあげることができる。一辺約一五メートルの方形の墳丘から、組み合わせ木棺を用いた二基の埋葬施設がみつかっているが、このうち一基からは朝鮮半島の土掘り用農具であるタビと呼ばれる踏鋤《ふみすき》が出土した。

これまで国内では島根県西谷一六号墳や鳥取県妻木晩田遺跡で出土した資料に限られ、調査を担当した福島孝行氏は、洛東江流域の浦項玉城里から出土したタビに類似するとしている。国内出土例は、いずれも日本海側の地域であることから、ガラス玉と同様、日本海ルートを通じた対外交渉により入手した可能性が高い。

今林八号墓のもう一つの埋葬施設は、木棺の側板の両側に多量の石材を配する特色あるもので、兵庫県養久山墳墓群や徳島県安楽寺谷墳墓群など瀬戸内海地域に類例がみられる。近年、西丹波の篠山市桂ヶ谷墳墓群でも確認されるなど、加古川を北上するルートから波及したと推定される。

近畿北部最大の出現期前方後円墳である黒田古墳もまた、瀬戸内系墓制との関係が深い古墳である。出現期前方後円墳の多くは、寺沢薫氏が纏向型前方後円墳と定義したように、墳丘の前方部が後円部の約二分の一と短いことを特徴とするが、黒田古墳（墳丘規模五一メートル）は、香川県鶴尾神社四号墳や、養久山一号墳のように発達した前方部をもつことを特色としている。

また埋葬施設は、ヤマトを中心とする初期王権の中枢地域にある奈良県桜井市ホケノ山古墳と同様、木棺を安置する槨《かく》と呼ばれる空間を構築する大形の木槨墓であることが判明した。ホケノ山古墳は石囲み木槨墓とされる特殊な構造をもつが、その外周の石積みは瀬戸内系墳墓との関係が強いとされる。黒田古墳もまた石材を多用する棺床構造に特色があり、舟底状をなす木棺の形状に沿うように両側辺に石積みを配する特徴ある礫床を構築している。筆者は、こうした埋葬施設は岡山県黒宮大塚古墳や同金敷寺《きんぷくじ》裏山古墳、徳島県石塚山遺跡などの竪穴式石室床面に低い石積みを形成する棺床構造につながると考えており、やはり瀬戸内系墳墓との関係をみることができる(64)。

墳丘から出土した垂下口縁の加飾壺はいわゆる畿内系二重口縁壺と東海系のパレス壺との折衷的な土器だが、パレス壺に特徴的な下膨れの体部を維持していることから、球形体部へと変化するホケノ山古墳の加飾壺よりも型式的にはやや古い要素をもつ。

黒田古墳では双頭龍文鏡が出土し、鏡の出土に加え、ホケノ山古墳との埋葬施設の類似から、ヤマトの初期王権の直接的な影響の下に築造されたとする一面的な解釈をする向きがある。しかしながら、この地域では、先述したように、その出現前夜に瀬戸内系墳墓の波及があり、黒田古墳も、そうした瀬戸内系墓制の影響なくして成立する墳墓ではないことを、理解する必要があるだろう。

弥生後期末〜古墳時代初頭は、瀬戸内と日本海側の諸地域を結ぶ加古川—由良川の道と呼ばれた東西交通の基幹路が活性化する段階である。北陸へ抜けるこのルート上には、円形周溝墓や石材を多用する瀬戸内系の埋葬施設を採用する墳墓が分布し、黒田古墳の出現前夜には、中国から

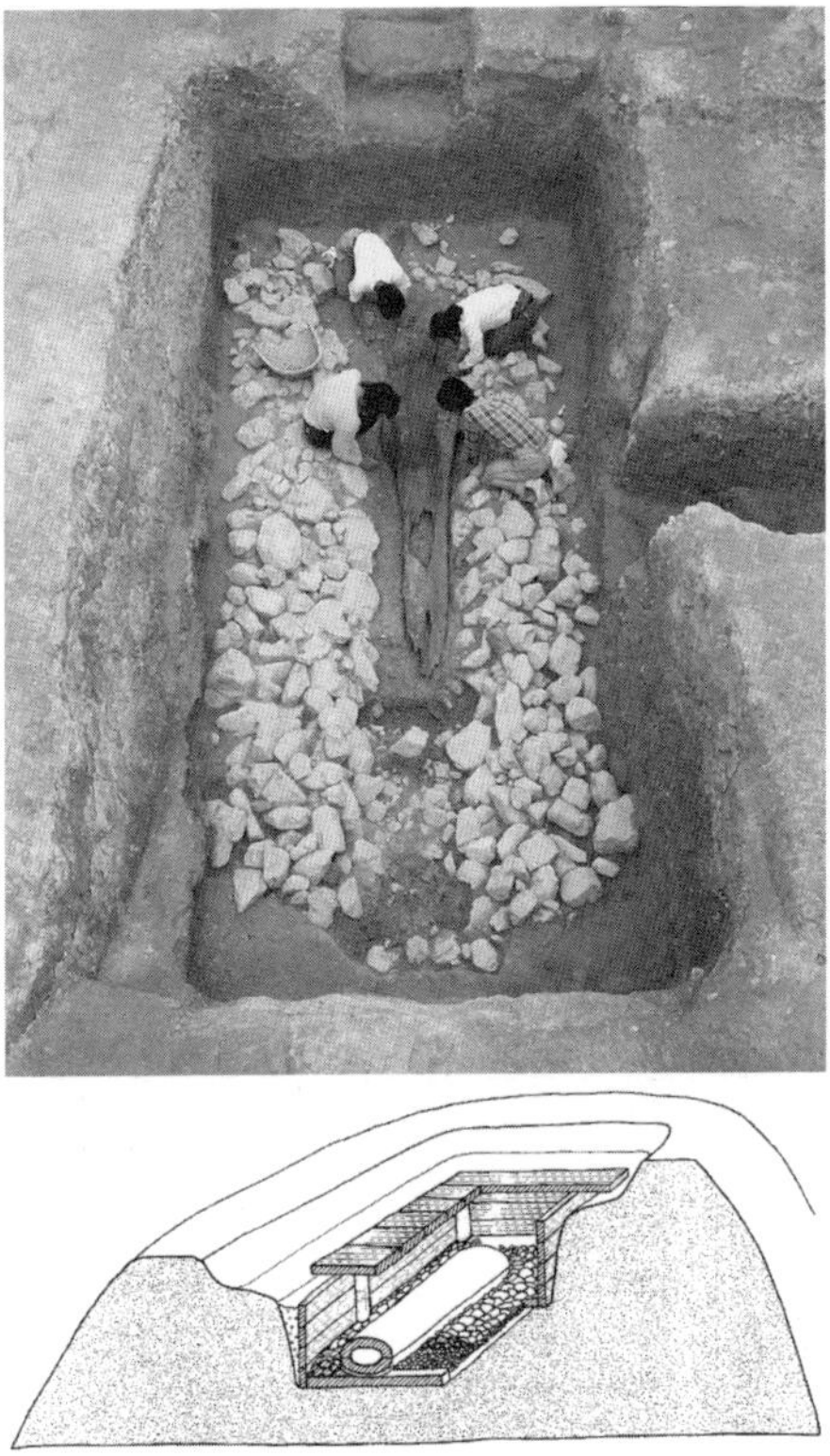

黒田古墳の埋葬施設と復元図（高野作成）

の船載鉄器とされる長刀が出土した篠山市内《ない》場山《ばやま》方形墳丘墓が築造されている。

出土土器には讃岐産の壺棺のほか、北陸・丹後・山陰の影響がみられる土器や、さらには赤彩された東海からの搬入土器があり、その勢力基盤が東西の遠隔地との交易を背景にしたものであることがわかる。

平野面積が限られた園部盆地に大規模な初期前方後円墳が出現する背景は、加古川と由良川を結ぶ道が東西交通の基幹路として重要性が高まるなかで、南丹波の地域首長が、北近畿とも地域的関係を深め、さらに瀬戸内や西丹波の地域勢力といち早く連携し、交通路と物流の掌握を果たしたことにあると考える。園部盆地の西端、西丹波から南丹波へいたるルートの玄関口に築造された黒田古墳の立地は、そのことを明確に物語るものであろう。

乙訓地域は、桂川、宇治川・木津川が合流する京都盆地の南西部に位置し、瀬戸内海から淀川を介して山城へ弥生文化が入る最初の地である。山城最古の弥生集落である長岡京市雲宮《くものみや》遺跡は、弥生前期中段階を中心に集落形成がみられる遺跡で、遠賀川系土器が大量に出土し、弥生前期土器編年の指標遺跡として学史的にもよく知られた遺跡である。

乙訓における弥生文化の受容

雲宮遺跡は、一九六〇年の調査以来五十回以上の調査が行われ、二本の環濠によって囲まれる環濠集落であることが判明した。山城における弥生文化の受容は、この乙訓東部の沖積低地の雲宮遺跡を中核的な集落として、序々に向日市鶏冠井《かいで》遺跡や同森本遺跡など、淀川水系をさかのぼるように周辺域に波及したと考えられている[65]。

乙訓西部から南部の長岡京市伊賀寺遺跡群にかけての地域は、近年の第二外環状線関係の調査で近畿でも有数の縄文時代後期〜晩期の大規模な集落が展開することがわかってきたが、京都市と長岡京市に広がる上里遺跡で新たに弥生前期新段階の竪穴式住居群や土坑、溝等がみつかり、前期のまとまった集落となることが判明した。これまで確認されていた前期集落は、初期農耕に適した小畑川や羽束師《はづかし》川下流の沖積低地に立地していたが、より標高の高い小畑川西部の段丘上にも初期弥生文化が受容されていることが明らかになってきた。

前期から中期にかけての集落動態は、中核的な集落であった雲宮遺跡から段丘上の神足《こうたり》遺跡へと継続され、さらに北部の向日市域では、前期に集落形成をはじめた鶏冠井《かいで》遺跡が大きく発展し、中期前葉に中核的な集落となる。鶏冠井遺跡では、一九八二年に東海道新幹線の工事に先立って

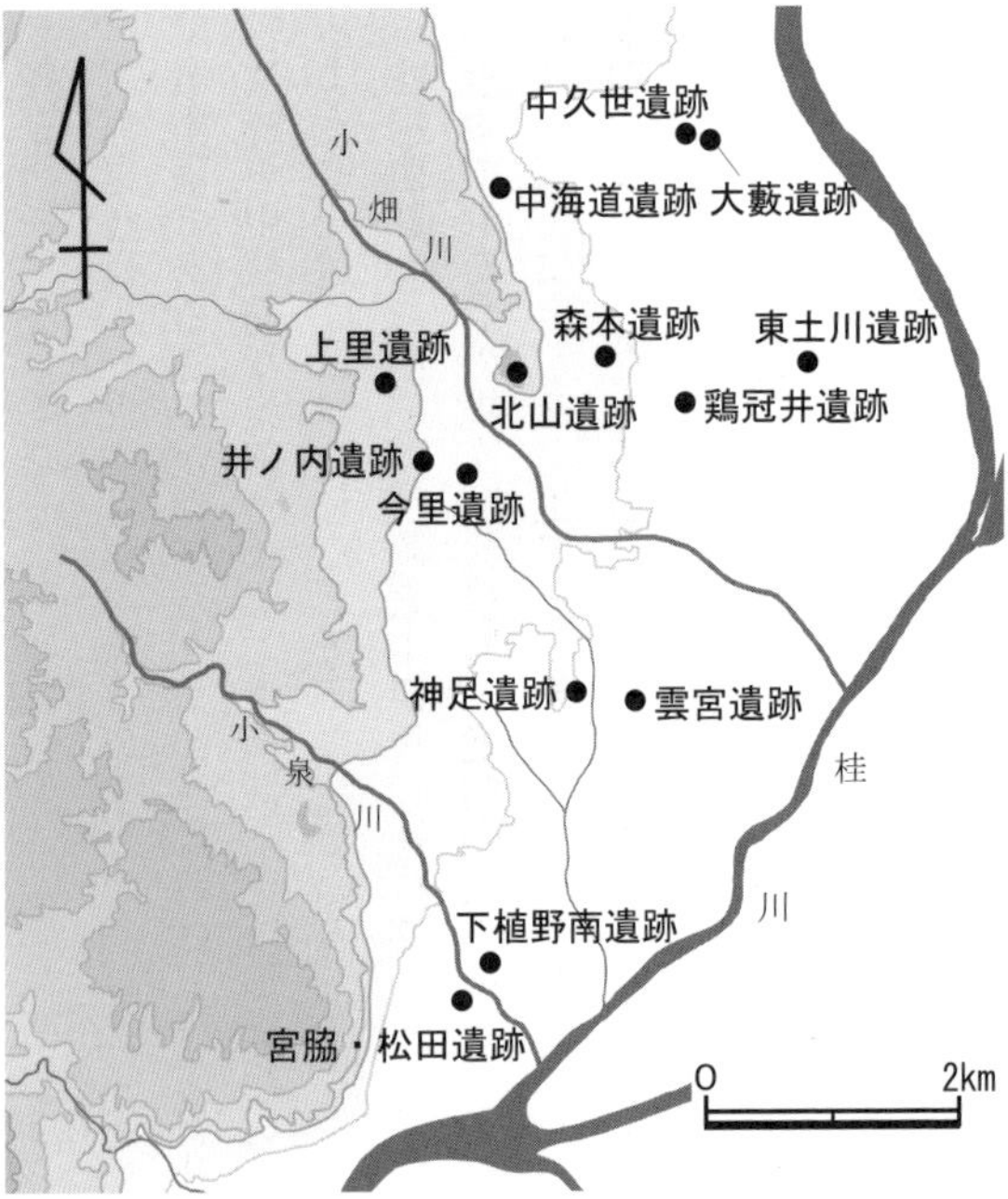

乙訓の主な弥生遺跡

実施された調査（石橋区）において、旧流路（SD8214）から大量の土器や石器、木器とともに銅鐸の石製鋳型《いがた》が出土した。

この銅鐸鋳型は、銅鐸のなかでも最古型式（鈕による分類）となる菱環《りょうかん》鈕式ないしは次の段階の外縁《がいえん》鈕式の鋳型として復元されるものであり、列島内でも最古級の銅鐸鋳型であることが判明した。鋳型の帰属時期に関しては論議を呼び、出土層位である旧流路中層に前期～中期初頭の土器を含むことから、鋳型の年代を前期の中にみる見解が出されたが、これにたいしては北部九州の青銅器鋳型に確実に中期前葉をさかのぼるものがないことから一部では疑問視された。

そうしたなかで、向日市埋蔵文化財センターの國下多美樹氏は、旧流路中層の遺物を詳細に検討し、さらに鋳型が砥石に転用されていることから廃棄までに一定の時間をみる必要があるとした上で、鋳型の廃棄年代は中期前葉の新しい段階を下ることはなく、また使用年代は前期の新段階から中期前葉の古い段階と推定している[66]。

鶏冠井鋳型に関連して、同様な時期の銅鐸鋳型として、福井県下屋敷遺跡で出土した未完成の銅鐸鋳型が知られていたが、二〇〇四年、さらに菱環鈕式の最古式銅鐸鋳型が愛知県朝日遺跡で出土した。共伴する土器は中期前葉であることが明らかにされたが、こちらも砥石として使われていた痕跡があるとされ、中期前葉かあるはそれ以前の生産とされている。初期銅鐸が早い段階から近畿以外の地域でも生産されていたことを裏付けるとともに、中期前葉を下らないとする鶏冠井鋳型の年代観とも齟齬《そご》がないことが明らかになった。

鶏冠井遺跡の鋳型に用いられた石材は、いわゆる和泉砂岩とされ、紀伊半島北西部の和泉山脈から淡路、さらに徳島県吉野川流域に分布する地質帯に属するものである。東大阪市鬼虎川遺跡の外縁鈕式銅鐸の鋳型石材と共通することから、淀川ルートによって鬼虎川遺跡など大阪湾沿岸部の集落との交易を通じて石材を入手したと考えられている。

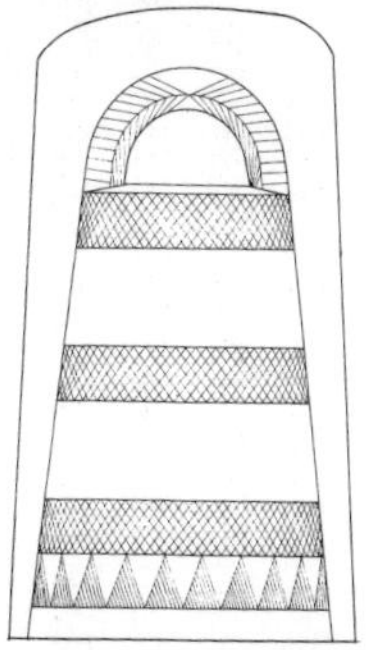

鶏冠井遺跡の銅鐸鋳型
(残存長8.0cm、下は山中章による復元案)

桂川下流域では、中期前葉に大きく展開する集落や新たに成立する集落が多く、乙訓と桂川を挟んで対岸に立地する久御山町市田《いちだ》斉当坊《さいとうぼう》遺跡でも、中期前葉頃の他に類を見ない精巧なつくりの朝鮮半島系の木組井戸が発見され、大陸系の高度な技術が早く伝えられた地域として知られる。乙訓地域の弥生集落は、淀川の河川交通を介して大阪湾沿岸部や瀬戸内地方をはじめとする西方地域とのネットワークを形成し、青銅器生産などの先進的な技術を獲得したとみられる。

大規模集落の形成と武器形石器の製作

前期から中期前葉に低地部を中心に展開していた弥生集落は、中期後半には西の低位段丘上に移動し、乙訓の最大規模の集落として長岡京市神足遺跡が形成される。

神足遺跡では、過去三十回以上の調査が実施され、約七〇棟を超える竪穴式住居や掘立柱建物跡や、方形周溝墓群が発見されている。環濠については、JR長岡京駅の東側を調査した右京第757次調査において、はじめてその一部が検出された。

集落内では、碧玉製石材など遠隔地の石材を用いた管玉製作を主とした玉作りも行われているが、とくに注目されるのは石器生産であり、石包丁のほか、銅剣形石剣・鉄剣形石剣やその未製品などが出土し、粘板岩を用いた武器形石器を大量に生産していたことが判明している。

乙訓地域は地質的には泥質岩を産する丹波帯に属し、粘板岩は近郊の産地から得られたとみられるが、長岡京市教育委員会の岩崎誠氏は、神足遺跡の武器形石器の出土量は一集落内での使用料をはるかに超えるものであるとし、集落内で生産された粘板岩製石器を交易の柱とし、集落の拡大を遂げたと推定している[67]。さらに岩崎氏は、石器製作に関連して住居構造に特殊な形態があることにも注目し、竪穴式住居の壁体の一辺に土坑を備えた小形の方形住居群は、粘板岩製石器の製作に関与する住居である可能性を指摘している。

近畿中央部の弥生中期の住居の平面形態は九割以上が円形であり方形住居はきわめて稀な例だが、南丹波の亀岡市余部遺跡でもこうした小形の方形住居が特徴的にみられることは先述したとおりである。

南丹波はとくに良質な粘板岩が採取できることで知られ、現在でも露頭が多くみられる地域である。両地域における方形住居の特徴的な分布状況から考えると、良質の粘板岩という石材供給を背景に、乙訓地域と南丹波の人の移動をともなう緊密な交流が行われていたとみることができるのではないだろうか。

神足遺跡の環濠

乙訓地域で出土する粘板岩製の磨製の武器形石器に関して、石器研究者の中川和哉氏は、京都市東土川遺跡の石剣は、中細形銅剣をモデルにした研磨方法によっているとする注目すべき見解を出している。

通常は全体の形状にかかわる部分（平坦部の両翼や中央突出部の脊《むね》）と刃部が同時に砥ぎ出される例が多いのにたいし、東土川の石剣はあとから刃部と鎬《しのぎ》が作り出されており、銅剣が鋳抜かれた状態から

各種の磨製石剣

(左端：太田遺跡、２列目奥・３列目：志高遺跡、他は市田斉当坊遺跡、４列目奥：「別柄式茎突出型」)

刃を研ぐ銅剣の研磨技術を知る人の手によって製作されたと推定している[68]。さらに乙訓地域では、鶏冠井遺跡にみるように青銅器生産の先進的な技術基盤があることから、乙訓地域で中細形銅剣が製作された可能性さえ指摘している。

期せずして、二〇〇四年、神足遺跡の溝状遺構から約一〇センチの長さに折れた中細形銅剣とみられる銅剣の切先部が発見された。近畿地方における弥生中期の銅剣の出土例は、神戸市玉津田中遺跡の方形周溝墓から出土した細形銅剣の小さな切先部と、滋賀県守山市下ノ郷遺跡の環濠出土の平形銅剣があるだけの稀有な資料である。

一方、鋳型に関しては、古くから知られていた兵庫県尼崎市田能《たのう》遺跡の例に加え、二〇〇七年には淀川水系の東大阪市鬼虎川遺跡でも銅剣鋳型が出土した。前述したように、鶏冠井遺跡の和泉砂岩製の銅鐸鋳型は、その入手に鬼虎川遺跡を中心とした河内地域の関わりが指摘されているが、神足遺跡にみる銅剣の出土や銅剣の研磨法を忠実に模した武器形石器の出土もまた、乙訓と大阪湾沿岸部の大規模集落が淀川ルートにより結ばれ、青銅器製作などの情報を共有していたことを示す資料といえる。畿内でも稀少な神足遺跡の鉄斧もまた、このルートから得たものであろう。

乙訓と桂川の対岸にあたる旧巨椋《おぐら》池南部には、久御山町市田斉当坊遺跡が立地するが、ここで出土した鉄剣形石剣は、国内ではほとんど類例がない形状をもつものである。この石剣は、下部を茎《なかご》状に突出させ刃部に関《まち》を設けて柄《つか》部に別素材を組み合わせるもので、寺前直人氏が「別柄式茎突出型」と呼ぶ特異な型式の石剣である。

寺前氏によれば、こうした柄尻が九十度近くに屈曲して拡張するタイプの石剣は、朝鮮半島に類例があり、朝鮮半島あるいは北部九州からの直接的な搬入品である可能性が高いとされる。[69] 朝鮮半島系とみられる木組井戸の発見とともに流入の経路や背景が注目される石器である。

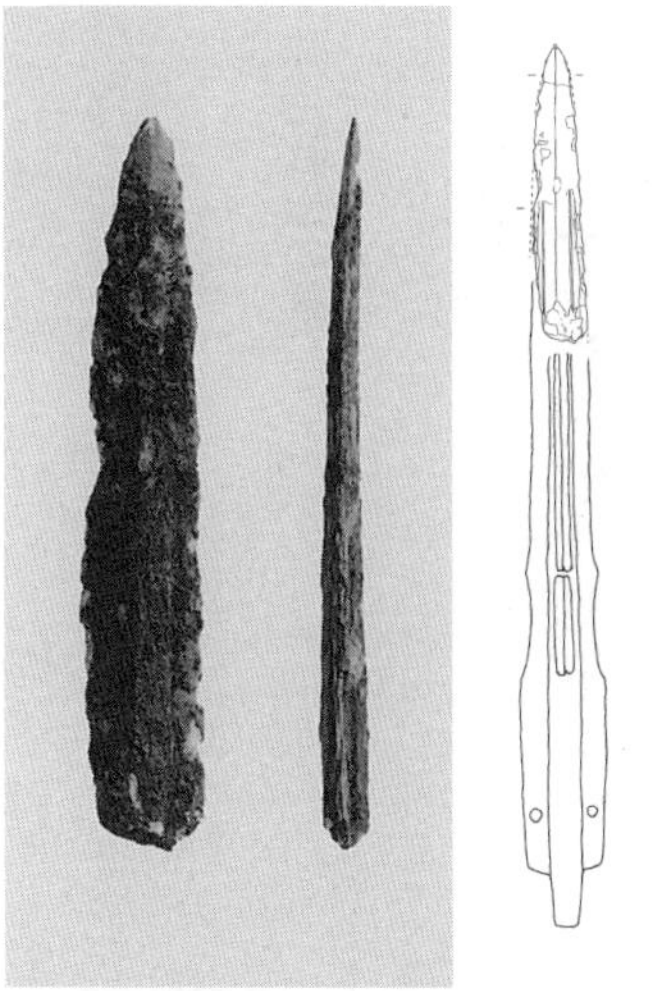

神足遺跡の銅剣（左）と復元図（右）
（残存長10.5cm）

市田斉当坊遺跡と神足遺跡という山城を代表する中期の大規模集落は、前者は中期前葉における集落形成の当初に大陸系の技術導入を実現し、近畿地方最古の磨製石針をともなう高度な玉穿孔技術によって、北陸などの遠隔地からの玉材を用いた碧玉製管玉製作を大規模に行っている。一方、前期集落の系譜上に成立する後者は、在来のネットワークのもとに近郊や周辺地域で産する粘板岩を素材とした武器形石器を大量に生産しており、手工業生産の展開に異なる様相をみせる。桂川を挟んで対岸に位置する二つの集落は、集落形成の契機と地域的な結びつきを異にして成立し、中期後半にそれぞれのネットワークのもとに大きく発展することになる。

弥生戦士の墓

弥生時代の戦いの痕跡を示すものとして、各地で殺傷人骨、すなわち剣で刺されたり、矢を射こまれたりした人骨が出土している。大阪府豊中市勝部遺跡の方形周溝墓からは腰に打製石剣が刺さった男性人骨が発見され、神戸市新保遺跡では、中期初頭の方形周溝墓の溝から出土した三体の人骨にいずれも石鏃が射こまれていた例が知られている。乙訓地域でも大規模な墓域が確認された遺跡のなかに、人骨は残っていないものの、被葬者が激しい戦闘で死傷したとみられるものがある。

京都市東土川遺跡は、乙訓東部の沖積低地に位置する弥生時代中期後半を中心とする遺跡である。一九九〇年代前半から名神高速道路拡幅にともなう調査が実施され、約五万平方メートルの調査区から二七〇枚以上という広大な規模の弥生水田や、環濠、方形周溝墓群が発見された。居住域の調査が行われていないものの、集落に付随する遺構群の規模は大きく、森本遺跡とともに中期後半の乙訓東部の大規模な集落として存在したものとみられる。東土川遺跡では、二十数基の方形周溝墓が検出されたが、このなかには注目すべき埋葬施設があった。

一般に、方形周溝墓には墳丘上に構築される中心埋葬のほかに、溝内に埋葬される従属葬がしばしばみられるが、東土川遺跡では、こうした「溝中《こうちゅう》埋葬」から、一部破損した石鏃一二点と折れた石剣などの石製武器が出土したのである。石剣は粘板岩を素材としたいわゆる鉄剣形石剣で、切先部が片側に「く」の字に折れるように破損している。破損時（人体との衝撃時）に生じたと考えられる石剣の剝片の多くが接合したことに加え、石鏃の側辺に衝撃痕によるとみられる二次的な剝離痕が確認され、石鏃が人体に射こまれたものであり、被葬者は戦いで負傷した戦死者と推定されている。[70] 弥生時代中期の集落間の緊張関係を物語る資料と言えそうだが、こうした例は東土川遺跡だけでなく、以下に述べる乙訓南部の大山崎町下植野南遺跡でも発見されている。

　下植野南遺跡では、弥生時代中期中葉（畿内第Ⅲ様式古段階）頃の総数八二基にのぼる大規模溝を共有する方形周溝墓群の調査が行われた。中期中葉という限られた時期に、この大規模な墓域を形成した集団の居住域は遺跡南部に近在したものとみられるが、そのエリアはまだ見つかっていない。

　周溝墓からは、三一基の木棺墓と七基の土壙墓が検出され、二基の方形周溝墓から、サヌカイト製の石剣や鉄鏃等が出土している。このうち一基の埋葬施設からは、接合関係のある破損した石鏃が出土し、東土川遺跡と同様、やはり矢を射こまれたものと推定されて

東土川遺跡の埋葬施設

溝を共有する下植野南遺跡の方形周溝墓群

いる。

一方、石剣は長さ約一五・七センチを測り、全体が研磨されたのち刃部のみ打撃によって調整剥離が加えられたもので、磨製と打製の両方の性格をあわせもつ完形の優品である。棺の小口近く、木棺北側の側板に沿う形で平坦な面を上にして出土し、頭部の右側に置かれた副葬品である可能性が高いものであった。

近畿地方中央部の弥生時代中期の墓から出土する遺物は、被葬者が着装していたものがほとんどであり、早くから副葬行為がみられる北部九州と異なる点である。石剣に関しては、木棺から出土した例そのものが少ないが、前述した豊中市勝部遺跡や京都市東土川遺跡のほか、兵庫県加古川市坂元遺跡の木棺から出土した例など、いずれも生前に戦闘行為で刺され、被葬者の体内に残存したと推定されているものである。

副葬品として棺に納めたと考えられるものは、きわめて少なく、下植野南遺跡の石剣は副葬品の可能性が高い稀有な事例となった。石剣の副葬が僻邪《へきじゃ》の意味を示すものであるのか、近畿の弥生人の副葬行為の背景にある精神性を考える上で重要な資料となっている。

農耕と人面付土器

阪急東向日駅の南方に広がる向日市森本町に所在する森本遺跡は、弥生時代前期末〜古墳時代前期に至る遺跡である。遺跡の東側の低地部に位置する第3向陽小学校の発掘調査において、昭和四六年（一九七一）に灌漑用水路とみられる弥生時代中期と後期の水路跡が発見された。

水路の東の土壌からは、花粉分析によってイネ科の花粉が多量に出土しており、この水路が水田に水を引くためのものであったとみられている。発掘当時、静岡県登呂遺跡や岡山県津島遺跡などにみる弥生水田に関わるものとして注目され、保存運動の結果、水路遺構の一部が小学校の校庭に復元されている。

発見された遺構のうち、とくに中期の水路は規模が大きく、幅一〜一・八メートルを測り、長さ一五メートルにわたって検出され、両岸には幅約一五センチ、長さ約一メートルの矢板を隙間なく打ち込み、土留めがなされていた。発掘地点の南に約四〇〇メートルのところでも、その延長部とみられる一部がみつかっていることから、大規模な水路であった可能性が高い。

森本遺跡をさらに広く知らしめたのは、水路から出土した人面付土器であった。人面は、眉・目・鼻の表現が残っているもので、土面とする説もあるが、裏面を観察すると、粘土を水平に輪積みした痕跡があり、刷毛調整が施されていることから、土器の外面に施された意匠とみられる。

森本遺跡の人面の表現のうち、切れ長の目は粘土をヘラでシャープに切り取って表現したものだが、とくに注目されるのは目の縁に細い線で縁取りをして強調している点である。

都出比呂志氏が、この人面の比較として弥生中期前半の福田型銅鐸にみられるいわゆる邪視文《じゃし》をあげるとおり、悪霊を睨《にら》みつけ、追い払う僻邪の意味があり、目を強調して表現されたと考えられるものである。(71) 一方、鼻は粘土を貼り足して作られ、鼻腔まで表現したリアルで、ていねいな作りである。

弥生時代の人面表現は、前述したように、土偶的な要素を残した弥生前期〜中期前半までの人面付土器にみられ、東日本では再葬墓から出土する人面付土器にみられるが、これらはいずれも土器の口縁部などに人面の造形を付けたものである。土器の体部に表現された人面表現は後期の土器に限られ、尾張や西三河地域で線刻によるものが十例近く出土しており、なかでも愛知県安城市亀塚遺跡から出土したヘラ描き人面土器がよく知られている。

亀塚遺跡の人面は、弥生時代後期末頃の完形の広口壺の胴部に線刻で描かれたもので、大きく見開いた目と、目の上下に延びる黥面《げいめん》とみられる文様を表現している。ほぼ同様の線刻は香川県善通寺市仙遊遺跡の弥生時代後期の石棺の蓋にもある。

これらと森本遺跡の人面表現の違いは、とくに眉の表現の有無であり、森本遺跡では眉は連続する孤状の隆起として表現されている。こうした表現は縄文時代にもみられる表現方法であり、弥生中期の分銅形土製品にその流れをみることができる。

森本遺跡の人面付土器は、体部径約二十センチ程度の長頸壺の体部に施されたものとみられる。問題となるのはこの土器片の時期である。

弥生時代後期後葉の溝の底から出土したものだが、向日市埋蔵文化財センターでは、土器の形や技法上の特徴から、弥生時代中期前半の長頸壺の体部と推定している。この時期に帰属すると

邪視の人面（右：向日市森本遺跡、左：桜井市纒向遺跡）

すれば、福田型銅鐸にみられる邪視文と同じ時期になるが、福田型銅鐸の出土地は佐賀県安永田遺跡の鋳型を含めても、中国・山陰地方などわずか五例であり、中期前半であるとすれば、近畿の弥生時代の邪視文としては最古の資料となる。

しかしながら、筆者は、土器片があまり摩耗していないことや復元される土器の体部径が比較的小さいこと、さらに土器の体部の人面を表現したものが前述したように後期に限られていることも合わせ、出土した遺構の時期である後期後葉の資料である可能性も否定できないのではないかと考えている。

東海地方で出土している人面が線刻であるのにたいし、森本遺跡の人面は目が刳《く》り抜きによって表現されたもので、他に例をみないものであったが、二〇〇七年に奈良県桜井市纒向遺跡の三世紀前半頃の井戸から、森本遺跡の人面表現を彷彿とさせる木製の人面が出土した。長さ二六センチ、幅二一・五センチの未使用の鍬《くわ》を転用した木製人面としては最古のものである。その表現は、鍬の柄を装着する穴を口とし、鼻は鍬の柄の支え部分を削り出して表現したものである。切れ長の目に、線刻で眉を表現し、高い鼻に穿孔して鼻孔まで作り出した作りは森本遺跡の人面に通じる表現である。若干の赤色顔料が残っており、もともとは赤彩された仮面であったようだ。木製楯や鎌の柄なども共伴し、同じまつりで用いられたと推定される。農具である鍬を素材にしていることから、農耕儀礼にかかわる祭祀遺物と考えられている。

纒向遺跡の人面は赤彩され、これを着けた人物が楯をもっていたとすれば、僻邪の意味がある赤で邪気を払い、楯で稲魂《いなだま》を守ったのだろうか。弥生時代の農業用水路で出土した森本遺跡の人面もやはり、目を強調した邪視が纒向の赤彩の仮面と同様に僻邪の意味をもち、豊作を祈る農耕儀礼に用いられたと考えられよう。

大形掘立柱建物から祭殿へ

乙訓地域で中期にみられた大規模集落や環濠を備えた集落は、中期末〜後期初頭に終息・解体し、後期には中・小規模の集落が、広い地域で確認されるようになる。こうした動きはとくに後期中葉以降、活発化し、京都市南区中久世《なかくぜ》遺跡・大藪《おおやぶ》遺跡や、向日市東土川遺跡、森本遺跡、長岡京市今里遺跡などの集落が展開する。これらのなかでも、近年、注目される成果がみられた遺跡として、京都市大藪遺跡をあげることができる。

大藪遺跡は中久世遺跡と接し、集落としては一体のものと考えられることから、乙訓地域東部の中核的な集落になるとみられる。中久世遺跡の調査では、これまでから大形円形住居などを含む居住域の一部が確認されてきたが、二〇〇一年の大藪遺跡の調査では、弥生時代後期の大形掘立柱建物跡が発見された。

この掘立柱建物跡は、三間×二間（桁行《けた》約八・四メートル、梁間《はり》約六・四メートル）の規模をもつ高床式の建物跡で、棟持柱《むなもち》が妻側中央かあるいは妻側面に近接して立つ珍しい構造をもつ。柱穴からは、径約四〇センチ近い柱材が出土しており、柱穴構造から約四、五mの高さをもつ大形の高床式建物が復原されている。

柱穴から出土した土器の時期はおおよそ後期中葉に帰属し、残存していた柱材のうち、辺材部が残るコウヤマキ製の柱材の年輪年代測定が行われ、紀元後五一年＋αという年代観が公表されている。(72) 土器の年代観からすれば、やや古く出ているという印象は否めないが、今後参考資料となるデータである。

この建物の構造で注意されるのは、棟持柱の配置だけでなく、柱の掘形の形状である。いずれも楕円状の細長い掘形をなし、柱列の外側に向かって掘形に傾斜がつけられていることを特徴とする。建物の外側から柱を落とし込み、建物内側に向かって立ち上げたことが明らかである。こうした工法を取る掘立柱建物跡の事例は数少ないが、周辺地域では、近江・湖南地域の後期最大規模の集落である守山市伊勢遺跡などにみることができる。

伊勢遺跡は、後期中葉〜後葉に大規模化する遺跡であり、集落の中核となるエリアに馬蹄形状に配された独立棟持柱をもつ大形掘立柱建物群が検出されている。これらの建物跡群も、掘形に柱を斜めに落とし込み、立ち上げる工法を取るものである。

大藪遺跡の大形建物跡は、柱構造やその工法が類似するだけでなく、柱穴や隣接する土坑から近江系土器が出土しており、湖南地域の影響のもとに作られたとみることが可能である。建物跡

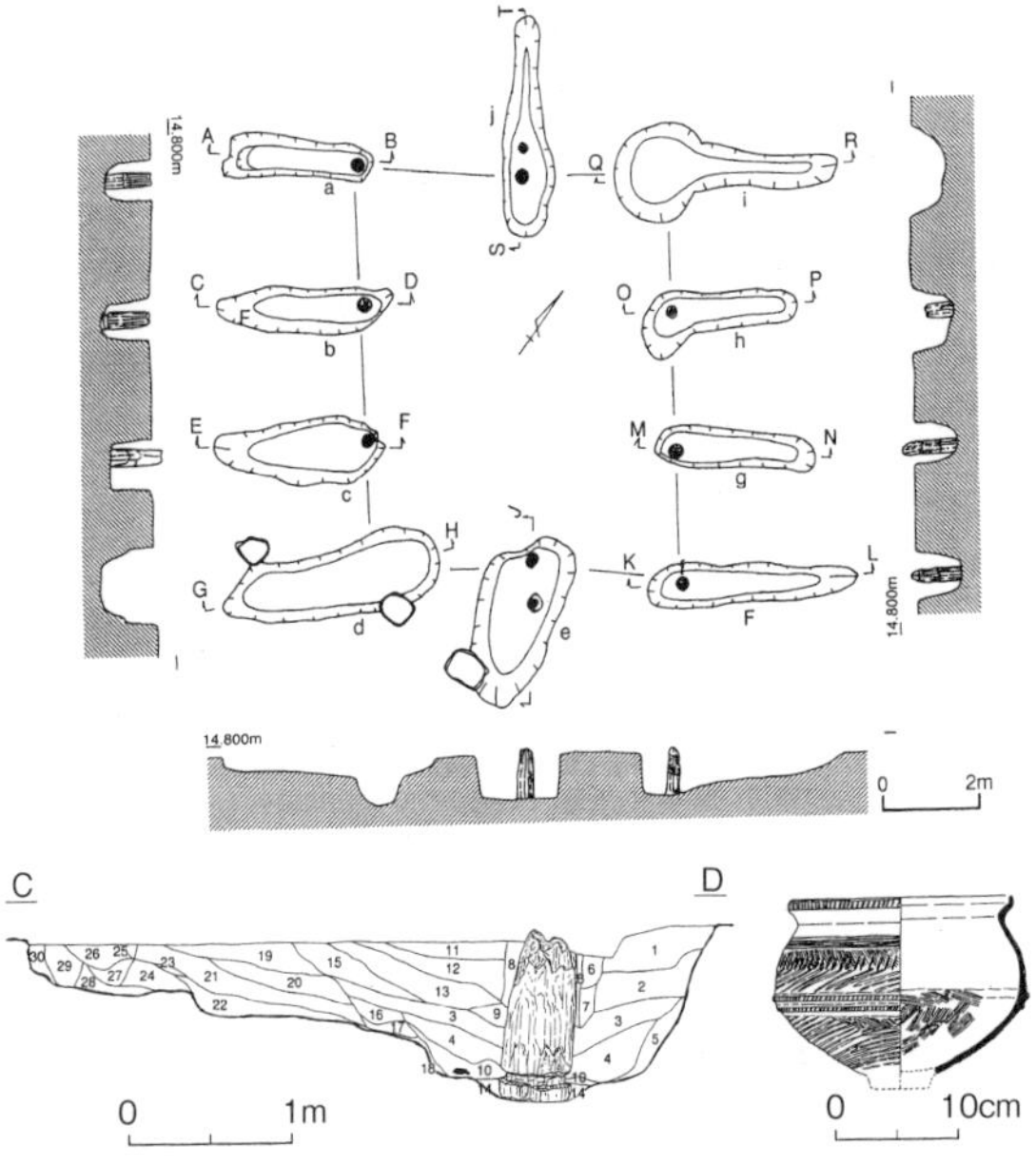

大藪遺跡の大形掘立柱建物と出土土器

は、その構造と規模から伊勢遺跡と同様、集落のなかでも特別な機能を有する祭儀的な建物と考えられる。

後期中葉以降、山城では近江系土器が土器組成の一端を構成し、近江との人の移動をともなう交流が頻繁に行われたと考えられるが、大藪遺跡は近江との交流拠点に位置づけられるその中核的な集落といえるだろう。大藪遺跡で発見された祭儀的な建物の系譜は、弥生時代後期末に出現する中海道遺跡において、さらに完成された姿をみせる。

向日市中海道遺跡は、弥生時代後期末に出現期古墳が連なる向日丘陵東の段丘上に形成される集落遺跡である。遺跡の各所で竪穴式住居跡が検出されているが、集落の中心となるエリアは遺跡北西の段丘縁辺部にあり、ここで方形区画溝を備える大形掘立柱建物跡をはじめ、竪穴式住居群や掘立柱建物跡が検出された。竪穴式住居跡には鉄滓を出土するものがあり、集落内で鉄器生産が行われたとみられる。

　発見された大形掘立柱建物跡は、二間（五・三メートル）×二間（五・〇メートル）の身舎《もや》の四周に庇《ひさし》状に柱例が巡るもので、四周を含めると四間（八・六メートル）×四間（七・七メートル）の規模を有し、床面積は約六六平方メートルを測る大規模なものである。建物本体の正面にあたるとみられる北側には目隠し塀、あるいは鳥居状の構造物の可能性がある一対の柱穴がある。

中海道遺跡の区画された大形建物

　そして、さらにこれら建物の外周を、幅約一・三～二・〇メートル、検出面からの深さ約〇・五メートル前後の方形区画溝が巡るものである。建築学の宮本長二郎氏は、中海道遺跡の建物を四面庇付建物とし、その最古の事例として評価している。こうした正方形の建物に四面庇あるいは廻り縁が巡る特殊な柱構造をとる建物跡は、古墳時代前期後半の群馬県中溝・深町遺跡のほか、古墳時代中期の三重県城之越遺跡や奈良県南郷安田遺跡など、全国的に一〇例ほどが知られている。首長祭祀との関わりで祭祀遺構とともに検出される例が多く、中海道遺跡の事例も調査者の梅本康弘氏は、周囲から画された非日常的な祭儀施設と位置づけている(73)。

中海道遺跡にみる、集落のなかで区画されたエリアに設けられた隔絶した規模と内容をもつ祭儀に関わる建物の出現は、この地域を基盤とする地域首長の首長権の確立を示し、向日丘陵における五塚原古墳や元稲荷古墳など初期古墳の成立につながるものである。弥生中期の大形集落と環濠が解体して以来、乙訓地域で、小地域あるいは河川域ごとに展開していた弥生集落を形成した母集団が、首長権の伸長によって政治的に統合されたことを示すものといえるだろう。

（第5章執筆　高野　陽子）

［註］

（1）国分直一「陶塤の発見」『日本民族と南方文化』一九六八

（2）金関丈夫「日本人種論」『新版考古学講座』10　雄山閣出版　一九七二

（3）松下孝幸「V・弥生人の地域性」「シンポジウム西南日本人―文化と人の渡来をめぐって―」『季刊人類学』18-4　一九八七　松下孝幸『弥生人と日本人』祥伝社　一九九四

（4）寺沢薫「環壕集落の系譜」『古代学研究』第146号　古代學研究會　一九九九

（5）森岡秀人「高地性集落研究の現状と今後の展望」『古代文化』Vol.54　古代學協會　二〇〇二

（6）角南聡一郎「高地という『場』をめぐって―農耕社会との関係からみた高地性集落異論―」『古代文化』Vol.54　二〇〇二

（7）田中光浩編『扇谷遺跡発掘調査報告書』峰山町教育委員会　一九八八

（8）大澤正巳「鬼虎川遺跡出土の鋳鉄脱炭鋼鉄器・鉄鏃と鏨状鉄器の調査」『福岡考古談話会会報』第11集　一九八二

（9）橋口達也「ふたたび初期鉄製品をめぐる2、3の問題」『日本製鉄史論集』たたら研究会　一九八三

（10）野島永『初期国家形成過程の鉄器文化』雄山閣　二〇〇九
（11）高尾浩司「鳥取県における弥生時代鉄器の様相」『月刊考古学ジャーナル』No.467　雄山閣　二〇〇七
（12）三浦到「丹後における古代の港」『考古学と古代史』同志社大学考古学研究室　一九八二
（13）野島永「京都府北部の貼り石方形墳丘墓について」『京都府埋蔵文化財論集』第2集　一九九一
（14）仁木聡「四隅突出型墳丘墓の「配石構造」の系譜と展開」『四隅突出型墳丘墓と弥生墓制の研究』島根県古代文化センター・島根県埋蔵文化財調査センター　二〇〇七
（15）加藤晴彦「丹後の弥生時代中期の墓制の概観と日吉ヶ丘遺跡SZ01の歴史的位置づけ」『日吉ヶ丘遺跡』加悦町教育委員会　二〇〇五
（16）宇野隆夫『緊急対談　丹後最古の王墓「日吉ヶ丘墳墓」出現の謎に迫る』加悦町教育委員会　二〇〇四
（17）藁科哲男「日吉ヶ丘遺跡出土管玉、玉材の産地分析」『日吉ヶ丘遺跡』加悦町教育委員会　二〇〇五
（18）釋龍雄「丹後地方の弥生遺跡」『舞鶴市史・通史編（上）』一九九三
（19）田代弘「日吉ヶ丘遺跡」「須代遺跡」『加悦町史』第一巻　二〇〇七
（20）和田萃「神仙思想と常世信仰の重層」『古代の日本と渡来の文化』学生社　一九九七
（21）河野一隆「水晶製玉作と階層性—奈具岡遺跡を中心に—」『丹後の弥生王墓と巨大古墳』二〇〇〇
（22）大賀克彦・望月誠子・戸根比呂子ほか「奈具岡遺跡再整理報告（1）—翡翠・ガラス製品—」『京都府埋蔵文化財情報』第95号　二〇〇五
小寺智津子「弥生時代併行期における朝鮮半島製のガラス製品」『古代学研究』174　二〇〇六
（23）河野一隆・野島永「弥生時代水晶製玉作りの展開をめぐって」『京都府埋蔵文化財情報』第88号　二〇〇三
（24）大賀克彦「弥生・古墳時代の玉」『考古資料大観』第9巻　小学館　二〇〇二
大賀氏から、天王垣内遺跡などの類例についてのご教示を得た。
（25）野島永「鉄器の概要」『日吉ヶ丘遺跡』京都府加悦町教育委員会　二〇〇五
（26）藤井整「方形周溝墓の成立」『京都府埋蔵文化財情報』第82集　二〇〇一
（26）福島孝行「いわゆる丹後地域方形台状墓概念の再検討」『第11回京都府埋蔵文化財研究集会発表資料集　弥生時代の墳墓と祭祀』京都府埋蔵文化財研究会　二〇〇三

(27) 岩松保「山地の墓、あるいは平地の墓」『京都府埋蔵文化財論集』第3集　一九九六
(28) 福島孝行前掲註26
(29) 野島永「弥生時代の対外貿易と流通―弥生墳墓の副葬鉄器を通じて―」『丹後の弥生王墓と巨大古墳』　雄山閣　二〇〇〇
(30) 野島永・高野陽子「近畿地方北部における古墳成立期の墳墓（3）」『京都府埋蔵文化財情報』第83号　二〇〇二
(31) 壱岐一哉「弥生時代鉄鏃副葬の展開とその特質」『古代学研究』167　古代學研究會　二〇〇四
(32) 福島孝行「弥生墳墓における鉇の副葬作法について（1）・（2）」『京都府埋蔵文化財情報』第78号・79号　二〇〇〇
(33) 小寺前掲註21
(34) 高野陽子「近畿北部の土器」『弥生・古墳時代遺物大観』　小学館　二〇〇三
(35) 高野陽子「弥生大形墳丘墓出現前夜の土器様相」『丹後の弥生王墓と巨大古墳』　雄山閣　二〇〇〇
(36) 松井和代「破砕土器の埋納について―豊岡市神美地域を中心として―」『但馬考古学』第6集　一九九一
宮村良雄「豊岡の弥生墓と墓壙円砕土器供献」『上鉢山・東山墳墓群』　一九九二
肥後弘幸「墓壙内破砕土器供献」『みずほ』第12・13号　大和弥生文化の会　一九九四　肥後弘幸「弥生王墓の誕生―北近畿における首長墓の変遷―」『丹後の弥生墳墓と巨大古墳』　二〇〇〇
(37) 石崎善久「舟形木棺考」『京都府埋蔵文化財論集』第4集　二〇〇一
(38) 村上恭通『古代国家成立過程と鉄器生産』　青木書店　二〇〇七
(39) 岩井顕彦『弥生時代の鉄槍』「北近畿出土弥生時代鉄剣の再検討」『物質文化』84号　物質文化研究会　二〇〇七
(40) 野島永「丹後地域における弥生時代の鉄をめぐって」『青いガラスの燦き―丹後王国がみえてきた―』大阪府立弥生文化博物館　二〇〇二
(41) 高野陽子「土器の交流」『東海学が歴史を変える』　五月書房　二〇〇二
(42) 南武志「遺跡出土朱の起源」『地学雑誌』17　二〇〇八
(43) 橋口達也『護宝螺と直孤文・巴文』　学生社　二〇〇四

(44)福島孝行「赤坂今井墳丘墓にみる階層性について」『京都府埋蔵文化財情報』第76号　二〇〇〇
(45)石崎善久「丹後地方弥生墳墓における祭祀行為について―墳墓祭祀からみた赤坂今井墳丘墓―」『京都府埋蔵文化財情報』第91号　二〇〇四
(46)武田佐知子「赤坂今井墳丘墓の頭飾りについて（講演録）」『赤坂今井墳丘墓発掘調査報告書』二〇〇四
(47)肥塚隆保「赤坂今井墳丘墓出土鉛バリウムガラス製管玉の化学調査」『赤坂今井墳丘墓発掘調査報告書』二〇〇四
(48)小寺智津子「弥生時代のガラス製品の分類とその副葬に見る意味」『古文化談叢』二〇〇六
(49)田中良之・舟橋京子「坪井遺跡2号墳第1号主体部出土人骨」『カヤガ谷墳墓群　大谷墳墓群坪井遺跡』兵庫県教育委員会　二〇〇三
(50)森浩一『日本の古代4　諸王権の造型』中央公論社　一九九〇
(51)高田健一『日韓合同鉄器文化シンポジュウム・日本海（東海）がつなぐ鉄の文化』二〇〇一
(52)久田正弘・石川ゆずは「白江梯川遺跡の木製高杯について―資料提示と問題点提起―」『石川県埋蔵文化財情報』第14号　二〇〇五
(53)戸原和人「案の系譜」『京都府埋蔵文化財論集』第2集　一九九一
(54)高田前掲註51
(55)田代弘「志高の舟戸―堤防状遺構SX86231・弥生時代の船着場」『京都府埋蔵文化財論集』第5集　二〇〇六
(56)福海貴子「小松市八日市地方遺跡の報告」『フォーラム　北陸における弥生都市―小松市八日市地方遺跡を検証する―』小松市教育委員会　二〇〇三
(57)中間研志「いわゆる松菊里型住居と弥生住居」『先史日本の住居とその周辺』同成社　一九八七
(58)岡山真知子「水銀朱精製用具の検討―弥生時代中期末～後期初頭―」『古代文化』Vol.55　二〇〇三
(59)高野陽子「丹後地域―擬凹線文系土器の様式と変遷―」『古式土師器の年代学』二〇〇六
(60)田代弘「畿内周辺部における「朝鮮系無文土器」の新例」『考古学と移住・移動』同志社大学考古学研究室　一九八五
(61)秋山浩三「近畿における無文土器系土器の評価」『突帯文と遠賀川』土器持寄会論文集刊行会　二〇〇〇

(62) 高野陽子「弥生時代における竪穴式住居の炉形態に関する一考察」『考古学に学ぶⅢ』同志社大学考古学研究室 二〇〇七
(63) 柏田美香編『平安京右京六条四坊八町跡・西京極遺跡』(財)京都市埋蔵文化財研究所 二〇〇七
(64) 森岡秀人「弥生時代の畿内社会と金属器生産の展開」『近畿地方の鉄と銅の歴史を探る』二〇〇九
(65) 高野陽子「出現期前方後円墳をめぐる二、三の問題—京都府黒田古墳の再評価—」『京都府埋蔵文化財論集』第5集 二〇〇六
(66) 都出比呂志「第二章 弥生時代」『向日市史』上巻 一九八三
(67) 國下多美樹「鶏冠井銅鐸鋳型の評価をめぐって(上)・(下)」『古代文化』Vol.46-7・8 一九九四
(68) 岩崎誠「神足遺跡」『長岡京市史—資料編—』長岡京市史編さん委員会 一九九一
(69) 中川和哉「銅剣形石剣に関する二、三の問題点—京都府出土資料を中心に—」『京都府埋蔵文化財論集』第3集 一九九七
(70) 寺前直人「弥生時代における石製短剣の伝播過程」『古代武器研究』5 二〇〇四
(71) 中川和哉「弥生時代の石製武器出土埋葬主体部—京都市東土川遺跡例から—」『考古学に学ぶ』同志社大学考古学研究室 一九九九
(72) 都出前掲註65
(73) 千喜良淳編『大藪遺跡発掘調査報告書』大藪遺跡発掘調査団 二〇〇二
梅本康弘「中海道遺跡第三二次調査 六考察—遺構・遺物の評価と問題点」『向日市埋蔵文化財調査報告書』第四四集 一九九七
なお、各遺跡の詳細については、調査機関及び所轄教育委員会発行の報告書に拠るものである。

[参考文献]
『渡来人登場—弥生文化を開いた人々—』大阪府立弥生文化博物館編 一九九九
『青いガラスの燦き—丹後王国が見えてきた—』大阪府立弥生文化博物館 二〇〇二
『新修 亀岡市史』資料編第一巻 二〇〇〇
広瀬和雄編『丹後の弥生王墓と巨大古墳』季刊考古学別冊10 雄山閣 二〇〇〇

山中章「鶏冠井遺跡銅鐸鋳型の復原」『京都府埋蔵文化財情報』第18号　一九八五

伊藤淳史「山城地域における弥生集落の動態」『みずほ』　大和弥生文化の会　二〇〇七

桑原隆博「四隅突出型墳墓の新展開」『弥生墓制の地域的展開』　雄山閣　二〇〇五

[写真図版提供機関一覧]

頭部に突出部をもつ人面（一六四頁右）・蔵ヶ崎遺跡の水利施設と石鑿（一六七頁）・竹野遺跡（一七三頁）・水晶製玉類（一八一頁）・赤坂今井墳丘墓と第4埋葬（二〇六頁）・志高遺跡の石積遺構（二一三頁）、観音寺遺跡出土の土製品（二一七頁）・太田遺跡の環濠（二二〇頁）・余部遺跡の石製穿孔具（二二二頁）・室橋遺跡の大溝（二二五頁）・朝鮮半島製とみられるタビ（踏鋤）（二三二頁）・各種の磨製石剣（二四〇頁）・東土川遺跡の埋葬施設（二四三頁）・溝を共有する方形周溝墓群（二四四頁）：（財）京都府埋蔵文化財調査研究センター

邪視の人面（二四七頁右）：京都府教育委員会／陶塤（一六一頁）・扇谷遺跡の環濠（一七〇頁）・階段状に築かれた三坂神社墳墓群（一八八頁）・三坂神社3号墓の埋葬施設と出土鉄器（一九〇頁）・左坂墳墓群のガラス勾玉と小玉（一九一頁）：京丹後市教育委員会／日吉ヶ丘遺跡SZ01と出土した碧玉製管玉（一七六頁）・須代神社裏山出土の流水文銅鐸と魚の拓影（一七八頁）・大風呂南1号墓（一九七頁）：与謝野町教育委員会／黒田古墳の埋葬施設と復原図（二三四頁）：南丹市教育委員会／鶏冠井遺跡の銅鐸鋳型（二三七頁）：向日市教育委員会／中海道遺跡の区画された大形建物（二五一頁）：（財）向日市埋蔵文化財センター／神足遺跡の環濠（二三九頁）・神足遺跡の銅剣（二四一頁）：長岡京市教育委員会／扇谷遺跡の鉄滓（一七二頁）・大風呂南1号墓のガラス釧（二〇二頁）：大阪府立弥生博物館／頭部に突出部をもつ人面（一六四頁左）：島根県教育委員会／邪視の人面（二四七頁左）：桜井市教育委員会

巻頭口絵（裏）の「志高遺跡出土の弥生土器と収められていた小安貝」は、高野陽子が舞鶴市教育委員会の許可のもとに撮影したものである。

第6章　乙訓・丹波・丹後の古墳時代

乙訓《おとくに》から丹後への道

京都府は南北に長い地形をもつ。正確には南北というより北西―南東方向に長く、南の端は奈良市に接し、北は日本海に面する。地図上で直線距離を測ると、北端の経ヶ岬《きょうがみさき》から南端の木津川市と奈良市境まで約一三一キロとなる。この長い距離を行き来し、ヤマトの国から日本海へ抜けるルートの一つが、山城〜丹波〜丹後へと京都府内を縦断する道である。律令時代の郡名でもう少し詳細にみると、大和国・添下《そえしも》郡の北にある奈良山を越えて（歌姫越えという）山城国へ入り、南山城の相楽郡や綴喜《つづき》郡の木津川沿いを北上し、西山城（乙訓郡）を経て老ノ坂《おいのさか》峠を越えて丹波国に入る。万葉集巻一二に、

丹波道《たんばじ》の　大江の山の　眞玉葛《またまづら》　絶えむの心　我が思はなくに（三〇七一）

と歌われている丹波道はまさしくこの道のことで、古山陰道ともよばれる。

さらに丹波国の南丹波（桑田郡・船井郡）から北丹波（何鹿《いかるが》郡・天田郡）を経て丹後国に入り、丹波郡など丹後の五郡へとつながる。この道筋こそが古墳時代においてもヤマトと山城・丹波・丹後を結ぶ政治・経済・文化の往来した幹線ルートであり、これらの地域の主要古墳もほとんどがこの道沿いに分布しているといっても過言ではない。

さて古墳時代の初頭から前期（三世紀後半〜四世紀）において、政権の中心がヤマトにあったことは衆目の一致するところである。そして初期ヤマト政権は、諸地域勢力の政治的連合の結果成立されたものと解されており、乙訓・丹波・丹後の古墳時代を考えるときも、ヤマト政権との関係を重視する必要がある。

また古墳時代について考えるとき、わが国独自の古墳形態であり、ヤマトをはじめ各地域の首長墓である前方後円墳をその中心においてみていかざるをえない。本書の対象地域でも同様の状況であり、域内に存在する主要な前方後円墳をみていくことにより、この地域の古墳時代の様相が明らかになっていくものと考える。

一方、古墳時代後期の六世紀前半になると国　造《くにのみやつこ》制、ミヤケ制、部民《べみん》制が成立し、ヤマト政権による新たな地域支配体制が確立されるようになる。地域にはヤマト政権の政治、経済的拠点であるミヤケが設置され、地方の首長は国造や伴　造《とものみやつこ》などに任命されるなど、ヤマト政権による地域支配が強化されてくる。

この結果、旧来の各地域の首長権力は弱体化し、前方後円墳を造営できるような力をもつことができなくなり、一部の地域を除いて地方においては、六世紀代には前方後円墳築造の終焉を迎える。本書の対象とする地域も同様であり、とくに「元の丹波」の地域では五世紀末頃の亀岡市・千歳車塚古墳をもって一〇〇メートル級の前方後円墳は造られなくなる。その後七世紀代まで古墳は造られていくが、横穴式石室を主体とした群集墳の時代に入り、小地域の首長墓クラスの古墳が大半を占めるようになる。

以上のことから本章で取り扱う地域では、とくに古墳時代前期から中期の時期に大きな特徴があるので、主に墳長が一〇〇メートル級以上の前方後円墳を中心にして、前述のルートに従って南から乙訓、丹波、丹後の順にみていくこととする。このため前方後円墳の時代中心の記述になることをお断りしておく。なお「丹波」「丹後」の表記については、丹後の分国以前のことではあるが、混乱を避けるため分国後の範囲によって表現した。

さて、京都府内の古墳数については、第3章でも述べられているところであるが、再度まとめておくと府内の古墳総数は一二、〇〇〇基を数え、地域別では山城が一、七〇〇基（14％）、丹波が三、七〇〇基（31％）、丹後が六、六〇〇基（55％）となっている。「元の丹波」の九郡では船井郡と加佐郡がそれぞれ五〇〇基余りともっとも少ない。

このうち前方後円墳（前方後方墳含む）は約一八〇基あり、おおよそ山城が八〇基、丹波と丹後が各五〇基という分布になる。地域別の古墳数にたいする前方後円墳の割合を求めてみると、山城が四・九％、丹波が一・四％、丹後が〇・七％となり、丹後を一とすると丹波が二、山城が七という興味深い数字が出てくる。

もちろん前方後円墳が築造された時期によってその数値は変わってくるが、前方後円墳の地域別分布のおおまかな傾向は把握できる。とくに山城における前方後円墳の占める割合が、丹後の七倍にも達することは、山城がヤマトに隣接する地域であり、のちに畿内といわれる範囲に含まれる山城の地理的優位性と多くの豪族が存在したことを如実に物語っているものといえよう。

一方、丹後は府内の古墳数の半数以上を占めながら、前方後円墳の占める比率が小さいという地域である。にもかかわらず、二〇〇メートル級の巨大前方後円墳が築造されるという、特別な地域であるといえる。

前期の前方後円墳が多い乙訓

乙訓地方は、古式の前方後方墳や前方後円墳の所在が知られた地域で、その首長系譜についても都出比呂志氏らにより詳細な研究がおこなわれてきた。地名をとって向日《むこう》グループ、長岡グループ、樫原《かたぎはら》グループなどとよばれる古墳の首長系譜が明らかにされているが、ここでは乙訓全体を通して、向日市史（一九八三）や長岡京市史（一九九六）などを参考にしながら、築造された時期が古い古墳から順番にみ

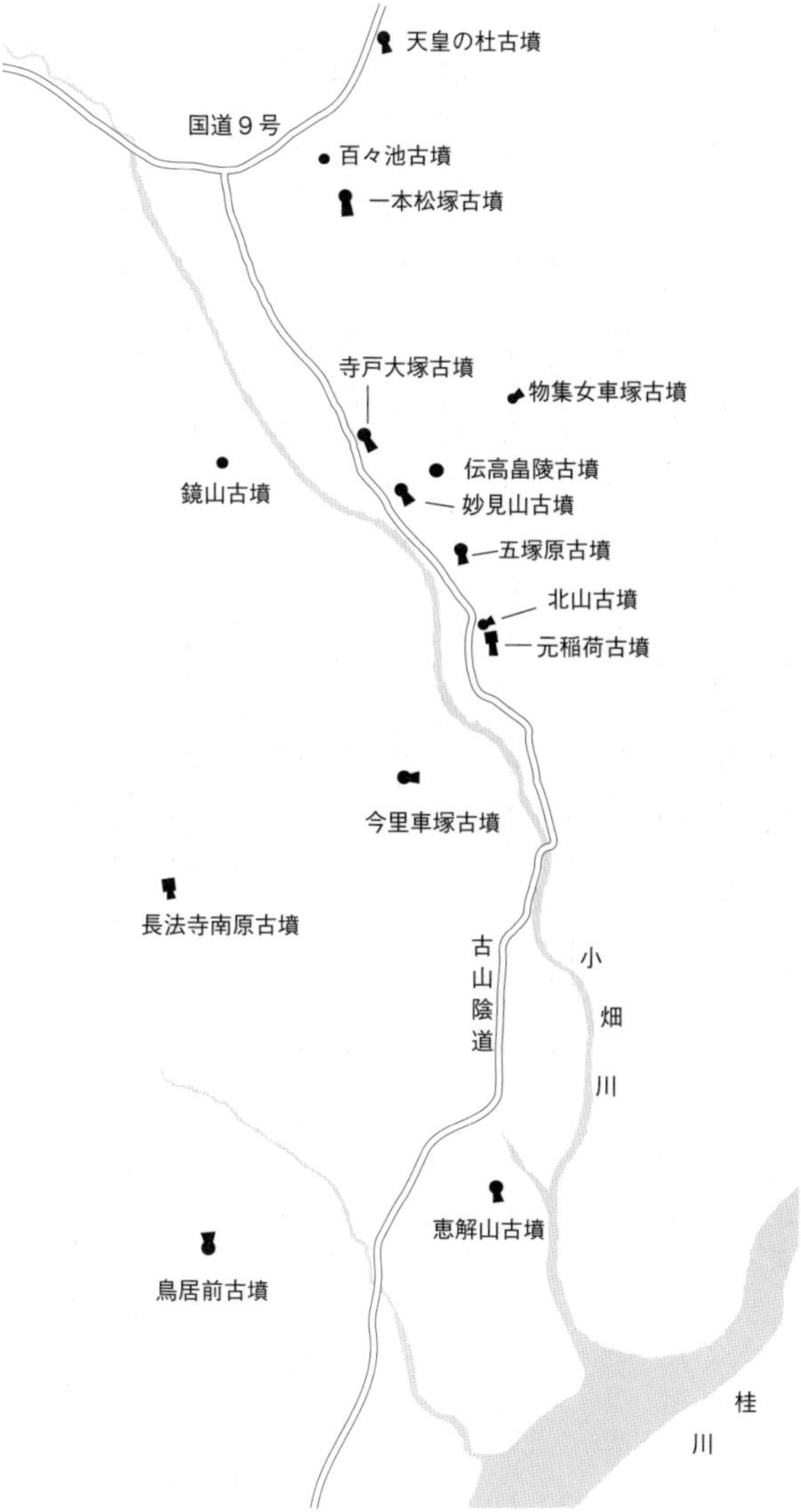

ていくことにする。

乙訓地域で最初に造られた古墳として数少ない前方後方墳である元稲荷古墳（墳長九四メートル・向日市）がある。後方部が三段、前方部が二段で築成されており、前方部が後方部より四メートル低い。埋葬施設の竪穴式石室は残念ながら盗掘を受けて荒らされていた。後方部斜面には貼り石状の特徴ある葺石がふかれ、前方部頂には二メートル×四メートルの方形の埴輪列があり特殊器台形埴輪の上に特殊壺形埴輪をのせて置かれていた。これらの埴輪は、ヤマトの箸墓古墳や岡山県の都月《とつき》一号墓出土のものと同じ形態を示しており、前期古墳でも古い様相であることから、元稲荷古墳は四世紀初頭の時期に比定されている。

元稲荷古墳のつぎの首長墓と考えられるのが、前方後円墳である五塚原《いつかはら》古墳（九四メートル・向日市）と寺戸大塚古墳（九八メートル・向日市）である。このうち五塚原古墳は測量調査が行われただけで、葺石や埴輪をもつことが確認されている以外に情報はない。

寺戸大塚古墳は後円部が三段、前方部が二段築成で高い後円部と低い前方部との比高差が六～七メートルあり、葺石と埴輪をもつことなど前方後円墳と前方後方墳という墳形に違いはあるが、元稲荷古墳とよく似た形状の古墳である。後円部の墳頂部には埴輪列に囲まれた一辺八メートル、高さ二〇センチの正方形壇があり、その縁には板石が並べられ内側に円礫が積まれていた。

埋葬施設は竪穴式石室内の粘土床上に割竹形木棺がおかれ、一部盗掘は受けていたものの園部垣内《かいち》古墳出土鏡と同型の仏獣鏡を含む二面の三角縁神獣鏡をはじめ、硬玉製勾玉一、碧玉製管玉一九、碧玉製石釧八や刀剣等の鉄器類が副葬されていた。また前方部からも竪穴式石室が発見され、中には銅鏡三面、碧玉製管玉八、碧玉製紡錘車形石製品一、琴柱形《ことじがた》石製品一のほか刀剣、鏃などの武器類や斧、鉇《やりがんな》などの農工具類が副葬されていた。

　これら向日グループの元稲荷古墳、五塚原古墳、寺戸大塚古墳は、いずれもヤマトの箸墓古墳の三分の一の築造企画によって造られた古墳であることが和田晴吾氏によって指摘されており、初期ヤマト政権の成立に乙訓地方の首長たちも参画していたことがうかがえる。

　妙見山古墳（一一三メートル・向日市）は消滅してしまっているが、大正時代に調査がおこなわれている。葺石や埴輪をもち、埋葬施設として竪穴式石室の中に組合式石棺が安置されていた。この石棺は、大阪府柏原市松岳山《まつおかやま》古墳の石棺とともに、長持形石棺の祖型にあたるとされている。内部は盗掘されていたが、石棺の副室から銅鏃一〇六点をはじめ、碧玉製の管玉三と紡錘車四、筒形銅器一、小札綴《こざねつづり》の冑一、刀剣等の鉄器類が出土した。また前方部の粘土槨から三角縁神獣鏡一面が出土しており、四世紀後半の古墳とされている。

　この他にも一本松塚古墳（約一〇〇メートル・京都市西京区、消滅）があり詳細は不明であるが、竪穴式石室を持ち銅鏡三面などが出土しており四世紀中頃に比定されている。

　また四世紀後半の首長墳として位置づけられるのが、前方後方墳の長法寺《ちょうほうじ》南原《みなみはら》古墳（六二メートル・長岡京市）である。長法寺南原古墳も後方部が三段、前方部が二段で前方部が後方部より約二メートル低いなど、元稲荷古墳とよく似た形状を呈している。また埴輪はみられるが、葺石はないなど古式の様相を示す。埋葬施設は竪穴式石室で、三角縁神獣鏡四面を含む銅鏡六面をはじめ、硬玉製勾玉六、碧玉製管玉一九、ガラス製小玉二八七の玉類、刀剣等の鉄器類、銅鏃

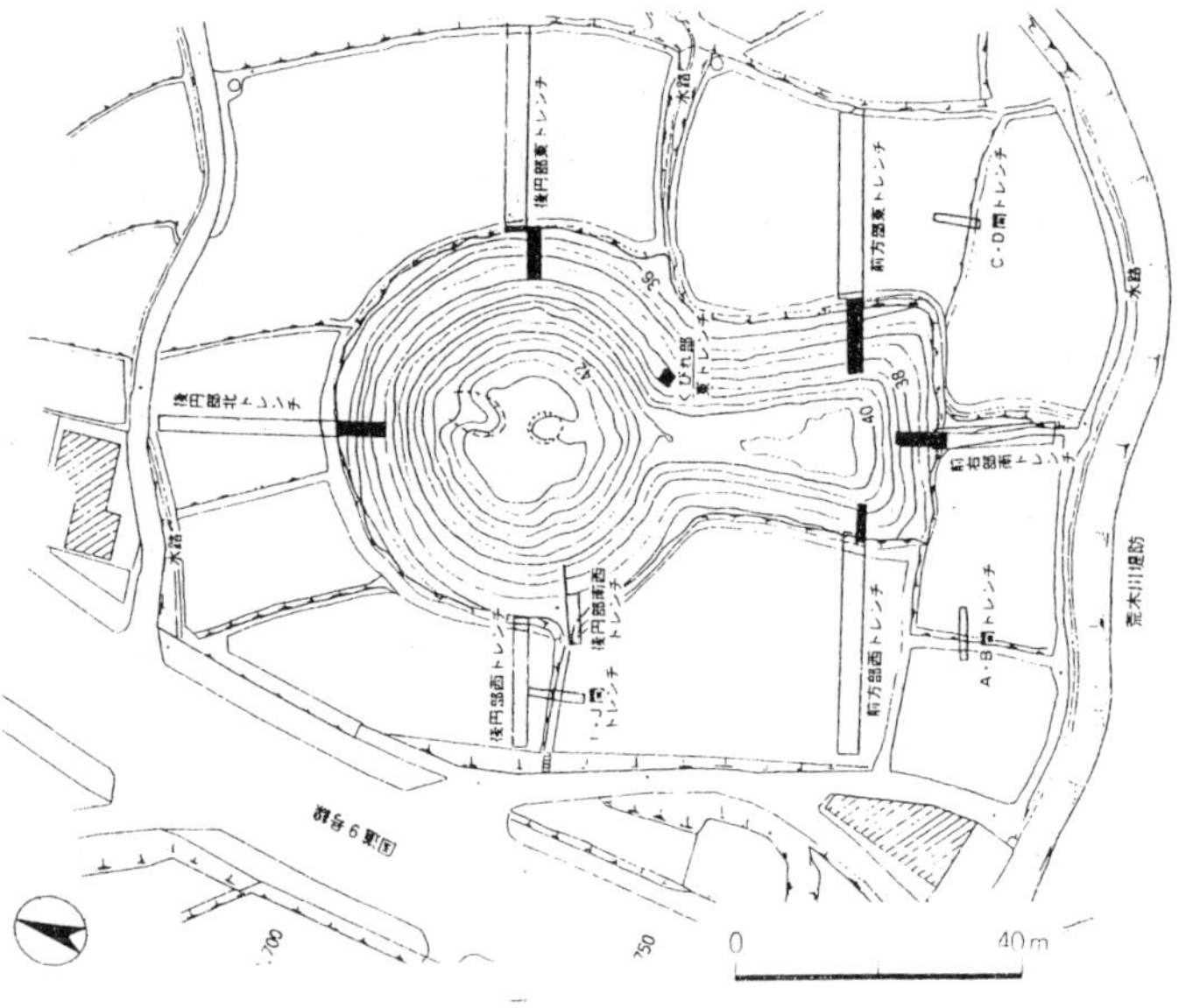

天皇の杜古墳の墳丘

二、石臼二、石杵一などが出土している。

つづく四世紀末には、前方後円墳の天皇の杜《もり》古墳（八六メートル・京都市西京区）が丹波との国境近くに築造される。墳丘は二段築成で斜面には葺石が葺かれ、普通円筒埴輪と朝顔形円筒埴輪が墳丘裾をめぐっていることが確認されている。

天皇の杜古墳は、神戸市の五色塚古墳（一九四メートル）の二分の一の築造企画で造られた古墳とされるが、五色塚古墳は丹後の網野銚子山古墳（一九八メートル）と同一企画の築造であることから、天皇の杜古墳は網野銚子山古墳の二分の一企画の古墳であると言い換えることができる。さらに網野銚子山古墳や五色塚古墳は、奈良市佐《さ》紀《き》陵山《みささぎやま》古墳（日葉酢媛《ひばすひめ》陵古墳・二〇七メートル）の築造企画と同一であることから、ヤマト政権との強い関係を指摘されており、天皇の杜古墳についても同様の関係がいえる。

また墳丘を外部から画するため空濠状の平坦部が設けられているが、この墳丘の外郭部の平坦部については網野銚子山古墳の南東側を半周する空濠状の遺構も同様の構造をしており、墳丘企画のみならず、外周施設にも両者の間には共通性が認められる。

天皇の杜古墳が所在する国道九号沿いは、まさしく古代の丹波道沿いにあたり、この道の最終到達地である丹後へ向かう入り口にあたる場所に造られていることの意味は重要で、天皇の杜古墳の被葬者はヤマトと丹後を結ぶうえで強い役割をもっていたことが想像できる。

乙訓の中期古墳

五世紀にはいると、まず鳥居前古墳（約五一メートル・大山崎町）が、つぎに今里車塚古墳（約七四メートル・長岡京市）が五世紀前半に築造される。

鳥居前古墳は前方部の短い帆立貝形の前方後円墳で、元稲荷古墳や長法寺南原古墳と同じく後円部三段、前方部二段に築成されている。墳丘各段の平坦面に埴輪列がならび、円筒埴輪のほか朝顔形埴輪、家形埴輪、蓋《きぬがさ》形埴輪の存在も確認されている。

今里車塚古墳は、幅約一一メートルの方形の周濠をもち葺石と円筒埴輪、朝顔形埴輪、家形埴輪、蓋形埴輪が確認されている。また高橋美久二氏によって墳丘の裾やテラス上に立てられていた「木の埴輪」とよばれる笠形や盾形の木製品が周濠の中から発見され、古墳祭祀にかかわる新たな知見が加わった古墳としても重要である。埋葬施設は不明であるが方格規矩獣文鏡の出土が知られている。

つぎの五世紀中頃になると、恵解山《えげのやま》古墳（約一二四メートル・長岡京市）が現れるが、これ以降乙訓の地域では一〇〇メートル級の前方後円墳は造られなくなる。

恵解山古墳は、桂川、宇治川、木津川の三川が淀川に合流する場所近くに造られた前方後円墳で、前方部に大量の武器類が埋納されていた。その武器類は総数九二〇点にもおよび、刀剣一九〇、鉄鏃五七〇、短剣一四〇のほか漁具としてのヤス五などがある。また恵解山古墳の墳丘は大山古墳（仁徳陵古墳）の四分の一の企画で造られており、古墳の立地場所や武器の大量埋納の意味するところから、前代までのヤマト政権とのつながりから河内政権とのつながりへと変わっていったことを示す古墳である。

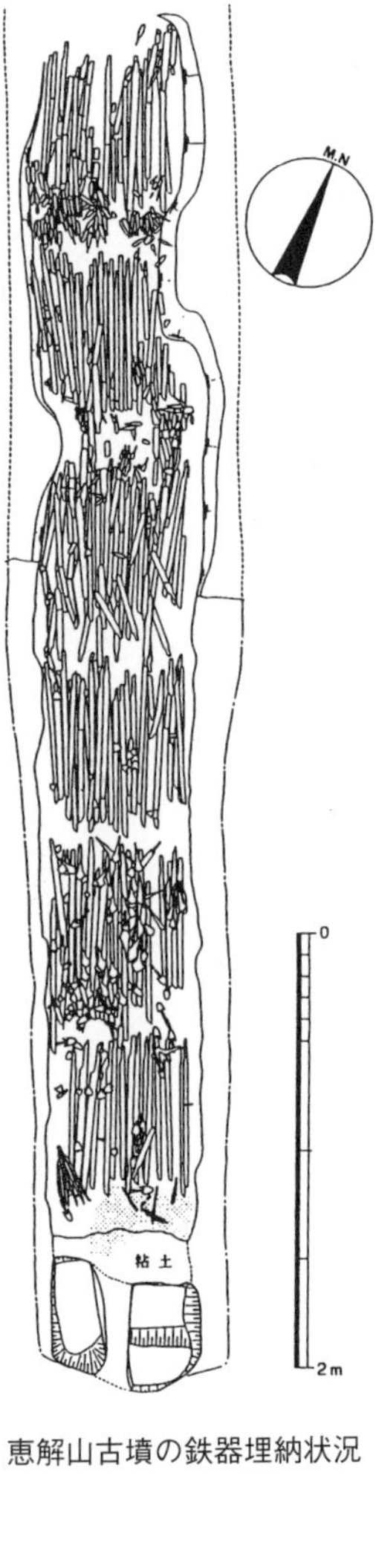

恵解山古墳の鉄器埋納状況

以上が乙訓地域の主要な前方後円墳であるが、ほかに古墳時代を通して比較的内容のわかっている特徴的な古墳をあげる。

百々池《どどいけ》古墳（京都市西京区）は、墳丘の直径が二十数メートルの円墳であるが、葺石や墳頂部平坦面に埴輪列をもち、埋葬施設の竪穴式石室からは三角縁神獣鏡四面（一面は園部垣内古墳出土鏡と同型の仏獣鏡）、画文帯神獣鏡一面、獣帯鏡一面、その他の銅鏡三面をはじめ車輪石三、石釧一七、硬玉製勾玉一、滑石製勾玉一、碧玉製管玉六五、同紡錘車一など豊富な遺物が出土しており四世紀後半に比定されている。

鏡山古墳（京都市西京区）は、五世紀前半に築造された墳径三〇〜四〇メートルの円墳であるが、粘土槨と推定される埋葬主体から獣形鏡一面、銅釧一、碧玉製勾玉二のほか石製祭器（勾玉一三八、鏡一、鎌一、刀子三、斧四、下駄三対、紡錘車二、臼と杵一対）の出土が報告されている。

以上のほかにも墳径六五メートルで二段築成の大型円墳である伝高畠陵古墳（向日市）や、過去に三角縁神獣鏡の出土が伝えられる北山古墳（六〇メートル未満の前方後円墳・向日市・消滅）などがあげられるが詳細は不明である。

また古墳時代後期にあたる六世紀前半の前方後円墳である物集女《もづめ》車塚古墳（約四八メートル・向日市）は、二段築成で葺石、蓋・盾形埴輪や円筒・朝顔形埴輪をもつ。埋葬施設は長さ約一一メートルの横穴式石室の中に、奈良県二上山産白色凝灰岩製の家形石棺が置かれていたほか二、三の木棺の追葬も考えられている。石棺内からは広帯式冠一、銀環一、青銅製鈴一、ガラス製管玉三、同小玉九八一、銀製空玉《うつろだま》四八片、金銅製三輪玉一や刀子八、鉄刀、鉄鏃などが、石室内の床面からは碧玉製棗《なつめ》玉二、ガラス製トンボ玉一一、同小玉三一九、琥珀《こはく》製棗玉三、銀環二、鉄刀、鉄鏃のほか馬具や装飾付須恵器などが出土している。

第2章で述べられているように、継体天皇勢力と関係する近江の鴨稲荷山古墳とほぼ同規模の古墳で、副葬品の組合せも類似しており、物集女車塚古墳の被葬者は継体天皇勢力に加担した豪族とみられる。

乙訓の首長墓の系譜

乙訓地域の首長墓系譜についてまとめると、向日市の向日グループについては、四世紀初頭の元稲荷古墳から築造が開始され、五塚原古墳、寺戸大塚古墳とつづき四世紀後半の妙見山古墳をもって終わるが、六世紀前半になって小型の前方後円墳である物集女車塚古墳が築かれる。

京都市西京区にあたる樫原グループでは、四世紀中頃の一本松塚古墳に始まり、ついで百々池古墳、そして四世紀末頃の天皇の杜古墳へとつづく。

長岡京市の長岡グループでは、四世紀後半の長法寺南原古墳から今里車塚古墳へとつづき五世紀中頃の恵解山古墳で終わる。なお大山崎町の鳥居前古墳は、長岡グループに位置づけられているが、地域の中で後続の首長墓が見られない。以上のように、乙訓地域における古墳時代前期から中期にかけての首長墓系譜は、向日グループから始まり樫原グループをへて長岡グループへと移っていくとされている。

以上、先学の研究をもとに乙訓地域の有力な古墳を概観してきたが、乙訓の地形は北西から南東に向かってやや長く、おおざっぱにいうと南北一〇キロ×東西七キロの狭い範囲に収まってしまう。さらに乙訓の首長墓は、桂川に向かって北から流入する小畑川の流域に集中的に分布するといってよい。そこで小畑川流域全体を対象にして、とくに前期古墳の分布から、その特徴が顕著である首長墓系譜について考えてみたい。

まず、小畑川左岸域と右岸域に分けてみていくと、左岸域では一〇〇メートル級の前方後方墳や前方後円墳が四基、すなわち南から元稲荷古墳、五塚原古墳、妙見山古墳、寺戸大塚古墳の順にすべて前方部を南東方向に向け、それぞれ約四〇〇メートルの間隔でほぼ一列に並んで築造されている。時代が四世紀初頭から四世紀後半までの時間幅のあるなかで、非常に整然と計画的に築造された古墳群であり、一つの確実な系譜がみて取れる。

さらに寺戸大塚古墳の北方約一・六キロに一本松塚古墳、二・六キロには天皇の杜古墳があり、一本松塚古墳のすぐ北にある百々池古墳とあわせて首長墳が継続して築かれている。そしてこれらの古墳は、隣接する寺戸大塚古墳と妙見山古墳の築造順序が逆であることを除けば、時代とともに一番南の元稲荷古墳から、もっとも北の天皇の杜古墳へと順番に築造されていった様子がうかがえる。

一方、小畑川右岸の前期の有力古墳は、丘陵上に築かれた前方後方墳の長法寺南原古墳があるだけで、規模も墳長六二メートルと左岸グループにはおよばない。したがって古墳時代前期における乙訓の首長は小畑川左岸グループの古墳の被葬者たちであり、右岸グループに乙訓全体の首長が登場するのは、古墳中期の今里車塚古墳や恵解山古墳の出現まで待たねばならない。

このように乙訓の古墳前期の首長墓が、小畑川流域につぎつぎと築造されたひとつの大きな理由としては、小畑川沿いの道がヤマトから南山城を経て丹波、丹後へとむかう道筋にあたることからヤマト政権によって交通の要衝として重要視された結果であろう。さらにいえば、木津川沿いから、小畑川流域を北上し、老ノ坂峠を越えて丹波にはいるこの道は、この時期大陸や朝鮮半島などの先進文化・文物が、受入れ窓口である丹後を通してヤマトへ入ってくる重要なルートであった。その往来の様子は「記紀」にあらわれる「弟国（乙訓）の地名説話」にも投影されており、この時期の丹後の重要性を物語っているものと考えたい。

乙訓の古墳の特徴は、墳長が二〇〇メートルにおよぶような巨大古墳は存在しないものの、一〇〇メートル級の前方後円墳が多く築造されていること、三角縁神獣鏡を中心とした銅鏡を多数副葬する古墳が多いこと、ヤマトや河内の大王墓と同一の築造企画で造られた古墳が多いことなどがあげられる。

後に畿内とよばれる地域に属する山城は、地理的にヤマトや河内と隣接する地域であることと山陽や山陰、また北陸へとつづく交通の要衝であることから、政権との結びつきが強い地域であり、それが古墳の分布にも反映されているといえる。乙訓の古墳は、四世紀代はヤマト政権と密接に結びつき、五世紀代には河内政権と直結していく姿を描きだしてくれる。

丹波を代表する前期古墳・園部垣内古墳

乙訓から老ノ坂峠を越えると丹波に入る。丹波は、便宜上、桑田郡と船井郡の南丹波（口丹波ともいう）、何鹿《いかるが》郡と天田郡の北丹波、そして多紀郡と氷上郡の西丹波（兵庫丹波ともいう）に分けられ、水系的にも大堰川水系（南丹波）、由良川水系（北丹波）、加古川水系（西丹波）とにはっきりと分かれる。ただ本書の趣旨から西丹波（兵庫丹波）の古墳については詳しくは触れない。

さて南丹波は、現在の行政区でいうと亀岡市と南丹市、京丹波町および京都市に編入された旧京北町の範囲にあたる。

丹波における古墳時代の嚆矢は、南丹波の園部黒田古墳の出現である（232頁参照）。黒田古墳については第5章で詳しく述べられているのでここでは扱わないが、奈良県桜井市のホケノ山古

園部垣内古墳の粘土槨

墳との類似性が指摘され、古墳出現期である三世紀中頃の、いわゆる前方後円墳が定型化する前段階の前方後円墳とされている。

黒田古墳の出現から一世紀以上の時が過ぎて、四世紀後半頃に園部盆地に現れるのが中畷《なかなわて》古墳であり、園部垣内《かいち》古墳である。このうち中畷古墳は、墳長六四メートルの前方後方墳で直刀と筒形銅器の出土が伝えられる程度で詳細は定かではないが、垣内古墳をややさかのぼる築造時期が考えられている。

園部垣内古墳の墳丘は後世の改変により大きく壊されていたが、墳長約八二メートル、後円部径約五〇メートル、前方部長三二メートル、同幅三二メートルの前方後円墳で埴輪と葺石をもち、墳丘の周りには盾型の濠がめぐっていることが確認された。後円部の中央からは長さ八メートル、幅二メートルにおよぶ粘土

槨という巨大なコウヤマキ製の割竹形木棺を粘土で包んだ埋葬施設がみつかり、棺の内外から豊富な副葬品が出土した（出土遺物や内容については第4章に詳しい）。

園部垣内古墳では副葬品の配置が正確に把握できたことにより、当時の人々の死生観や古墳祭祀を考える上において貴重な材料を提供してくれた。

また、桑田郡の桑田はその名前のとおり、桑＝養蚕が盛んであったことを示す地名であり、出土した盤龍鏡を包んでいた布が絹織物であったこととも関連し、この地域で古墳時代前期から養蚕が行われていた証拠とされている（古墳出土の絹織物については、丹後の項であらためて述べる。297頁参照）。

なお園部は船井郡であるが、船井郡が平城宮出土木簡などの史料に現れるのは八世紀のことであり、船井郡は桑田郡から割置されたという説（『船井郡誌』）もあることから、それまでは桑田郡に含まれていたのではないかと考えられている。

園部垣内古墳のある園部盆地は、北西へ向かう丹後道、北北東へ向かう若狭道、西へ向かう篠山道が交差する交通の要衝であり、ヤマトから山城、丹波の先の各地へとつづく重要な政治的拠点を治めた王の性格が、銅鏡や石製腕飾類などの畿内色豊かな副葬品に投影されている。天皇の妃に召された丹後の媛たちも、丹波の王に守られながらこの道をのぼっていったことであろう。

以上のように、園部垣内古墳は、古墳時代前期における南丹波最大の前方後円墳であるだけでなく、南丹波地域の重要性や副葬品の埋納方法のあり方など、さまざまな知見を与えてくれた重要な古墳である。

園部垣内古墳のあとの南丹波の首長墓として一〇〇メートル級の前方後円墳を想定した場合、五世紀末頃の千歳車塚古墳（亀岡市）までみられなくなる。

亀岡盆地の大堰川左岸に位置する墳長八八メートルの前方後円墳である千歳車塚古墳は墳丘が三段築成で、葺石、円筒埴輪をもつ。また墳丘の周りには盾形の周濠がめぐる。この古墳の前方部は左右非対称となっており、したがって周濠も左右対象となっていない。「片直角型」の前方後円墳といわれるものである。

千歳車塚古墳

一方、古墳後期になると前方部先端が尖るような「剣菱型」とよばれる形態の前方後円墳が現れる。畿内では真の継体天皇の墓といわれる高槻市今城塚古墳がこの「剣菱型」であり、継体天皇はそれまでの天皇系譜とは異なる天皇であることから、新しいタイプの「剣菱型」を採用したのかもしれないとされている。

千歳車塚古墳が「剣菱型」ではなく「片直角型」の前方後円墳であることも、第2章で述べられているように、継体天皇の即位前紀の記事にある、丹波国桑田郡にいた倭彦王に関係する古墳であることの傍証となろう。

千歳車塚古墳の東約七〇〇メートルには丹波一宮である

延喜式内社の出雲大神宮が鎮座し、また南二キロの位置には律令時代の丹波国分寺跡と同尼寺跡と推定される御上人林《おしょうにんばやし》廃寺があり、一帯が古代の丹波の中心地であったことがうかがえる。

北丹波は、現在の綾部市と福知山市に含まれる何鹿《いかるが》郡と天田《あまだ》郡にあたる。

北丹波の前期の前方後円墳・広峯一五号墳と中期の方墳

天田郡における古墳時代前期の首長墓は、飛禽《ひきん》鏡という銅鏡の優品が出土している綾部市の成山古墳群などの一辺二〇メートル程度の方墳が占める中で、唯一前期の前方後円墳として福知山市の広峯一五号墳がある。

広峯一五号墳は墳長四〇メートルの小型前方後円墳で、「景初四年」銘鏡が出土したことで知られるが、第4章で詳しく述べられているのでここでは省略する。北丹波におけるこの古墳の位置づけはむずかしいところであるが、銅鏡を除いた副葬品も豪華とはいえず、その被葬者像は北丹波全体を治めた首長というよりも、福知山盆地一帯を治めた首長としておきたい。

何鹿郡の中期前半の首長墓と考えられる、綾部市の聖塚《ひじりづか》古墳と菖蒲塚《あやめづか》古墳は、葺石・埴輪・段築・周濠をもつ大型方墳で両者間の距離は約一二〇メートルしか離れていない。

聖塚古墳の墳丘は一辺約五四メートル、現存高は七メートルで南辺に長さ約五メートル、幅一七・五メートルの造出し部をもつ。また幅一二メートルの周濠をもち築造時には外堤が存在した可能性も指摘されている。明治期に埋葬施設が発掘されており、記録からは粘土槨を小割石で石室状に覆ったものと推測されている。出土遺物は漢式鏡一面をはじめ玉類、甲冑や刀剣、鏃などの武器類がある。また造出し部の葺石上面からは、円筒埴輪や蓋、短甲などの形象埴輪が多数出土している。

菖蒲塚古墳は一辺約三二メートル、現存高五メートルで南側に長さ六メートルの造出し部をもつ。また幅五メートル前後の周濠が墳丘をめぐっている。主体部の調査が行われておらず詳細は不明であるが、造出し部付近からは円筒・朝顔形埴輪が多く出土している。

聖塚古墳

この二つの方墳は、葺石・埴輪・段築・周濠という外表施設をもつことから、畿内の前方後円墳の影響を強く受けた古墳といえ、五世紀前半の年代が与えられている。

つぎに続く首長墓としてあげられるのが、由良川中流域をのぞむ丘陵上に造られた中期中頃の綾部市私市《きさいち》円山古墳である。私市円山古墳は墳径七一メートル、高さ一〇メートルの墳丘に長さ一〇メートルの造出し部が付く。墳丘は三段築成で、その大部分は地山を削り出して造られている。墳丘の上段・中段斜面および造出し周縁部に葺石が葺かれ、各段の平坦面には円筒埴輪列がめぐる。造出し部の円筒埴輪列に囲まれた内部からは家形・蓋形・盾形・短甲形などの形象埴輪や土師器（壺・高坏）が出土した。埋葬施設は墳頂部平坦面から三基が検出され、中心となる二基の主体部が平行に埋葬されていた。

最初に葬られた中央寄りの主体部は組合式木棺で棺内から三角板革綴短甲一、三角板革綴衝角付冑一、板錣《しころ》一、鉄刀三、鉄鏃六〇、捩文鏡《ねじもんきょう》一、玉類（勾玉六・管玉三九・ガラス小玉七・臼玉一六五）、竪櫛九が出土し、棺内副室からは農工具類（鍬先四・鎌五・斧七・鉇二・刀子七等）が出土した。また北側の主体部も組合式木棺を使用しており、棺の周囲を粘土で覆っていた。棺内からは三角板革綴短甲、頸甲、肩甲、三角板革綴衝角付冑、草摺《くさずり》の甲冑一セット、鉄剣二、鉄鏃三八、鉄地金銅張り胡録《ころく》金具一セット、金銅製帯金具（鉸具一・方形金具二）、小型鏡一、玉類（勾玉二・管玉八・ガラス小玉二二六・水晶製小玉一六・棗玉二）、竪櫛一一が出土している。

この私市円山古墳の築造時期は、北丹波における首長墓の古墳中期の墳丘形態がそれまでの方墳から小規模な前方後円墳へ変わる過渡期にあたる。私市円山古墳の被葬者は、円墳とはいえ規模の大きさとともに副葬された豊富な武器類から、河内政権と密接な関係をもつ首長といえる。

私市円山古墳以後、北丹波においては大規模な古墳はみられず、古墳時代中期後半から後期にかけて、群集墳の中の盟主墳として、墳長が四〇メートル前後の小規模な前方後円墳が造られるようになるが、北丹波全体を掌握するような首長墓は出現しない。

また古墳時代中期の丹波地域においては、亀岡盆地の一辺が四～五〇メートル前後の大型方墳である枡塚古墳や坊主塚古墳、北丹波の綾部市・聖塚古墳や、福知山市の妙見一号墳など、方墳が優位を占めている。これは乙訓や丹後では見られない様相であり丹波地域の特徴といえる。

またこれらの方墳は二基が近接し連続して築造されているという例が多くみられ、それぞれ二世代にわたる被葬者が葬られたもので、亀岡盆地の馬場ヶ崎一号墳と二号墳、滝ノ花塚古墳と枡塚古墳（以上、亀岡市）、坊主塚古墳と天神塚古墳（南丹市八木町）、綾部市の聖塚古墳と菖蒲塚古墳などがあげられる。これらの古墳の共通点として一〜二面の銅鏡と甲冑類をもつことから武人的な被葬者像が浮かぶ。

一方、兵庫県の西丹波では古墳時代中期中頃に篠山市・雲部《くもべ》車塚古墳が築造される。雲部車塚古墳は、墳長一四〇メートルの丹波最大の前方後円墳で盾形の周濠をめぐらせている。埋葬施設は播磨の竜山石《たつやまいし》製の長持形石棺を納めた中期タイプの竪穴式石室で、石棺内は未調査であるが、石室内からは横矧板鋲留革綴短甲、三角板鋲留衝角付冑、眉庇付冑、馬具類、鉄剣、鉄刀、鉄鉾等が出土している。

また雲部車塚古墳は、河内の誉田御廟山古墳（応神陵古墳）の築造企画で造られた古墳とされており、甲冑など豊富な武器類をもつことから、河内政権と密接な関係をもつ首長の墓といえるとともに、中期中頃に至って西丹波が丹波国の中心となっていくことを物語る古墳である。

以上みてきたように丹波全体を治めた最高首長墓の系譜は、四世紀後半の園部垣内古墳→五世紀前半の聖塚古墳→五世紀中頃の私市円山古墳→五世紀中頃の雲部車塚古墳→五世紀末頃の千歳車塚古墳の順序が考えられる。このうち聖塚古墳は方墳、私市円山古墳は円墳であり、前方後円墳である他の古墳よりランクは一段下がるが、聖塚古墳は段築、造出し、葺石、埴輪、周壕など畿内の大前方後円墳と同じ築造手法がとられ、私市円山古墳は府下最大の円墳で葺石、埴輪、豊富な武器類をもつことから、いずれも丹波の最高首長墓としてふさわしい。

これら丹波の首長墓は南丹波（園部）→北丹波（綾部）→西丹波（篠山）→南丹波（亀岡）へと時

代と共に地域を移動しており、このことはヤマトや河内政権による丹波のみならず丹後も含めた地方支配の進捗と大きな関連があるものと思われる。

北丹波から丹後への道と丹後最古の前方後円墳

北丹波から丹後へ向かうには①福知山から与謝峠を越えて与謝野町加悦へ入るコース、②福知山から普甲峠を越えて宮津へ入るコース、③福知山から由良川沿いを北上し日本海沿いを宮津へ入るコースの三つがある。

なかでも①のコースが距離的にはもっとも近いことと、与謝峠を加悦谷側へ下ったところに丹後における初期の前方後円墳である白米山《しらげやま》古墳や蛭子山《えびすやま》古墳が築造されていることから、このコースがもっとも有力であったと考えられる。もちろん積雪の多い冬季や由良川の増水時など、その時の気象条件に応じて、この三つのコースが併用されたことであろう。

丹後の前方後円墳の嚆矢は、現在のところ与謝野町の野田川沿いの加悦谷に出現する白米山古墳と考えられる。白米山古墳は墳長九二メートルで、墳丘は二段に築成されており、そのほとんどは地山を削り出して造られている。葺石はあるが埴輪はない。埋葬施設は後円部平坦面で竪穴式石室が検出されたが、内部は未調査のため詳細は不明である。また墳丘テラスや周辺にも埋葬施設があることや、隣接して台状墓群があるなど、丹後の弥生時代の墓制を引き継いでいる古墳である。出土した土器から四世紀前半の時期が与えられている。

ところで、弥生時代後期後半の丹後の王墓である大風呂南一号墓や、赤坂今井墳丘墓と白米山古墳との間には約一世紀ほどの時期差があり、この間の丹後の王墓は発見されていない。ただ、一つの候補として古代丹波の中心地である京丹後市峰山町丹波に位置する湧田山一号墳があげられる。湧田山一号墳は墳長一〇〇メートルの前方後円墳であるが、後円部は長楕円形を呈するとともに前方部は短く低い。後円部のみ二段築成で前方部に段築はなくその比高差は七メートルもあり、葺石や埴輪をもたないなど古式の形態を示している。

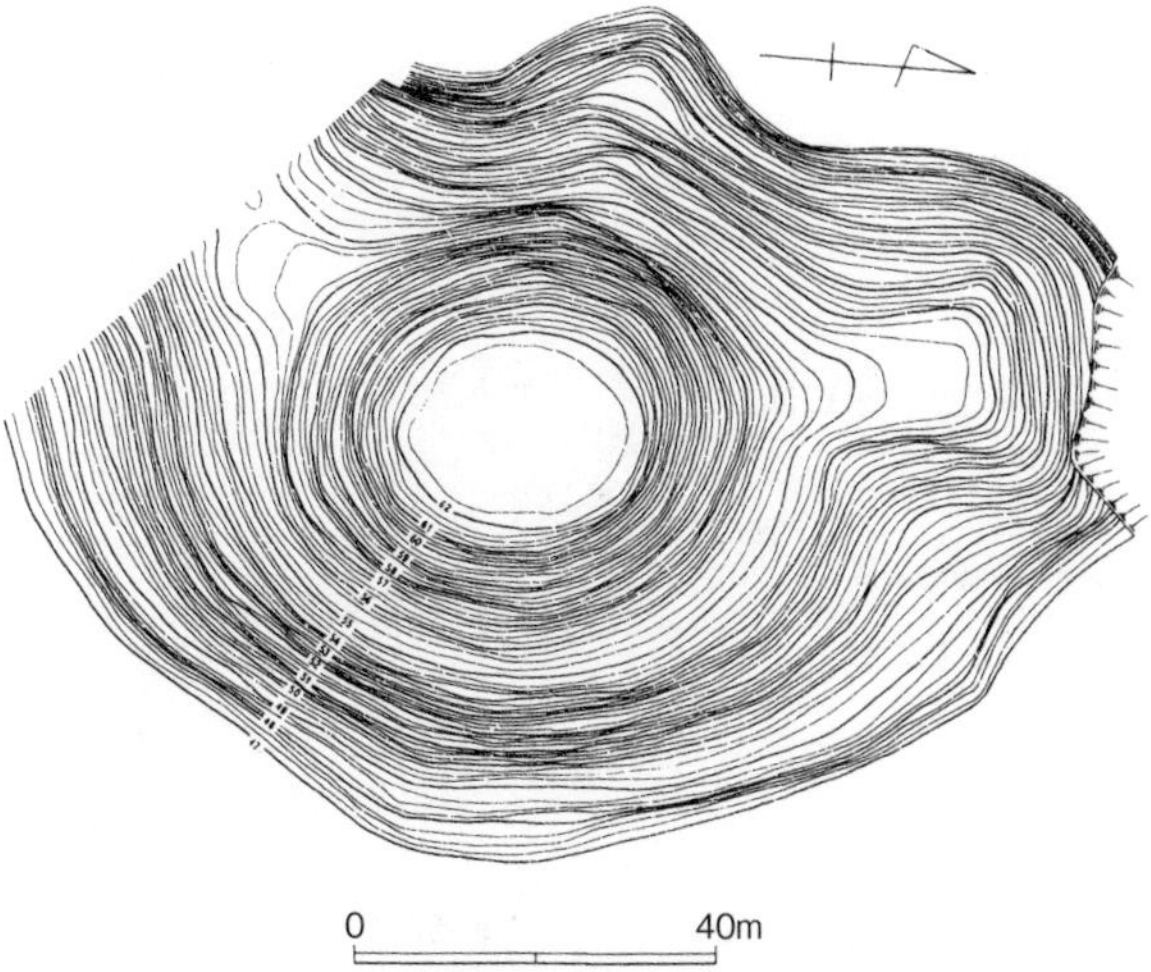

湧田山１号墳の墳丘

湧田山一号墳のこれらの特徴は、ヤマトのホケノ山古墳や園部黒田古墳など初源期の前方後円墳の形態と類似しているほか、北約一キロには特徴ある銅鏡が出土した三世紀後半の大田南二号墳、五号墳も所在することから、丹後の王墓の空白期を埋める可能性のある古墳として注目しておきたい。

丹後の三大古墳

白米山古墳に続く古墳前期の首長墓としては「丹後の三大古墳」といわれる、蛭子山《えびすやま》古墳（与謝野町加悦、一四五メートル）―網野銚子山古墳（京丹後市網野町、一九八メートル）―神明山《しんめいやま》古墳（京丹後市丹後町、一九〇メートル）の順に築造された三基の巨大前方後円墳が存在する。

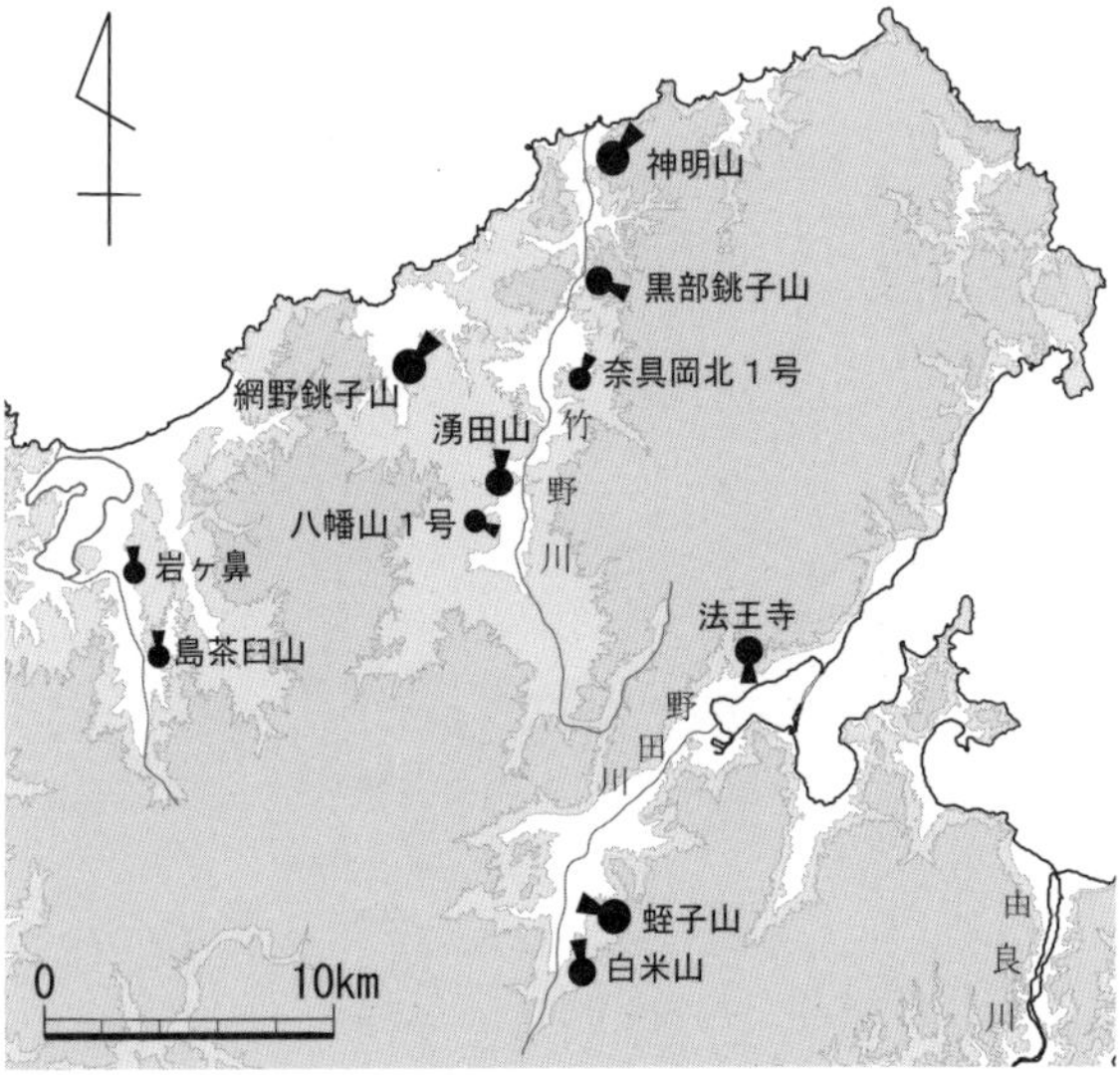

丹後の主要前方後円墳

蛭子山古墳は白米山古墳の北約一・五キロの野田川右岸微高地に位置し、墳丘は三段築成で葺石、埴輪列をもつ。埴輪は頂部が丸くすぼまる形の丹後型円筒埴輪とよばれる丹後特有の埴輪と、朝顔形・家形・短甲形埴輪が出土している。

埋葬施設は、後円部平坦面に直葬された舟形石棺、小型の竪穴式石室、木棺の三基があり、舟形石棺と竪穴式石室の地上にはそれぞれ丹後型円筒埴輪、朝顔形埴輪や形象埴輪によって方形の埴輪列がめぐらされている。中心埋葬施設である花崗岩製の舟形石棺からは、後漢製とみられる内行花文鏡一面、鉄刀一、棺外から鉄刀七、鉄剣十、鉄鏃二十、鉄斧四が出土している。これらから蛭子山古墳は四世紀中頃の年代が与えられている。なお竪穴式石室および木棺の内部は未調査である。

また蛭子山古墳の南側に隣接して、一辺四二メートルの方墳・蛭子山二号墳があるほか、小さな谷を隔てた南側の丘陵上には五基の作山古墳群がある。方墳、造出付円墳、円墳、前方後円墳と多様な墳形をもつ古墳群で築造された順序も明らかにされ古墳公園として整備が行われている。

蛭子山古墳は三段築成、葺石、埴輪などヤマトの定型化した前方後円墳の特徴を完備した丹後で最初の前方後円墳である。

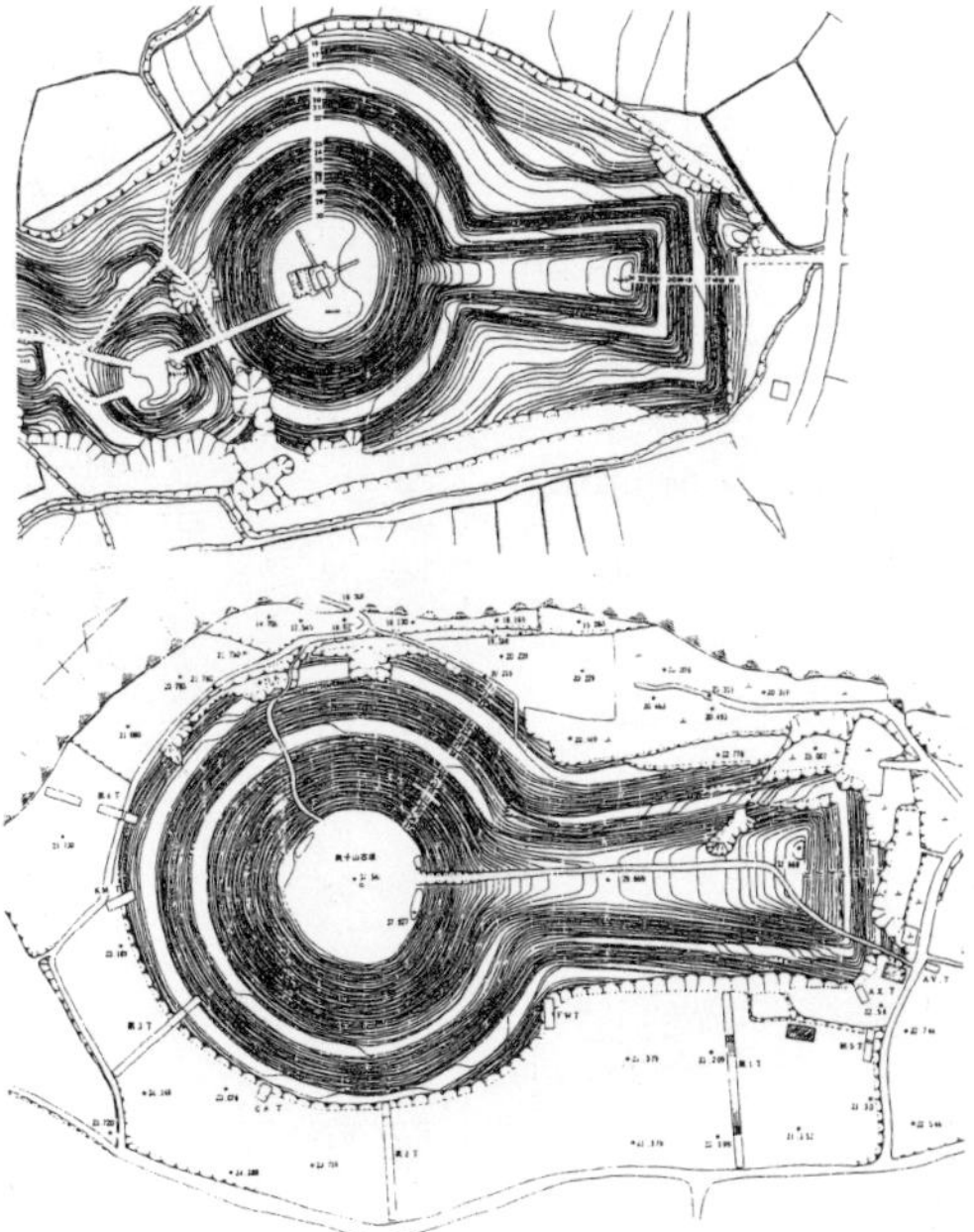

丹後の三大古墳の墳丘
（上から蛭子山古墳，網野銚子山古墳，神明山古墳）

海や潟を見下ろす場所に築かれた網野銚子山古墳と神明山古墳

網野銚子山古墳は、福田川右岸の日本海を眼下にみる丘陵上にあり、三段築成で斜面には葺石を積み、段ごとの平坦面と後円頂部平坦面に円筒埴輪列を有する。

ヤマトの前方後円墳の影響を強く受けた四世紀後半の整美な前方後円墳である。ただ、使われている円筒埴輪はすべて丹後型円筒埴輪で、頂部が円形にすぼまる形、同一の調整方法、透し孔が長方形に限られるなど統一した規格に基づいて製作されており、ヤマト的な墳丘形態にたいして古墳祭祀における丹後の独自性をうかがわせる。

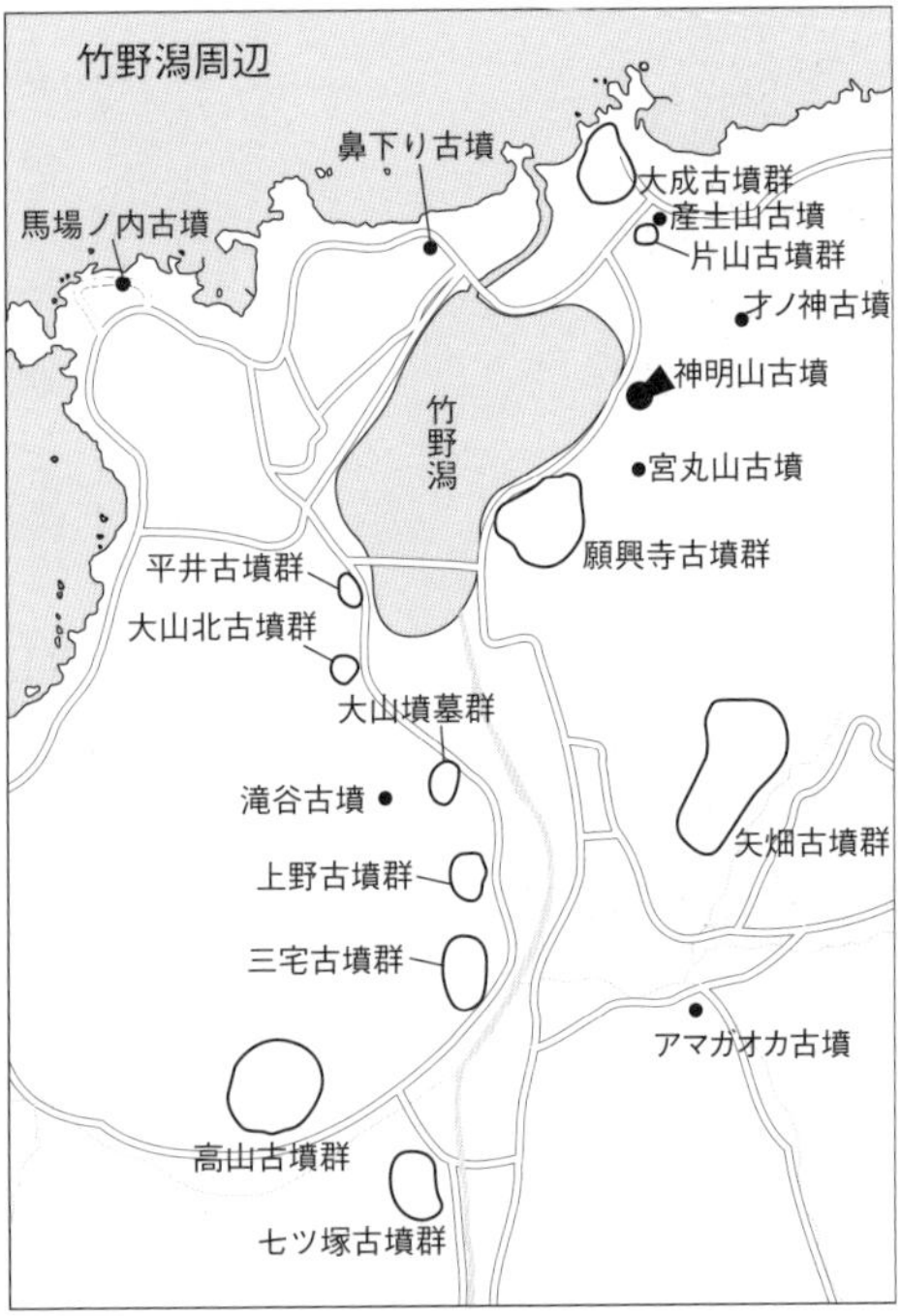

『図説　日本の古代』より作図）

古墳の前後には小銚子古墳（墳径三六メートルの円墳）と寛《かん》平法皇陵《ぴょうほうおうりょう》古墳（墳形不明）とよばれている二基の陪塚があり、とくに小銚子古墳は二段築成で銚子山古墳とまったく同じ葺石や埴輪をもつことから両者の強い関係がみてとれる。

また銚子山古墳の北東三〇〇メートルの大将軍《たいじょうご》遺跡からは、

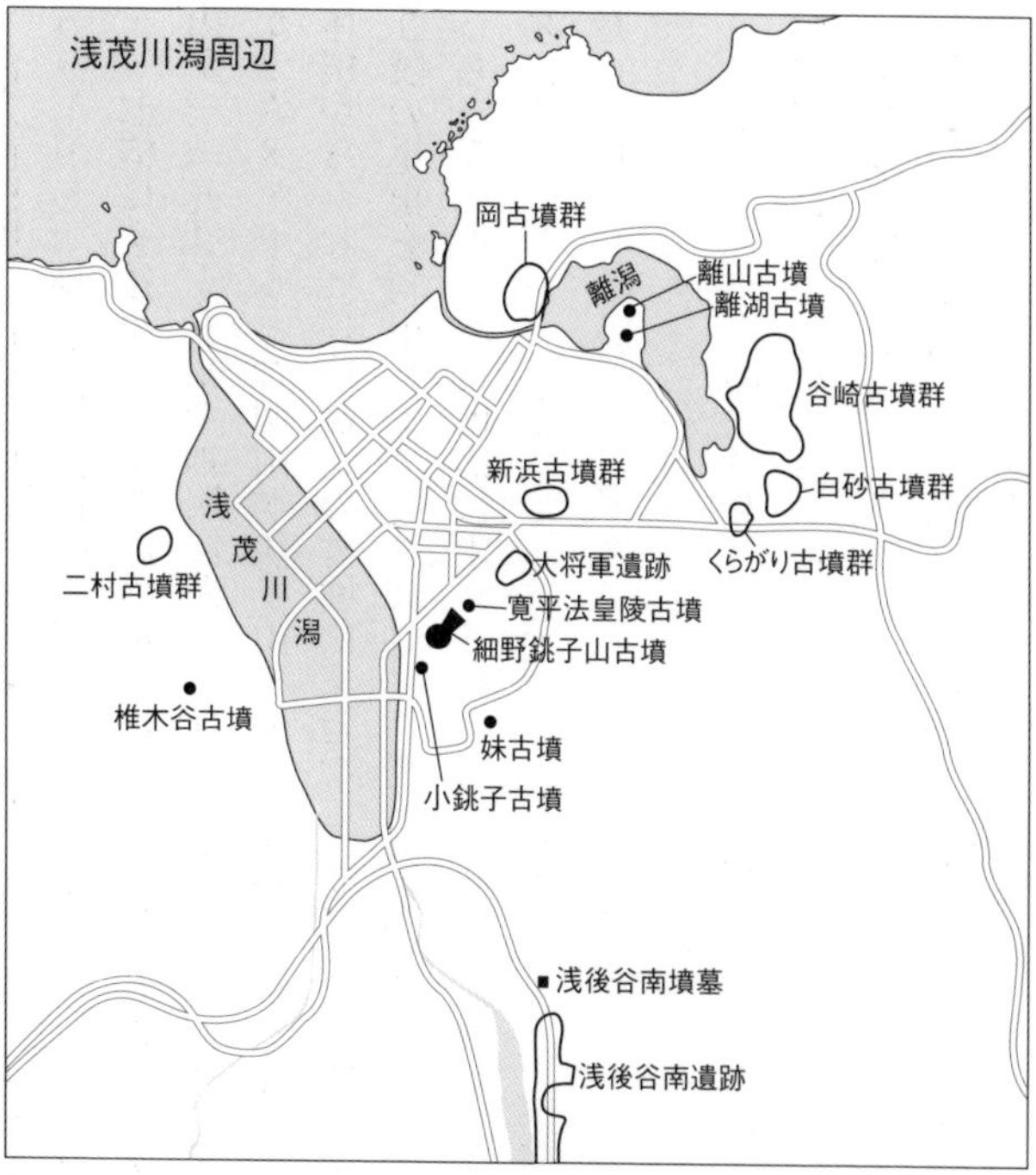

潟と古墳の関係（浅茂川潟・竹野潟周辺　森浩一

埴輪や土器の集積遺構がみつかり、丹後型円筒埴輪のほか蓋形埴輪が出土した。これらの埴輪は銚子山古墳に使われる予定であったものが壊れたため遺棄されたものと考えているが、同時に出土した土師器からも銚子山古墳の年代が推定できることになった意義は大きい。

網野銚子山古墳とそう間をおかずに築造された神明山古墳は、竹野川河口近くの低丘稜上に築造された重量感のある前方後円墳である。日本海側に側面をみせる墳丘は三段築成で葺石、円筒埴輪列をもち、埴輪には丹後型円筒埴輪のほか家形、盾形、蓋形埴輪などがある。「舟をこぐ人」のヘラ描きがある円筒埴輪があり、潟を舟で行く人の姿が想像される。

明治時代に畑の開墾中、前方部から出土例の少ない滑石製の椅子形、合子形、坩形などの石製品と土師器がみつかっている。四世紀末頃の築造と考えられる。

前方後円墳の体積を研究された石川昇氏によると、網野銚子山古墳の体積は一一一、二二三立方メートル、神明山古墳は一八八、六〇〇立方メートルと神明山古墳の体積は、銚子山古墳の一・七倍にも達する。神明山の墳長は銚子山のそれより八メートル短いが、後円部の直径は銚子山が一一五メートルで神明山が一二九メートル、また後円部の高さは前者が一六メートル、後者が二六メートルと神明山が銚子山を大きく凌駕していることからもその規模の大きさがわかる。体積からみれば丹後最大の古墳は文句なしに神明山古墳であるといえる。ただし前方部側は自然丘陵の尾根を利用して築造されており墳丘のすべてが盛土とはいえない。

ちなみに古墳時代前期に限っていえば、神明山古墳より大きい体積をもつ古墳は、ヤマトの箸墓古墳（二八〇メートル・三〇〇、〇三六立方メートル）、西殿塚古墳（二一九・二〇五、五六二）、行燈山古墳（二五八・二九九、五八二）、渋谷向山古墳（三〇〇・三九〇、八三三）、五社神古墳（二七五・三六一、五九〇）の五基しかない。しかもこれらヤマトの五基の古墳は、すべて四世紀中頃以前に築造されたものであり、神明山古墳が築造された四世紀後半の時期に限っていえば神明山古墳が列島最大の体積をもつ古墳となる。

三大古墳とヤマトの巨大古墳との関係

さて、これら三大古墳とヤマトの古墳との築造企画の関係については岸本直文氏の研究があり、蛭子山古墳と網野銚子山古墳は佐紀陵山古墳型で、神明山古墳は五社神《ごさし》古墳型と考えられている。

佐紀陵山古墳も五社神古墳も奈良市の北部にある佐紀盾列古墳群中の大王墓であり、丹後の王と佐紀地域に葬られた大王との強い結びつきが類推できる。とくに佐紀陵山型の古墳としては丹後の網野銚子山古墳、播磨の五色塚古墳（一九四メートル・神戸市）、伊賀の御墓山古墳（一八八メートル・上野市）などがあり、同時期に同規模の巨大古墳がヤマトの地域を囲むように存在していることになる。ヤマト政権とそれぞれの地方の王との強固な関係がみてとれるとともに、この時期におけるヤマト政権と政治的連合が進んでいた地域の範囲を暗示しているのかもしれない。

ただ丹後の三大古墳の墳丘上に並べられた丹後型円筒埴輪は、畿内ではまったくみられない形状をしており、佐藤晃一氏は「埴輪という首長の葬送儀礼に重要な役割を果たす遺物に、ヤマト政権に参画している他地域の首長たちとは違う形式のものを採用するということは、ヤマト政権の首長連合体制の中にいたであろう丹後の首長たちの存在意義を如実に示すものである」とし、さらに当時の政治的連合体制が比較的ゆるやかであったと指摘している（「埴輪の成立と変遷―丹後型円筒埴輪の分布と背景―」『丹後の弥生王墓と巨大古墳』所収）。

丹後型円筒埴輪
（網野銚子山古墳）

なお、三大古墳以外で丹後型円筒

埴輪をもつ古墳は七基がみつかっている。網野銚子山古墳の陪塚である小銚子古墳のほかは与謝郡の野田川流域に集中しており、蛭子山古墳に近接する作山一号墳（墳長三六メートルの造出付円墳）、二号墳（墳径二八メートルの円墳）、三号墳（一辺一七メートルの方墳）と鳴谷《しぎ》東三号墳（墳径五四メートルの鳴谷東一号墳に隣接する東西一〇・五メートル、南北七・五メートルの方形墳）、温江《あつえ》百合三号墳（一辺一〇メートルの方墳）及び法王寺古墳である。このうち作山一号、二号墳では墳丘上に立てられたものと埴輪棺に使われたものがあり、温江百合三号墳と法王寺古墳のものは埴輪棺である。時期としては鳴谷東三号墳が五世紀中頃と一番新しく、以後の古墳には丹後型円筒埴輪は使用されない。

丹後の地に三大古墳が築造された理由

それでは、なぜ丹後の三大古墳とよばれるような巨大古墳がヤマトから遠く離れた丹後半島に築かれることになったのであろうか。

一言でいえば日本海を介した中国や朝鮮半島からの鉄などの先進文化の受入れ口としての優位性が弥生時代から丹後半島にあって、先進文化を取り入れたいヤマト政権が、丹後の勢力と政治的連合をおこなった結果、丹後の王たちがヤマトの大王墓に匹敵する古墳を築造できる力をもつことができたのである。このことは『記紀』の開化・崇神・垂仁・景行天皇の四代にわたる、丹後との関係記事にもあらわれている。

これを裏づけるものとして、丹後半島の海岸線には砂嘴によって外海と隔てられた潟が存在し、自然の良港として利用できたことがあげられる。丹後半島の西から順に久美浜湾（潟）、福田川河口の浅茂川《あさもがわ》湖（潟）、現在も湖として残る離湖《はなれこ》（潟）、竹野川河口に復元できる竹野湖（潟）、天橋立によってできた阿蘇湾（潟）が潟港のあった土地として復元できる。そしてこれらの港を通してもたらされたと思われる大陸や半島からの文物も丹後から数多く出土している。

弥生時代中期の奈具岡遺跡から出土した一〇キログラムにもおよぶ鉄器片や、弥生後期の多くの墳墓に副葬された数多くの鉄剣などの材料は、朝鮮半島南部の地域から交易により手に入れたものであろう。そのほか、大風呂南一号墓のブルーの色鮮やかなガラス製釧や、赤坂今井墳丘墓の頭飾りのガラス製管玉類に使われた、漢青（ハンブルー）という中国の顔料、大田南五号墳の青龍三年銘の方格規矩四神鏡（国産の可能性もある）、奈具岡北一号墳の陶質土器やボタン形銅製品等々、枚挙にいとまがない。

また竹野川中流域から潟港の離湖へ向かう道筋にあるニゴレ古墳は、五世紀中頃の径二〇メートルほどの小さな円墳であるが、甲冑や剣などの武器類のほか家形、椅子形、甲冑形、舟形をした非常に写実的な形象埴輪が出土している。なかでも舟形埴輪は、準構造船を模した大阪市長原高廻り二号墳出土の舟形埴輪と同じ形をしており、丹後の竹野川や潟港に停泊していた舟を実際にみて作られたものと考えられる。

竹野川河口の竹野潟に接して営まれた竹野《たかの》遺跡からは、原の辻遺跡（長崎県壱岐市）の船着場と同様の構造をもつ石を積み上げた遺構がみつかっている。同じ竹野川中流域には、新羅大明神ともいわれ祭神にスサノオノミコトをまつり、航海安全の神として崇拝されてきた式内社溝谷神社があることや、近傍の船木の里の地名も造船用の木材産地が推定され、海とのつながりを示している。また蛭子山古墳のある加悦は、朝鮮半島南部の「伽耶」と通ずる地名であり、古来より何らかの文化的な交流があったことを物語っている。

ところで、文献史学の立場から考古学の成果を加味して、古代の地域国家論を提唱されたのが門脇禎二氏である。門脇氏はヤマト、イズモ、キビなどとともに、丹後にも古代に地域国家が存在したという、いわゆる丹後王国論を展開された。

「丹後の三大古墳」の存在や、前述した日本海交流の内容もその論拠の大きな部分を占めており、筆者の立場はこの丹後王国論をおおむね支持するものであるが、時代設定や支配領域などについては課題が残っていると考えている。

ヤマト色の強い副葬品が出土したカジヤ古墳

丹後の三大古墳に続く前方後円墳としては五世紀前半に竹野川中流域に築造された黒部銚子山古墳があり、二段築成で葺石、埴輪をもつ。黒部銚子山古墳は墳長が一〇五メートルと一世代前の神明山古墳にくらべ大きさは半減する。この古墳を最後にして、丹後では一〇〇メートル級の前方後円墳が築造されることはない。

以上のほか特徴のある前方後円墳としては、熊野郡川上谷川右岸の丘陵上に位置する岩ケ鼻古墳と島茶臼山古墳ならびに丹波郡の弥生時代の高地性集落である扇谷遺跡上に造られている八幡《はちまん》山《やま》一号墳と三号墳の四基の前方後円墳がある。いずれも四〇～五〇メートル前後の小型前方後円墳であるが、前方部幅より後円部径が大きいこと、前方部より後円部が高いこと、葺石や埴輪が見られないことなど古式の様相を示しており前期古墳の可能性が高い。とくに前者の二基の古墳は大型前方後円墳のみられない川上谷川流域の首長墓であり、丹波道主命の妃となった河上摩須

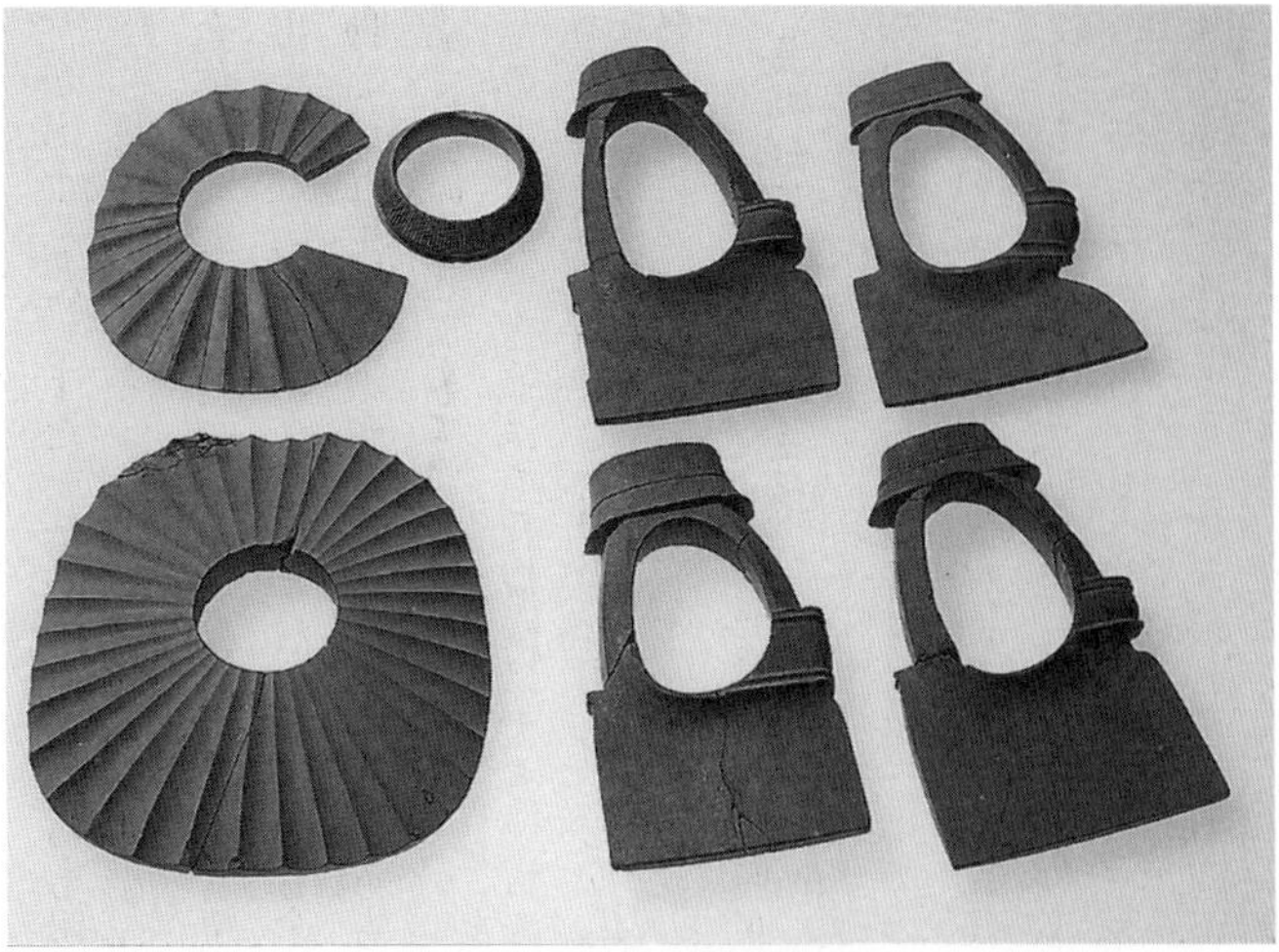

カジヤ古墳出土の石製腕飾類

郎女の一族の存在を示唆する古墳かもしれない。

このほか竹野郡の竹野川中流右岸の地山整形で築成され陶質土器などの舶載の品々を副葬していた中期の奈具岡北一号墳（墳長六〇メートル）や阿蘇湾に面した丘陵上に造られた中期前半の法王寺古墳（七四メートル）がある。法王寺古墳は葺石、埴輪をもち、埴輪は丹後型円筒埴輪と特殊器台型埴輪がある。埋葬施設として凝灰岩製の長持形石棺がみつかっている。

丹後における主要な前方後円墳は以上のとおりであるが、このほかにも出土遺物など特徴ある古墳や遺跡についてみていきたい。

まず古墳前期の古墳として京丹後市峰山町のカジヤ古墳がある。カジヤ古墳は長径七三メートル、短径五五メートル、高さ九メートルの不整形な大型円墳である。墳丘は丘陵上の地山を整形しただけで盛土もなく葺石、埴輪もない。埋葬施設は竪穴式石室と三基の木棺墓があり、竪穴式石室からは方格変形獣文鏡一と筒形銅器一のほか、鍬形石二、車輪石二、石釧二や鉄剣などが出土した。また一基の木棺墓からも鍬形石二、車輪石一が出土した。この石製腕飾類とよばれる鍬形石・車輪石・石釧がセットで出土する古墳の分布の中心はヤマトにあり、「元の丹波」全体でも園部垣内古墳で車輪石と石釧（鍬形石はない）が出土しているくらいで三種類セットで出土した例は他にない。また筒形銅器も全国でも五十基ほどの古墳からしかみつかっていない遺物で、近年、韓国南部の伽耶の古墳からも出土例が増加しており、その出現をめぐって日韓の学者で論議が起こっている遺物である。

このカジヤ古墳は墳丘規模は大きいものの葺石や埴輪などの外表施設もなく、丹後の弥生時代の墳墓形態を踏襲したものである。しかし、埋葬施設と副葬品は非常にヤマト的であるところに特徴がある。

長持形石棺をもつ古墳

丹後の古墳時代中期の古墳には、埋葬施設に長持形石棺をもつ古墳が多いことが知られている。前述した法王寺古墳をはじめ、京丹後市丹後町の産土山《うぶすなやま》古墳、願興寺五号墳、馬場の内古墳、同網野町の離湖古墳があげられ、これらの古墳は、いずれも海や潟湖に面した場所に築かれているという立地上の共通点がある。

長持形石棺は、大山《だいせん》古墳（仁徳陵古墳）や雲部車塚古墳など畿内やその周辺部の古墳時代中期の大型前方後円墳を中心に使用されていることから「王者の棺」ともよばれる。竜山石という加古川水系で産出する石材が使われ、府内では山城の久津川車塚古墳の長持形石棺が有名である。

一方、丹後の長持形石棺は、いずれも地元産の凝灰岩で造られているという点で大きな違いがある。神明山古墳の北五〇〇メートルに位置する産土山古墳は、墳径五四メートルの葺石、埴輪をもつ中期前半の大型円墳で、黒部銚子山古墳に次ぐ丹後の首長墓である

産土山古墳は昭和一三年（一九三八）に、地元民による植樹中に偶然発見されたもので、翌年、梅原末治氏らによって発掘調査が行われている。古墳は未盗掘で、水銀朱が塗られた長持形石棺内からは、埴製枕や四獣形鏡一面のほか、勾玉七、管玉五三などの玉類や鉄刀三、鉄剣二、環頭刀子一、木弓二などが人骨と共に発見された。また棺外からは三角板革綴衝角付冑一、革綴式短甲一や鉄製武器類が出土した。

この前方後円墳ではない産土山古墳に、畿内の大型前方後円墳に使用される石棺と同じ形式の長持形石棺が使われていることにも、丹後の特徴があらわれている。近接する神明山古墳の埋葬施設は不明であるため、直接的な比較はできないが、円墳である産土山古墳の被葬者と巨大前方後円墳である神明山古墳の被葬者との実力や立場の違いは大きく、この間の丹後と畿内政権との関係の変遷を考える上でも興味深い。

また潟湖である離湖に半島状に突き出た小高い山頂にある離湖《はなれこ》古墳は、南北四三・四メートル、東西三四メートル、高さ約六メートルの方墳状の墳丘を呈しているが、おそらく戦国期に砦に使われたために墳丘が改変されたと考えられ、埋葬施設の第一主体部も盗掘されていた。墳丘には葺石はなかったが、朝顔形埴輪を含む円筒埴輪列が墳丘裾からみつかった。

第一主体部の長持形石棺は底石のみが残っていただけであったが、埋め土の中から石棺の石材片とともに三角板鋲留短甲や鉄剣等の破片が多く出土した。第二主体部の木棺は盗掘を受けてお

離湖古墳の長持形石棺（底石）

らず、棺内からは重圏文鏡一面のほか石釧一、銅釧二、碧玉製勾玉八・管玉一九、ガラス小玉二九、鉄剣一、鉄刀一など豊富な副葬品が出土した。産土山古墳より少し遅れて築造された古墳である。

他の長持形石棺をもつ古墳についての詳細は不明であるが、丹後半島という狭い地域の中で五基もの古墳に長持形石棺が採用されているのは、全国でも畿内を除いて他に例がない。丹後の長持形石棺は地元で製作されたものであるものの、前代の三大古墳に続く時代にあってもヤマト政権と丹後との間に密接な関係があったことを物語っている。

銅鏡の副葬が少ない丹後の古墳

古墳といえば鏡といわれるくらいに、古墳の副葬品の中では威信材としての銅鏡が大切にされており、事実、山城の椿井大塚山古墳やヤマトの黒塚古墳では三〇面を越える鏡が副葬されるなど、ヤマトとその周辺部においては一古墳に鏡を複数副葬する例は珍しくない。最近も奈良県桜井市の桜井茶臼山古墳で八〇面を越える鏡が副葬されていたことがわかり、大きな注目をあびた。

乙訓でも長法寺南原古墳（六面）、百々池古墳（八面）、寺戸大塚古墳（五面）、一本松塚古墳（三面）などがあり、南丹波では園部垣内古墳（六面）や京都市京北町愛宕山古墳（三面）などがその例であるが、丹後の古墳では複数の鏡を副葬することがほとんどない。たとえば墳長一四五メートルの大型前方後円墳である蛭子山古墳や、ヤマト的な副葬品をもつカジヤ古墳でさえも、それぞれ一面の鏡しか副葬されていない。わずかに与謝野町加悦にある、墳径六五メートルの楕円形をした大型円墳の温江《あつえ》丸山古墳から二面が出土している以外に例はない。また全国で五〇〇面以上も出土しているという三角縁神獣鏡は、丹後ではこの温江丸山古墳から一面が出土しているに過ぎない。

以上のことからヤマト政権による三角縁神獣鏡に代表される鏡の配布先からは、どうも丹後ははずれているようで、ここにも丹後の独自性が垣間みえる。

反面、大田南五号墳の「青龍三年銘」方格規矩四神鏡や同二号墳の、わが国では類例のない龍鈕をもつ画文帯環状乳神獣鏡、また墳径三〇メートルの中型円墳である岩滝丸山古墳から出土した中国製とみられる神人車馬画像鏡のように、珍しい鏡があることも事実である。

丹後の王たちは、交易などによる自前の活動を通じて、これらの鏡を入手していたものと考えたい。

水の祭祀を行っていた浅後谷南遺跡

古墳時代前期における丹後と畿内との関係を考える上において重要な遺跡がある。それは京丹後市網野町の、福田川中流域右岸の微高地に営まれた集落遺跡の浅後谷《あさごたにみなみ》南遺跡である。

浅後谷南遺跡の導水施設

そこから出土した四世紀の祭祀遺構である導水施設は、全長三・五メートルの一木作りの木樋とその上流に設けられた堰（貯水池）からなる。両者は溝で結ばれており、水の祭祀に使用するために堰で貯水し、不純物を沈殿させた「浄水」を採取するための施設である。溝内からは鳥形・鏡形・舟形等多くの木製祭具や多量の桃核（種）が出土しており、祭祀遺構であることを裏づけている。

このような導水施設は、奈良県桜井市纒向遺跡（四世紀初頭）を初現として滋賀県守山市服部遺跡（四世紀）、奈良県御所市南郷大東《なんごうおおひがし》遺跡（五世紀）など畿内を中心に各地の拠点的集落からもみつかっており、五世紀末まで存続する。そしてそれぞれの遺跡の位置が交通の要衝にあたること、遺跡の近くに有力な古墳が存在すること、導水施設付近から木製祭祀具や桃核が出土することなどの特徴が青柳泰介氏によって指摘されている。

また、三重県松阪市の宝塚一号墳から出土した囲形《かこいがた》埴輪の内部には、家形埴輪とともに浅後谷南遺跡の木樋とそっくりな形をした埴輪（木樋状土製品）が入っていた。導水施設が埴輪として具現化されたもので、導水施設の祭祀が本来覆屋の中で、ひっそりとおこなわれていたことを表している埴輪である。

この浅後谷南遺跡の営まれた場所も、後の丹波郡の中心地から赤坂今井墳丘墓をへて、潟であった浅茂川湖から日本海へ出る道筋という交通の要衝にあたる。また遺跡の北二キロの浅茂川湖を見下ろす台地上には、網野銚子山古墳が存在するなど、多くの祭祀に関わる遺物の出土とともに青柳氏が指摘している浄水祭祀遺跡の特徴に合致している。

この導水施設をともなう祭祀形態は、初期ヤマト政権内部で醸成され各地に広まったもので、浅後谷南遺跡の導水施設も、ヤマトからもたらされた祭祀形態であることは明らかである。網野銚子山古墳など丹後の三大古墳が造られる以前から、ヤマト政権と丹後との密接な関係があったことを示す遺跡として重要である。

古墳時代の絹織物から丹後ちりめんへ

古代絹の研究者、布目順郎氏によると日本列島においては、弥生時代の遺跡から絹織物が出土した例は北九州に限られるが、古墳時代前期の時代になると、日本海沿いや瀬戸内海沿いの経路で絹織物が北九州から東へ広がっていく。

「元の丹波」の地域においても、古墳時代前期の四基の古墳から絹織物が出土していることが確認されている。すなわち園部垣内古墳の擬銘帯神獣画像鏡、広峯一五号墳の斜縁盤龍鏡（景初四年銘鏡）、カジヤ古墳の筒形銅器、愛宕山三号墳（墳径二七メートルの円墳・与謝野町加悦）の短

青龍三年銘鏡に付着していた絹

剣鞘と鎌にそれぞれ付着していたもので、いずれも平絹（経糸と緯糸を一本おきに交差して織った絹）であり、地元産の糸を使って地元で織られたものであろうとされている。

またカジヤ古墳のものは織り密度が経糸数六五本、緯糸数二五本の非常に緻密な織物であるという。そうなると当時この地域ではすでに養蚕が開始されていたことになり、桑田郡や綾部（漢部＝織物を伝えた渡来氏族）などの地名の由来にもつながり興味深い。

なお、一九九三年に発見された大田南五号墳の青龍三年銘鏡と鉄刀も、布にくるまれて出土しており、鏡に付着していた布を科学分析した結果、品質の良い精練された家蚕糸が使われた絹織物であることが判明し、丹後における養蚕が三世紀後半までさかのぼることになった。

そしてこの絹織物の伝統は後世にも引き継がれていく。律令時代には、正倉院宝物の中に「丹後国竹野郡鳥取郷□田里戸車部鯨調□壱匹、長六丈、天平十一年（七三九）十月」と記された鳥取郷の戸主、車部鯨という人が貢納した長さ六丈の絁《あしぎぬ》一匹が残されている。

また天平勝宝四年（七五二）、東大寺の封戸となった丹後国竹野郡網野村の五十戸が、寛平年中（八八九〜八九八）には東大寺への封物として銭四十七貫三百八文と定められ、そのうち「調の絹四十匹　二十貫文」、「庸の綿（まわたのこと）百二十屯　六貫文」と絹が半分以上を占めており、網野村における養蚕が盛んであったことがわかる。

ちなみに綿（まわた）は繭から糸を紡ぐときにでる屑物を利用したもので、一屯は一二〇〇グラムで換算できる。律令の調では、正丁（二一歳〜六〇歳の男子）一人に一斤、二人で一屯とされた（一斤＝六〇〇グラム）。

九世紀になると調庸制は崩れ、各地の国衙が交易により必要な物品を求めて中央に貢納する制度となり、十世紀初めの延喜式には丹後国の交易雑物として「絹二百五十匹、白絹十二匹、鹿革十張、樽二合、小鰯腊十二籠」と決められ、ここでも絹が大きな割合を占めている。

室町時代の武士や庶民の初級教科書であった「庭訓往来」の「卯月五日　前采女正中務丞殿」の条には、「此外《このほか》加賀絹《かがのきぬ》、丹後精好《たんごせいごう》、美濃上品《みのじょうほん》、尾張八丈《おわりはちじょう》、信濃布《しなののぬの》、常陸紬《ひたちつむぎ》、上野綿《こうずけのわた》」と京都の絹座の店で売買されていた物産が書かれており、精好が丹後の地場産品として有名であったことがわかる。なお精好とは、緻密で精美に織られた絹織物のことで、貴族や上級武士、僧侶、神官が身に付ける「大口袴」に使われた。

建武元年（一三三四）に京都二条河原に立てられた「此比都ニハヤル物」の書き出しで有名な「二条河原落書」にも「下衆上臈ノキハモナク、大口ニキル美精好」と囃《はや》されるほど上下の身分を問わず丹後の絹精好が好まれた。また寛正六年（一四六五）には、京都実相院の荘園であった賀悦庄（与謝野町加悦）より地頭の実相院へ「大口織誂物（あつらえもの）」が納められたとの記録も残り、大口織が賀悦庄で織られていたことがわかる。

その後、天正の頃、明国から堺に伝えられた縮緬《ちりめん》の技術が秀吉によって京都西陣へ移され、西陣織が生まれる。そして江戸時代享保年間に、峰山の絹屋佐平治や加悦谷の三河内村の山本屋佐兵衛らによって、西陣から丹後へ縮緬織りの技術が導入されて丹後ちりめんの生産が始まり、現代まで、丹後の中心的な地場産業として、多くの人々の暮らしを支えてきたのである。

ひるがえってみれば丹後ちりめんのルーツは古墳時代にさかのぼるのであって、今や衰退の一途をたどっているちりめん産業ではあるが、古代からの人たちが残してくれた絹織物の歴史と伝統の火を絶やさぬようにしたいものである。

「元の丹波」全体の首長墓の移動

和銅六年（七一三）に丹波国から丹後国が分割されるまでは、北は丹後半島から南は亀岡までの広大な範囲が丹波国であり、混乱を避けるために本書ではその範囲を「元の丹波」と表現している。それでは古墳時代において「元の丹波」全域を治めた最高首長墓はどのように推移していったのであろうか。

最高首長墓の古墳形態を一〇〇メートル級以上の前方後円墳であるとすれば、四世紀前半の白米山古墳→四世紀中頃の蛭子山古墳→四世紀後半の網野銚子山古墳→四世紀末頃の神明山古墳→五世紀前半の黒部銚子山古墳→五世紀中頃の雲部車塚古墳→五世紀末頃の千歳車塚古墳の順序で移動したことが考えられる。つまり「元の丹波」の最高首長墓は五世紀前半までは丹後にあり、五世紀中頃以降に丹波へと移っていくのである。

また丹後においては二〇〇メートル級の神明山古墳と、規模が半減する黒部銚子山古墳との間に大きな画期を認めることができ、古墳中期にいたって丹後の王の力の退潮が始まることがうかがえる。この退潮の要因としては、日本海ルートによって朝鮮半島や中国大陸からの先進文化、文物の受け入れ地の役割を担っていた丹後半島が、五世紀に入るとヤマト政権にとって、地理的にも便利でより安全な、瀬戸内海～北部九州ルートが確立されたことによって相対的に重視されなくなってきたからと考えられる。このことはヤマト政権が奈良北部から河内へ移動して難波の海への出口を掌握した時期とも一致している。

丹後の古代勢力の退潮

近畿地方における前方後円墳の築造は、六世紀代で終わりを告げるが、この古墳時代後期における、前方後円墳の分布状況を京都府遺跡地図第三版などから概観してみる。

乙訓では、向日市の物集女車塚古墳など八基を数え、乙訓を含む山城全体では、この時期としては府下最大の規模となる宇治市木幡二子塚古墳（一一二メートル）や、京都市の太秦にある、巨大横穴式石室をもつ蛇塚古墳（七五メートル）など、二二基を数えることができる。

丹波では、亀岡市の石棚や石障をもつ拝田《はいだ》一六号墳（四四メートル）をはじめ、三つの横穴式石室をもつ福知山市の牧正一《まきしょういち》古墳（三五メートル）など一五基が数えられる。なかでも綾部市域では、近年綾部市教育委員会の三好博喜氏により精力的な分布調査が行われ、いくつかの四〇メートル前後の前方後円墳が新たにみつかっており、考古学の基本ともいえる分布調査の大切さを教えてくれている。

これら山城や丹波と比べると、丹後における後期の前方後円墳は大変少ない。すなわち京丹後市大宮町の石棚付の横穴式石室をもつ新戸《しんど》一号墳（三五メートル）など、二〜三基を数えるに過ぎず、丹後の古墳後期の時代は、網野銚子山古墳や神明山古墳といった巨大古墳を築造できた隆盛時期と比ぶべくもないほど退潮が著しいことがわかる。

また「元の丹波」における横穴式石室を持つ古墳数を地域別に比較してみると、丹波では約一一五〇基を数えるのにたいして、丹後ではその半分の約五五〇基を数えるに過ぎない。郡別にみると、丹波四郡では桑田郡が約五〇〇基と最も多く、続いて天田郡の約二五〇基、何鹿郡と船井郡がそれぞれ約二〇〇基と続く。丹後五郡では与謝郡が約二〇〇基と最も多く、そして熊野郡、竹野郡、加佐郡がそれぞれ約一〇〇基前後と少なくなり、丹波郡にいたっては約四〇基と極単に少ない。横穴式石室墳の分布状況からみても、この時期丹後には有力な豪族が少なかったことがわかる。

一方、丹後には六世紀後半の大製鉄遺跡である遠處遺跡や金銅装双龍環頭大刀をもつ湯舟坂二号墳（熊野郡）や高山一二号墳（竹野郡）もあって有力豪族の存在もうかがわれるが、遠處遺跡はヤマト政権によって直轄管理された製鉄工房、優品の環頭大刀は丹後の豪族を支配下におくためにヤマト政権から与えられたものと理解したい。

つぎに古墳時代につづく飛鳥時代や奈良時代に造られた古代寺院の様相はどうであろう。通説によれば五三八年に仏教が朝鮮半島から伝来し、五八八年には蘇我氏によって、わが国最初の七堂伽藍をそなえた本格寺院として飛鳥寺の建立が始まる。その後七〜八世紀の飛鳥時代から奈良時代にかけて、各地に造寺活動が広まっていき、七四一年には聖武天皇により国分寺建立の詔が出されるなど、全国くまなく仏教寺院が建てられていくことになる。

京都府下の飛鳥時代から奈良時代にかけての国分寺をふくむ古代寺院の分布を、同じ京都府遺跡地図などからみてみると、山城が乙訓の乙訓寺など八ヶ寺や近年発見された神雄寺を含む四九ヶ寺、丹波が和久寺廃寺や綾中廃寺など九ヶ寺を数えるが、丹後は丹後国分寺跡と竹野郡の俵野廃寺のわずか二ヶ寺を数えるにすぎない。

山城は大和に隣接する地域であり、磯野浩光氏が指摘しているように、山城の古代寺院は当時の大和から山城を通り北陸、山陰、山陽、東海などへと続く古道沿いの交通の要衝であった場所に造営されており、当然のことながら寺院数も多い。

丹波と丹後は山城とくらべるとずっと数は少なく、それぞれ古墳時代後期に築造された前方後円墳の数にほぼ対応する寺院数であるといえよう。

古代寺院の造営が、その地域の豪族の力によるものとするならば、豪族の権威発揚の方法が古墳築造から寺院造営へと転換していく中で、とくに丹後においては寺院の造営をなしうる力をもった豪族がいかに少なかったのかがわかる。前述した古墳時代後期における丹後の退潮の流れが飛鳥、奈良時代になってさらに進んだ結果といえる。

それではなぜ、丹後には有力な豪族が育たなかったのであろうか。

丹後は弥生時代中期段階から、鉄器製作や玉作りなどの先進的な技術力をもち、また日本海を介した交易によって先進文化を取り入れるなどにより力を蓄えてきた。その結果古墳時代前期には、丹後の三大古墳を築造できるまでに勢力を伸長してきた。

一方、これら丹後のもつ先進文化はヤマト政権にとっても、なんとしてでも手に入れたかったものに違いない。このため天皇家と、丹後の媛たちとの婚姻関係を結ぶことにより、政治的連合がおこなわれた。そして先進文化を手中にするとともに、結果的に丹後をその支配下においていったものだろう。

端的にいえば、丹後が王国といわれるような実力をもったがゆえに、いち早くヤマト政権にとりこまれ政権の直轄地のような状況に陥ったため、丹後には有力豪族が育たなかったものと考えたい。

古墳時代後期以降の丹後は、ヤマト政権によっていち早く支配された地方の一つとなり、前代において『記紀』に記されたような歴史の表舞台からは、その姿を消していくのである。

（第6章執筆　三浦　到）

〔主要参考文献〕

熊谷公男『日本の歴史03　大王から天皇へ』講談社　二〇〇一

京都府教育委員会『京都府遺跡地図』第三版　二〇〇一～二〇〇四

都出比呂志『鳥居前古墳～総括編～』大阪大学文学部考古学研究室　一九九〇

向日市史編さん委員会『向日市史』上巻　一九八三

長岡京市史編さん委員会『長岡京市史』一九九六

和田晴吾『王陵の比較研究』京都大学文学部考古学研究室　一九九一

近藤義郎編『前方後円墳集成』第三巻　近畿編　山川出版社　一九九二

岸本直文「前方後円墳築造企画の系列」『考古学研究』第三九巻第二号　一九九二

久保哲正「恵解山古墳の鉄器埋納施設について」『京都府埋蔵文化財論集』第四集　(財)京都府埋蔵文化財調査研究センター　二〇〇一
亀岡市史編さん委員会　新修『亀岡市史』本文編第一巻　一九九五
平良泰久「方墳二態」『京都府埋蔵文化財論集』第一集　(財)京都府埋蔵文化財調査研究センター　一九八七
両丹考古学研究会・但馬考古学研究会編『北近畿の考古学』　二〇〇一
磯野浩光「丹後の古道について」『京都府埋蔵文化財論集』第三集　(財)京都府埋蔵文化財調査研究センター　一九九六
石川昇『前方後円墳築造の研究』六興出版　一九八九
岸本直文「三大古墳の築造企画」『日本海三大古墳がなぜ丹後に造られたのかその謎に迫る』加悦町教育委員会　一九九七
広瀬和雄編『丹後の弥生王墓と巨大古墳』雄山閣　二〇〇〇
田代弘「志高の舟戸」『京都府埋蔵文化財論集』第五集　(財)京都府埋蔵文化財調査研究センター　二〇〇六
青柳泰介「導水施設考」『古代学研究』第一六〇号　二〇〇三
布目順郎『倭人の絹』小学館　一九九五
岩崎英精「丹後機業の歴史」一九五三
佐藤晃一「中世から近世へ～賀悦から加悦へ～」『前方後円墳とちりめん街道』昭和堂　二〇〇五
三好博喜「由良川流域の前方後円墳集成」『京都府埋蔵文化財論集』第五集　(財)京都府埋蔵文化財調査研究センター　二〇〇六
磯野浩光「山城の古道と寺院跡について」『京都府埋蔵文化財論集』第二集　(財)京都府埋蔵文化財調査研究センター　一九九一
京丹後市史編さん委員会『京丹後市史資料編　京丹後市の考古資料』　二〇一〇

[写真図版提供機関一覧]

丹後型円筒埴輪（二八七頁）・離湖古墳の長持形石棺（二九四頁）・青龍三年銘鏡に付着していた絹（二九八頁）：京丹後市教育委員会／カジヤ古墳出土の石製腕飾類（二九一頁）：京都府立丹後郷土資料館／浅後谷南遺跡の導水施設（二九六頁）：(財)京都府埋蔵文化財調査研究センター

第7章　社と寺、名勝そのほか

天橋立と智恩寺
さらに狂言「丹後物狂」

日本三景とは陸奥の松島、安芸の宮島、それと丹後の天橋立である。

ぼくは景勝地へ行っても、長い時間をかけて景色を見ることはしない。そのなかで、いつ行ってもつい見入ってしまうのが天橋立である。天橋立は海《あま》橋立と表記されたことがあって、平安時代には都人にもよく知られ、ここを訪れた人が多くいた。

天橋立は宮津湾と阿蘇海のあいだにできあがった、長さ三・三キロの砂嘴《さし》である。古代人はこれを神の造作とみた。現代人のぼくも自然の力の神秘さにうたれるのだから、古代人が天橋立に神を感じたのは当然のことであろう。この砂嘴は北から南へ形成されたとみえ、南端には九世戸とも切戸ともよばれる戸、つまり水路があいていて、漁船はこの水路によって東の宮津湾と西の阿蘇海を往来している。

『釈日本紀』が引く『丹後国風土記』に天橋立の説明がある。

　與謝郡郡家の東北の隅に速石（拝師《はやし》）里がある。この里の海に長大な前《さき》（岬）がある。長さ一千二百九丈、広さはある所では九丈以下、ある所では十丈以上二十丈以下。前《さき》を天椅立と名づけ後《うしろ》を久志浜と名づく。然《しか》云うは（このように云うのは）国生《くにうみ》の大神イザナギ命が天に通い行かんがため椅《はしご》（古代の梯子）を作って立てた。だから天の椅立という。（ところが）イザナギ命が寝ているあいだに仆（倒）れてしまった。（椅が長い砂嘴になったことを）霊異の力だとみて久志備の濱という。（それを）中間《なかつよ》（神の代と人間の時代の中間）に久志とよばれるようになった。これより東の海を與謝海といい西の海を阿蘇海という。この二面の海には雑《くさぐさ》の魚貝が住んでいる。ただ蛤ははなはだ少ない。

久志とは奇《く》し（不可思議）のことである。

古代の椅とは今日の形の梯子のように、二本の長い棒の間に足をかける横木を段々につけたのではなく、一本の太い木の幹のある面に足がかかる刻み目を彫った形で、まさによりかかる木である。

ちなみにイザナギ命は男神で淡路島で幽《かく》れそこに幽宮を作ったという（『日本書紀』）。淡路にある伊奘諾《いざなぎ》神宮がそれだとされ、中世には淡路国の一宮となった。

宮津湾と阿蘇海を一つにして与謝海とよぶこともあった。清少納言は『枕草子』のなかの「海は」の項で、「水うみ、よさの海、かはふちの海」をあげている。「水うみ」は湖のこと、琵琶湖のことであろう。「よさの海」は天橋立のある海として都人にも知られたのであろう。「かはふちの海」は古代の河内湖のことのように思う。

作者は不明であるが、平安時代後期の短編物語集の『堤中納言物語』は「よしなしごと」の項で、山籠りをしようとする僧が生活に必要として列挙した諸国の品々のなかに「いかるがの山の枝栗、三方《みかた》の郡の若狭椎、天の橋立の丹後和布《わかめ》」がある。丹後の若藻《わかめ》については前にふれた。いかるがは丹波の何鹿《いかるが》郡のこととみられる。椎は前に述べたように代表的なドングリである
天橋立の南端近くと北端近くに人々が信仰した場所がある。南端近くの砂嘴の対岸にあるのが智恩寺、北端の北方にあるのが籠《この》神社と背後の山上にある成相《なりあい》寺である。

文殊菩薩を本尊とする智恩寺は、日本三文殊の一つといわれるほど人々の信仰を集めた。その本堂は切戸の文殊堂とも九世戸の文殊堂ともよばれる。

室町幕府の三代将軍、足利義満は六回も智恩寺を訪れ天橋立を観賞している。このとき能役者であり能の作者でもある世阿弥《ぜあみ》が、供をしたかともいわれている。このころ丹後の守護は室町幕府の有力御家人の一色満範であり、安心して丹後へ出かけたのであろう。なお一色氏の本来の所領は三河の一色で、今日ではウナギの産地としての一色町の地名に名を伝えている。

「丹後物狂」という能がある。この能は世阿弥の前からすでに知られていて、それを世阿弥が今日見るような形に改めたといわれている。曲にも世阿弥が手を加えたようである。

世阿弥が晩年に著した『申楽談儀』のなかで「丹後物狂」について解説し、そこでは井阿弥の作としている。要するに古作の能ではあるが、世阿弥が手を加えてから有名になったのである。與謝の海や天橋立、それに橋立の文殊（智恩寺のこと）や成相寺が物語の展開にさいして何度もでてくる。

「丹後物狂」は、江戸時代の中ごろ以降は演じられることはなかった。それを観世宗家の観世清和氏と子の三郎太氏が復活させ、二〇〇九年秋に知恩寺で上演し、別の日に足利義満とゆかりの深い京都市の相国寺《しようこくじ》でも上演された。さらに丹後郷土資料館では、能「丹後物狂」智恩寺上演記念企画展として『世阿弥の時代―義満をめぐる芸能と丹後』をひらき、ぼくも見学できた。

「丹後物狂」は、丹後国の白糸の浜（阿蘇海の浜か）にいた土豪の岩井の某が、一人の子を失って物狂となり、智恩寺で願掛けをし、ついに再会をするというストーリーである。

面白く思うのは、一人っ子が父を恨んで橋立の浦に身を投げたとき、通りかかった筑紫舟の船頭に救われ、それから筑紫の彦山（英彦山）で修業をつみ、立派な僧となって丹後へ戻るという個所である。「山椒大夫」の話にも丹後の沖には交易船が往来していたが、「丹後物狂」の話でも日本海で活躍する交易船が、人々を交流させた役割は見落とせない。

それにしても「丹後物狂」の物狂は、主人公の岩井某の物狂いだけをいうのではなく、丹後へ競うようにして出かけた人たちの熱気をも、言外にいっているように、ぼくは感じた。

室町時代に小歌を集めた『閑吟集』がある。収められた小歌の一つに、

何せうぞ　くすんで　一期は夢よ　ただ狂へ

がある。

ぼくはこの後半部分をよく口ずさむ。〝一度限りの人生は夢のようにはかなく短い。（その短い生涯を）狂ったように何事かに打ちこもう〟。どうやら室町時代の人が使う「狂う」とは、今日使う狂人の狂とは違っていたようである。

智恩寺には唐様楼門、文殊堂の本堂、楼門を入ってすぐ右手にある多宝塔などの建物のほか、境内に正応三年（一二九〇）の銘のある鉄製湯船や、和泉式部の歌塚と伝える鎌倉時代の石造宝《ほう》篋印塔《きょういんとう》などが配置されていて、見て廻ると楽しい。小ぢんまりとしたこけら葺の多宝塔は、明応九年（一五〇〇）の墨書がある。文殊堂は江戸中期の建築だが平成一一年の解体修理のさい、四天柱に文永七年（一二七〇）の墨書が発見され古材をも使っていることがわかった。また須弥

壇後壁に釈迦三尊と十六羅漢の絵のあることもわかった。

この寺の宝物に青銅製の金鼓がある。日本の鰐口と用途は同じだが、釣り下げる耳が三つある構造と文様が異なる。側面には二行からなる刻銘がある。

「至治二年壬戌十月十六日海洲首陽山薬師寺禁口造成棟梁道人守鋺同願道人孝宜大匠道人性□同願散員同正金等」、もう一行には「伏願皇帝万万歳」とある。

至治は、中国の元《げん》の元号で至治二年は一三二二年、わが国では鎌倉時代の末である。元の年号を使っているとはいえ、これは高麗製品である。銘文中の海洲は黄海南道のこと、また禁口とあるのは金鼓の当て字、銘文末の皇帝は高麗での使用は珍しい。この金鼓によって、鎌倉時代に丹後の寺が、高麗の製品を入手していたことがわかる。そのさい智恩寺が貿易をしていたのか、この寺の旦那だった商人が入手して寺に寄進したのかはわからない。

この金鼓を大正二年に紹介したのは梅原末治氏で、『京都府史跡勝地調査会報告』の第五冊に「文珠《ママ》智恩寺境内ノ石仏其他」のなかで「寺伝ニ本金皷龍宮ヨリ上ル云々トアルハ彼地ヨリノ伝来ヲカタルモノト見ル可キナラン」と記している。中世には有力な寺が海外貿易をおこなう例があり、智恩寺も海外（高麗）貿易をしていたかどうか今後の研究が待たれる。

室町時代の雪舟は、その晩年に「天橋立図」（口絵写真参照）を描いた。壮大な風景画で、これについては吹田直子氏に一文を書いてもらった。

国宝「天橋立図」と中世後期の丹後府中

京都国立博物館（京都市東山区）に、文亀元年（一五〇一）頃の丹後府中の風景を描いた一幅の墨絵が残されています。雪舟等楊《とうよう》の筆による「天橋立図」（国宝／紙本墨画淡彩／縦八九・五×横一六九・五センチ）です。

「天橋立図」は雪舟の最晩年、八十二歳頃の作品です。横長の紙面には、与謝海（宮津湾）側からみた天橋立と九世戸智恩寺を中心に、栗田半島を下方に、画面のほぼ半分を占める上方に、律令時代以来丹後国の中心であった府中一帯と丹後半島へと連なる山々の稜線が描かれています。

細部に目を向けると、右方上方の山腹に成相寺《なりあいじ》、その下方の台地に一宮籠《この》神社、大谷寺、慈光寺、安国寺、寶林寺、国分寺などの寺社や家屋が並び建つ様子、そして画面右端隅の海中には冠島と沓島などが、画と雪舟自筆の書き込みによって表現されています。また成相寺本堂や仁王門、籠神社神門・社殿、大谷寺多宝塔、智恩寺本堂や多宝塔などには薄い朱が挿され、モノクロームの画面の中でひときわ目を惹く存在感を見せています。

描かれている寺社や山稜の位置関係は、今日も残る風景や地形と比べるとかなりの部分で一致します。このような画は実景を目にせずに描くことは不可能で、雪舟は、阿蘇海・与謝海（宮津湾）とその沿岸を実際に歩き、時には海上へと舟を出して、さまざまな角度から写生を重ね、そして最後にそれらを矛盾なくあたかも真景と見まがう画面に再構成して、一枚の画面に仕上げました。

画には款記《かんき》がなく、何時どのような目的で描かれたか、学史上永く議論を呼んできました。しかし制作年については近年、一五〇一年前後に描かれたことで、おおむね見解の一致を見るようになりました。この年は、丹後においては一宮大聖院智海が奉行を務めた智恩寺多宝塔が完成した年で、守護一色義直は国内事情により丹後に在国中でした。また京都では、将軍足利義材《よしき》が混乱から逃れて、雪舟の庇護者でもあった大内義興《よしおき》を頼って周防《すおう》山口に逃れていました。

雪舟が丹後を訪れ、「天橋立図」を描いた目的を、大内氏を中心とした守護大名と将軍家をめぐる時代的な緊張関係の中に求める見解があります。しかし決定的な意見の一致はまだで、画中からは今なお新知見がもたらされています。本画が美の鑑賞対象に留まらない、歴史家にとっても魅力を放つ由縁です。

吹田直子（京都府立丹後郷土資料館）

籠神社　籠神社は天橋立の北端の近くの山麓に鎮座し、丹後国一の宮である。『延喜式』の神名帳では、丹後国與謝《よさ》郡の二十座の筆頭に「籠神社　名神大。月次新嘗」と記されている。

「籠」の発音には「コ」と「コモリ」との二通りがある。昭和一二年に刊行された『神道大辞典』は「コモリジンジャ」としており、昭和六〇年に刊行された『日本の神々』七の「山陰」では「コノジンジャ」にしている。現在、神社が発行している籠神社の由緒書きでも「コノジンジャ」となっている。

何で読んだかはわからなくなっているが、ぼくが若いころの記憶では〝神が籠に乗って丹後の海岸に来た〟というのがあって、若いころからカゴを意味する籠と思いこんでいた。籠をコと発音するのは『万葉集』の冒頭の雄略天皇の「籠もよ　み籠もち」ではじまる歌でよく知られている。

宝暦一一年（一七六一）にできた『丹後州宮津府志』に、次の一文がある。「一説に籠の明神、籠に乗り空中に安座し、終に天蓋を捧げて異音芬々として此地に降り止る所を天蓋峯と云ふ、此寺の奥の院大谷寺是也」がその出典かともおもう。この文中の大谷寺は神仏習合でできたのであろう。奈良時代には、伊勢神宮など名の知れた神社に神宮寺ができているからそのように考えるのである。

籠神社と背後の天蓋峯

ぼくが初めて籠神社を訪れたのは、昭和四〇年代でその頃は古色がただよっていた。今回訪れてみると、境内がみごとに整理されていて昔のような古色を感じ

眞名井神社の眞名井

なくなった。それとこの神社が、豊受大神を祠る元伊勢であることを記す説明が目についた。第1章で『丹後国風土記』に掲載されている羽衣伝説を引いて、豊宇賀能売命の伝説が竹野郡で展開していることを説明した。その個所の執筆を終ってから籠神社で最近の様子に接したので、正直いって違和感が強かった。籠神社は鎮座する環境といい、海で活躍する海人《あま》が信仰したとぼくは考えている。

籠神社の祭神については諸説あるので、先に籠神社の最初の社地があったとされている真名井神社から説明しよう。真名井神社は、今日では籠神社の境外摂社となっている。

真名井神社

真名井神社は、籠神社の北東約五〇〇メートルの地にある。所在地の難波野は、弥生時代の大きな遺跡があり弥生時代の貼石墓が発掘されている。丹後国の国府のあったのも、難波野からその南の江尻付近とみる説もある。

難波野にある麓《ふもと》神社には、注目してよい習俗がのこっている。「いやり福」という祭事で、昔この地に難を避けて連れられてきたヲケ王とオケ王の二皇子を、土地の人がもてなした故事にちなむといわれている。ヲケ王とオケ王は二人とも天皇になったことについては先に述べた。

　真名井神社は、匏宮《よさのみや》とも吉佐《よさ》（与謝）宮とも称し、古くは郡名を社名にしていたのである。丹後国の国府は阿蘇海に臨んだ中野にあったとみられ、国分寺はそのすぐ西方に国の史跡としてのこっている。中世には国府のあった土地は府中とよばれ、丹後でも丹後府中とよばれていた（『多聞院日記』永正四年（一五〇七）五月二八日の条）。

　国府にたいして籠神社が総（惣）社の役割を果たしたことがあったかどうか、これも研究課題となる。ぼくが訪れた日、境内の泉の水を、一組の若夫婦が何本もの容器に汲んでいたのが印象にのこった。

彦火火出見命と丹後や若狭

　真名井神社の祭神には、神話の世界で活躍する天皇家の先祖の神々が名を連ね、その一神に彦火火出見命《ひこほほでみのみこと》（『古事記』では火遠理命《ほおり》・山佐知毘古）がある。この神は、神話の系譜のうえでは磐余《いわれ》彦《ひこ》（神武天皇）の祖父ではあるが、伝承上の日本の始祖王である磐余彦の諱《いみな》は神日本《かむやまと》磐余彦（第一の一書）、「彦火火出見」（本文）とも、別の名が「磐余彦火火出見尊」（第四の一書）（『日本書紀』）としていて、ことによると同一人物の可能性を感じる。この場合の諱は貴人の実名のことである。彦火火出見命は籠神社の本宮でも、奈良時代の養老元年以前は、主神であったと伝えられている。このことは、籠神社発行の「由緒略記」にも記されている。

　神話の世界では、彦火火出見（以下は命を省く）は高天原《たかまがはら》から天孫降臨をおこなってからの日向三代の二代めであり、海幸《うみさち》・山幸《やまさち》の有名な伝承での山幸である。

山幸は、兄の海幸（火闌降《ほのすそり》命、火酢芹命、火照《ひでり》命ともいう。隼人の祖）から借りた釣針を失った。その釣針を探しに海神《わだつみ》の宮に行くのだが、そのとき物識りの塩土老翁《しおつちのおぢ》（事勝国勝神、イザナギの子）の助言によって、「無目籠《まなしかたま》」を作ってそれに乗って海神の宮に到達できたという。「無目籠」とは、竹で細かく編んだ容器（小舟）のこと、ぼくには籠神社の社名には彦火火出見が海神の宮へ行くとき乗ったという「無目籠」が浮かぶ。この籠は神話では潜水できる舟として不思議な霊力をもっていた。

彦火火出見は海神の宮で海神の娘の豊玉姫と結ばれ、二人の間に生まれたのが磐余彦の父のウガヤフキアヘズ（鸕鶿草葺不合）尊という。

このように山幸が海神の宮を訪れるという冒険の旅の結果として、海神の娘との間に天皇家の先祖が生まれたのである。先ほど述べたように磐余彦の実名や別名に「彦火火出見」が反復して使われていて、本来の神話の粗筋では彦火火出見が日向からの東遷（進）の主人公だった疑いがある。そういえば磐余彦の名の根幹にある磐余はヤマトの地名（磐余邑）だから、東遷前の日向時代の人名として使われているのには違和感がある。

現在では、籠神社の主神は火明命《ほのあかりのみこと》となっている。『日本書紀』の本文では、火明命は彦火火出見の弟で尾張連らの始祖となっており、同書の異伝（第三の一書）では、火酢芹《ほのすせり》命のつぎに生れ彦火火出見の兄となっている。

尾張氏は尾治氏とも書き、愛知県名古屋市とその周辺を根拠地にし海で活躍した豪族である。尾張方面と丹後との考古学的関連については、第4章の大風呂南一号墓の項でふれた。この弥生時代終末期の墓は与謝郡内、つまり籠神社と同じ郡内にあることも留意しておいてよい。いずれにしても彦火火出見は、天皇家にとって重要な役割を果たした祖先神であり、日向という土地と海神とが強くにじみでている。

彦火火出見を祠る若狭彦神社

丹後国の東に若狭国がある。前にふれたように、天長二年（八二五）以前の若狭国は、東部が三方《みかた》郡、西部が遠敷《おにゅう》（小丹生）郡で、遠敷郡が丹後国に接していた。

若狭国の一の宮は、小浜《おばま》市（もと遠敷郡）の大字遠敷の若狭彦神社である。『延喜式』の神名帳には「若狭比古神社二座」とあるように上社と下社とがある。両社は遠敷川の左岸にあって、上社の若狭彦神社の祭神は彦火火出見、下社の若狭姫神社の祭神は妻の豊玉姫である。この付近の遠敷川にある鵜《う》ノ瀬《せ》は、奈良の東大寺の二月堂の若狭井の水源と信じられていて、毎年三月二日に送水の神事がおこなわれる。

若狭彦神社は若狭国の一の宮であるばかりか、奈良時代には朝廷によって神馬が奉納されている（『続日本紀』の宝亀元年八月一日の条）。この神社の祭神が、日向神話で大活躍する彦火火出見と、その妻の豊玉姫であることは、しっかりと認識する必要がある。

室町時代の一色氏と丹後との関係についてはすでにふれたが、応永一四年（一四〇七）には一色満範が若狭彦神社に大鳥居を建立し、その一二年のちには一色義貫が社殿を造営していることも注意される。

若狭彦神社の至近の地に新八幡宮があった。ここに「彦火火出見絵巻」という、わが国の絵巻物の歴史のなかでも傑出した作品が伝えられてきた。この絵巻は地元では「遠敷二神伝」の別名でもよばれていた。

『看聞日記』の著者として知られる室町時代の伏見宮貞成が、この絵巻を都に取りよせてみている。その後この絵巻は、若狭に戻され若狭彦神社の近くにある明通寺《みょうつうじ》に伝えられた。ところが徳川政権下に若狭の大名となった酒井忠勝が取りあげ徳川家光に献上した。そのさい絵師に模写させたものが幸い明通寺にのこり、徳川家にあるはずの原本は失われた。

ぼくは小松茂美氏が編集した『彦火火出見尊絵巻・浦島明神絵巻』（中央公論社）を以前に購入しておいた。今回改めて、この絵巻がどうして若狭の遠敷に伝えられてきたのか、の歴史の不思議さをかみしめた。その絵巻には、彦火火出見が無目籠に乗って、海神の宮へ行く場面も描かれている。

このように丹後の与謝と若狭の遠敷に、彦火火出見の信仰が根強くある。そのことは弥生時代に丹後が異常な繁栄をしていたこととも、あわせ考えねばならないだろう。

籠神社と海部氏系図

籠神社は与射郡にある。丹後国の西隣は但馬国だが、公用で但馬国を通過した人たちに食事や酒を支給した天平一〇年（七三八）の文書がある。「但馬国正税帳」（『寧楽遺文』上巻所収）である。

丹後国の人が多く、そのなかに「丹後国与謝郡大領外従八位上、海直忍立《おしたつ》」がみえ「将従一人合二人経二日、日別給米三升五合、酒一升」とある。どのような目的での旅かは不明だが、これによって与射（謝）郡の大領（郡司、郡領ともいう）に海直《あまのあたい》がなっていたことがわかる。将従とはひきいられた従者、つまりお伴のことである。

海氏は、地名や人名を漢字二字で表記する流行によって、海部としたのではないかと考えていて、部民制の部ではなかろう。というのは律令体制で海部郡をもった国が四ケ国（尾張、隠岐、紀伊、豊後）あるが、発音は「アマ」であって「アマベ」ではない。

海直と同族とみられるのが、籠神社の代々の宮司をつとめた海部《あまべし》氏である。籠神社には「海部氏系図」が伝えられ、昭和五一年に国宝に指定された。この系図には「丹後国印」が押してあって、平安時代前期の貞観年間（八五九〜八七七）に書き写されたとみられている。日本に伝わる諸氏の系図でも最古級とみてよい。

この系図は竪（縦）一列に細い線をひき、その線を中央にして代々の神主の名を記したもので、いわゆる竪系図である。

紙に書いた系図ではないが、埼玉県の埼玉稲荷山古墳で出土した鉄剣には、「辛亥年七月中記」で始まる一一五字を金象嵌であらわしている。この鉄剣を作って銘文を記したのは乎獲居臣《おわけのおみ》だが、その上祖の意富比垝《おふひこ》から、代々の人名を縦に列ね八代めが乎獲居臣であることを記している。これも竪系図とみてよかろう。

なお上祖の意富比垝は、崇神天皇のときの四道将軍の筆頭の大彦の命とみられる。それと辛亥年は四七一年説と五三一年説があって、ぼくは埼玉稲荷山古墳の副葬品から古墳の年代は五三一年説も考えられるが、鉄剣に銘文を刻んだのは四七一年でよかろうとみている。

突飛なようだが、籠神社のいわゆる「海部氏系図」の人名を縦一列に記すという表記法は、埼玉稲荷山古墳出土の鉄剣の銘文に先例があるのである。

「海部氏系図」はその巻頭に「籠名神社祝部氏係《ママ》図」と書かれていて、それが本来の名称であったことがわかる。それにつづいて「丹後国与謝郡従四位下籠名神、従元于今《もとよりいまにいたる》所斎奉祝部奉仕、海部直等之氏、始祖彦火明命（以下は省く）」として、「児海部直都比」以下「児海部直勲尼」にいたる一六人の神官の名が書かれている。

正史の『三代実録』には、清和天皇の貞観六年（八六四）一二月二一日に「丹後国従五位上籠神に正五位下を授く」とある。さらに貞観一三年（八七一）六月八日に「丹後国正五位下籠神に従四位下を授く」とある。

このことから「籠名神社祝部氏係《ママ》図」にある「従四位下籠名神」の記述は、貞観一三年以降のこととなる。元慶元年（八七七）には籠神社は従四位上を授けられているから、この系図は貞観年間、それも貞観一三年のすぐあとに書かれたとみられている。なおこの系図の巻頭の一文は〝籠の名神の社《やしろ》（の）祝部《はふりべ》氏系図〟の意味であろう。祝とは神職のこと、神憑《かみがかり》して託宣を告げる者をもいう。

戦前は考古学でいう須恵器を祝部《いわいべ》土器とよんでいた。斎《いわい》（忌）瓮《べ》のことである。序《ついで》に書くと籠神社が名神大社に指定されていたことは『延喜式』の神名帳からも分るが、そのことは天平二年（七三〇）一〇月二九日にさかのぼる。『続日本紀』ではこの日に「使を遣して渤海の信物を諸国の名神社に奉る」とあって籠神社もそれに含まれていたとみられる。

すでに述べたように海直氏は与謝郡の郡司になっているから、同族の海部直氏が与謝宮（のちの籠神社）の神官を代々務めたのであろう。海氏と海部氏の表記の違いは、海部氏ももとは海一字の表記であったとみられる。海を海部と書くようになる例として伊予の名族の越《おち》を越智と書くようになったことがあげられる。なお与謝郡の海氏が海とのかかわりで、どのような活躍をしていたかとか日下部氏との関係などの研究は今後に待たれる。この項は金久与市氏の『古代海部氏の系図』（学生社）をも参考にした。

山上にある成相寺

籠神社のすぐ西にあるケーブルで一気に山を登ると傘松駅があり、すぐそばに傘松公園がある。ここは海抜一五九メートルあって、背後の鼓ケ岳（海抜五六九メートル）から延びる尾根の先端の平坦部に当る。傘松公園からは眼下に天橋立が見え、人びとは股覗《またのぞ》きに興じている。

傘松駅から尾根筋の細い道約一・三キロを成相寺《なりあいじ》までバスが通っている。健康な人たちはもちろん歩いている。

成相寺の建物は鼓ケ岳の南南東の中腹に点在しているが、室町時代に山崩れがあって、その後にここに移ってきた。もとは現在地より上の通称、仙台の地にあったという。

寺伝によれば、文武天皇の勅願所であったとするが、創建期の様子を示す考古学資料はまだない。とはいえ奈良時代の土器類は見つかっている。平安時代末の今様集の『梁塵秘抄』に、四方の霊験所の一つとして「丹後のなりあひ」が歌われているから、平安時代には都人にも知られた霊場だった。

それにしてもこの寺は橋立の観音ともいわれるように、天橋立の景色を一望におさめられる。だがケーブルがつくまでは不便な山寺であった。『今昔物語集』には、山寺としての成相寺の生活の不便さを伝える物語が、巻十六に「丹後国成合観音霊験話《れいげんのこと》」としておさめられている。話を要約する。

この寺がどうして成合というかを説明しよう。昔、仏道を修行する貧しい僧がいた。僧が修行している寺は高い山にあって、雪が深く積もるので冬の間は人は通らず、この僧の食料が絶えてしまい餓死寸前になった。それが十日ほど続いたので、力無く経も読めず仏をも念じられない状態になった。

僧は死を覚悟してこの寺の観音に「助ケ給エ」と念じた〝高い官位は望みません。ただ今日食べて命を生ける（保てる）だけの物を施し給え〟と念じた。すると寺の隅に狼に食われた猪の残骸があるではないか。〝これは観音が与えてくれた食物〟だと考えた。だが仏教での肉食は禁じられている。それは分っているが「今日ノ飢ヘノ苦ビニ不堪ズシテ」ついに猪の左右の股の肉を取って鍋で煮て食べた。その味はすばらしかった。このようにして僧の飢はおさまり「楽キ事限リ無シ」だった。

僧は重い罪を犯したことを悔いていた。雪がようやく消え、里人も僧の身を案じながら登ってきた。僧は〝猪を食べたのです。まだ鍋にのこっている〟といった。人々がその鍋を見ると、檜の木切があるではないか。人々が仏像を見ると左右の腂（股）が新たに切り取られていた。僧は「然ラバ彼《か》ノ煮テ食《くらい》ツル猪ハ観音ノ我ヲ助ケムガ為ニ猪ニ成リ給ヒケルニコソ有ケレ」と思った。僧がその話をすると聞く人は皆涙を流しいっそう観音を貴んだ。僧と里人は観音の像を元通りに修理し、この寺を成合というようになった。観音は今も在する。

この観音は室町時代の山崩れで失われたようである。『御伽草子』の「梵天国」は諸国の遍歴談であるが、インドの梵天国王が久世戸の文殊（智恩寺）になり、梵天国の姫が成相（合）の観音になったという話である。いかにも丹後の寺の仏像にふさわしい国際的規模での話である。

成相寺が水船に使っている鉄製湯船は、智恩寺にあったのと同じ正応三年（一二九〇）の銘がある。このように、同じ年に製造された湯船を智恩寺と成相寺が分有していることから、先ほどの「御伽草子」にあるような話が生まれたのであろうか。成相寺は目下境内の学術調査が進められているようだから、創建期の様子なども徐々に明らかになってくることだろう。

青葉山中腹にある松尾寺

丹後には成相寺とほぼ同じころに創建されたとみられるもう一つの山岳寺院がある。舞鶴市の松尾寺《まつのおでら》である。

丹後と若狭の境には、青葉山という海抜六九九メートルの山が聳えている。大浦半島の基部にあって、若狭富士ともよばれる秀麗な山で海人の信仰を集めていた。

松尾寺は青葉山山頂から南西に下った中腹にある。山頂には松尾寺の奥院があって、富士、浅間、白山、熊野の権現を祠る六所宮があって修験道の行場である。

松尾寺の伝承では、八世紀の初頭（慶雲か和銅のころ）に唐僧威光が開いたという。威（為）光についいては詳しくは伝えられていない。とはいえ日本海沿岸には、唐で活躍した天竺（インド）の僧善無畏三蔵や菩提僊那を開基と伝える寺が山形、新潟、富山、石川などに点在している（図説日本の古代六『文字と都と駅』）。松尾寺の威光の開基伝説も、それらとともに考える必要がある。

松尾寺にはもう一つの伝承がある。この伝承は松尾寺の再興期に当る徳治三年（一三〇八）の「松尾寺再興啓白文」に記され、そのなかに〝天下に聞こえた奇瑞〟とされた伝承である。

青葉山の北方にある神之浦（若狭の最西端）の漁人たちが海で台風にあい、村の長の春日宗大夫（為光）だけが浮木につかまり無人島に漂着した。一心に日頃信仰していた馬頭観音を念じていると、観音の化身とみられる白馬があらわれた。白馬は宗大夫をのせて海上を走り神之浦へ送りとどけた。そのあと宗大夫は、剃髪して僧となり馬頭観音を供養した。馬頭観音は松尾寺の本尊として本堂に祠られている。

ぼくが訪れた日にも、麓から坂道を歩いてくる参詣者が多く、この寺が信仰を集めていることに感動した。寺宝はすこぶる多く、住職の松尾心空氏（ぼくとは堺中学で同級）の案内で宝物館を拝見できた。とくに快慶の比較的早い時期の作品の阿弥陀如来坐像には見入ってしまった。松尾氏から帰りに、この仏像の大きな写真を頂戴した。

仏画のなかでは平安時代の象にのった普賢菩薩像と鎌倉時代の孔雀明王像が目をひいた。ともに気品にあふれた仏画である。庫裏の客間には、数年がかりで松尾氏の夫人が模写した、孔雀明王像がかけてあったのもほほ笑ましかった。高麗後期の阿弥陀三尊像も珍しく、日本海の漁民が高麗からもたらし松尾寺に伝えられるようになったのであろう。

松尾住職は話が巧みで、ぼくを案内した三浦君も、講演をうかがったことがあるそうである。二、三時間の滞在ではあったが、自然にとけこんだ幽境に身をおくことができ、心のなごむ寺であった。

伊根の丹後鰤と椎の実

籠神社から丹後半島の海沿いの道を北東へ進むと、家々に舟屋がぎっしりと並ぶ伊根《いね》につく。伊根漁港は、京都府でも最大の漁獲量で知られ、古くは伊禰と表記していた。丹後鰤《ぶり》は名高く、江戸時代の『日本山海名産名物図会』の鰤の項には「丹後与謝の海に捕るもの上品とす。是は此海門《みなと》にイネという所ありて、椎の木甚多くその実《み》海に入て魚の飼《え》とす。故に美味なりといえり（以下は省く）」としたあと、鰤の追網の仕方などについて詳しく述べている。

ぼくは、鰤が椎の実を食べるという説明が気になって、以前にイネの民宿に泊ったとき、今も漁を営む人に尋ねたがわらなかった。ただ翌朝その漁師に舟に乗せてもらい、伊根湾の入口に浮かぶ青島をまわってもらったが、この小島は魚付保安林になっていて木々の枝が海にひたらんばかりに繁茂していて、木々がよく育つことと魚が多く寄りつくことに深い関係があることを知った。でも本当に鰤が椎の実を餌とするかどうか、今でも気になっている。椎の実を古代人がよく食べたことについては、すでに述べた。

伊根の民宿に泊ったとき、鯨捕り用の鉄銛を見せてもらったことは前に書いた。湾の入口にある青島に上陸して、鯨の墓は見学できた。伊根の捕鯨については、江戸時代前期から鯨が伊根湾に入ってきた時におこなわれ、それ以上の発展はしなかったようである。

徐福を祠る新井崎神社

伊根から北東へと海岸を進むと、丹後半島が東へ突出た新井崎《にいさき》がある。道路から海岸を見下ろすと社殿の屋根が見える。ここが新井崎神社で祭神は秦の徐福である。徐福が東方の海に向かって、三千人の童男童女や百工（さまざまの技術者）をつれて船出したことは、『史記』（秦始皇本紀）にも書かれ、中国では史実とみられている。

徐福のこの行動は、童男童女や百工を連れての計画的な移住とみられているが、九州島の佐賀平野や福岡県の八女《やめ》市、紀伊の熊野などに根強い徐福伝説がある。とくに佐賀平野の北に聳える金立山《きんりゅうざん》から諸富《もろどみ》町にかけては、徐福伝説というより徐福信仰があって注目すべき土地である。

日本側にも徐福の渡来を史実としてみようとする動きはあるが、まだ成果があがったとはいえない。しかし丹後に徐福伝説があることは、丹後の弥生文化が、目を見張るほどの内容であることと、無関係ではなさそうにも思え、検討は今後に待たれる。それにしても日本海側では唯一に近い徐福信仰であるから、留意しておく必要はある。

浦嶋神社

新井崎から北北西へと延びる丹後半島の海岸を進むと、浦島漁港のある本庄浜の集落につく。

本庄浜で若狭湾に注ぐのが筒川であり、ここが中世の筒川保である。古代にさかのぼると『日本書紀』の雄略二二年の条に「丹後国与社郡管川人瑞江浦嶋子、乗舟而釣」の文章で始まる、いわゆる浦嶋子の伝承にでている管川である。雄略紀の浦嶋子の伝承は、〝語は別巻にあり〟で結んでおり、その別巻とみられる記述が、『丹後国風土記』（以下この項では「風土記」と略す）におさめられている。丹後の国司をしていた伊予部馬養連が、地元に伝わる話を採録し、流麗な文章でまとめた「浦嶼子《うらしまこ》」の話として収録されている。

この文章は「与謝の郡、日置の里。この里に管川の村あり。この人夫、早部首らが先祖の名を筒川の嶼子と云いき」で始まり、名筆家の伊予部馬養連の文章だから古今の名文で綴られている。今日の筒川を訪れると、筒川の下流部では流域平野がわずかに開け、川口近くではもと潟であった形跡をとどめている。筒川はもと潟港だったのである。

古代人は潟のことを「江」ともよんでいた。それが雄略紀にある「瑞江」で、「風土記」では筒川の嶼子のことをさらに「欺《こ》はいわゆる水の江の浦嶼子という者なり」とあるように、この潟は瑞江とも水の江ともよばれていたとみられる。

「風土記」の原文は漢文で、この個所を「水江浦嶼子」としているから「水の江浦嶼子」なのか「水の江浦の嶼子」なのかはわからない。いうまでもなく浦とは海辺というより漁村を指すことが多い。

ぼくの推測では筒川の漁港を水の江の浦とよんでいて、その住人の嶼子だったように思える。いずれにしても浦嶼子の話は、実在の漁港の筒川で展開しそこに語り伝えられていた話とみてよかろう。

筒川の下流部でも、奥まったところの川の右岸に浦嶋神社がある。『延喜式』神名帳の与謝郡二十座のなかの宇良神社のこととみられている。祭神は浦嶋子（浦嶋太郎）である。境内は木々がよく茂り、森厳さがただよい、ぼくの好きな神社であり、ぜひ訪れることを勧める。

神社が発行する「浦嶋神社の栞」では、浦嶋子が常世国から帰ってきたのを、淳和天皇の天長二年（八二五）としているが、これでは奈良時代の「風土記」に話がのるわけはなく、やはり『日本書紀』が雄略天皇二二年に浦嶋子の話をのせているのが、帰国の年に近いとぼくはみている。天長二年の話は社伝としては尊重すべきではあるが、社殿が造営された年ではなかろうか。これについてはあとでもふれる。

雄略紀では〝浦嶋子が船に乗って釣をしていて大亀を得た。（するとその大亀が）便《たちまち》に女になった。ここに浦嶋子が感《たけ》って（興奮して）婦にした。相逐《あいしたが》って海に入り、蓬莱山に到り、仙衆を歴《めぐ》り観《み》た。詳しい話（語）は別巻に在り〟と簡潔に述べている。

この個所の蓬莱山に「トコヨノクニ」のルビをつけ、仙衆に「ヒジリ」のルビをつけた本がある。しかし浦嶋子の話には根底に中国の神仙思想（不老不死への憧れと信仰）があるから、古代人はこの二個所を「ホーライサン」と「センニンタチ」と読んでいたとおもう。

日本の神仙思想を造形物として表現したのが、四世紀に日本列島で大流行した三角縁神獣鏡であることは「宇治・筒木・相楽の巻」でも述べた。蓬莱山とは仮想上の霊山で、仙人がこの山で不老不死の生活をつづけていると信じられていた。日本列島内では、熊野や東海の熱田を蓬莱山とする俗信もあった。なお浦嶋子の話で、大亀が重要な役割をすることには、〝亀は万年、鶴は千年〟の諺のように、長寿の生き物とみられたことも関係するだろう。海亀は太平洋に多いが、日本海にも生息し、島根県加茂町（現雲南市）の加茂岩倉遺跡出土の十号銅鐸の鈕には、海亀と思える図文が鋳出されている。

浦　嶋　神　社

「風土記」の浦嶋子の話は、長文でありかつ名文であるため、要約はつつしみ原典で読んでほしい。面白いのは話の結末が三〇〇年余りも生きつづけると、一人の友もいなくなり淋しい限りとしている点で、不老不死の信仰を暗に否定するあたりが、古代日本人の合理精神があらわれているようにおもえる。

浦嶋子の伝説は『万葉集』でも歌になっている。一七四〇番の長歌で、ここでは墨吉《すみのえ》（墨江、住吉とも）の海で水江の浦嶋児が堅魚や鯛を釣る話に変わっていて、海若《わだつみ》の神の女とともに常世に向い、海若の神の宮で暮らすというように話がかなり変化している。

浦嶋神社には「浦島明神縁起」が伝わっている。この絵巻は前に述べた小松茂美編の『彦火火出見尊絵巻、浦島明神縁起』におさめられている。「風土記」に即して絵が展開し、最後の赤い箱（玉手箱）をあけた途端に、浦嶋子がやせ細った老人になった姿の描写はすばらしい。そのあと淳仁天皇の天長二年に、社殿の奥に浦嶋子の木像を置いた、筒川大明神の簡素な社殿が描かれている。奥書《おくがき》には「丹後国与謝郡水江浦嶋大明神　宝物　別当　来迎密寺　什物」とあり、丹後に即して作られた絵巻物とみられる。来迎密寺は、浦嶋神社の神宮寺と推定されている。

「浦島明神縁起」絵巻はそれを描いた絵師の名はわからない。絵そのものは巧妙かつ丁寧に描かれ、かなりの絵師によって作られたと思われる。小松氏は「一五世紀初頭の傑出した絵師の所産として、見逃しがたい価値を有する遺品なのである」としていて、ぼくも同感である。制作年をもう少し古くしてもよいかとぼくはみる。神社発行の栞では「十四世紀前半」としているのも一つの参考になる。

浦島の話は古代から語りつがれ、それとともに全国各地に浦島伝説はひろがった。各地の海岸部にあるだけでなく、中部山地の木曽川の寝覚《ねざめ》の床にもあって、JR中央本線の車中でも、この名勝にさしかかると車内放送でそのことを話していた。

寝覚の床の北方五キロのところに、縄文時代と平安時代前期の小島遺跡がある。この遺跡では平安時代前期にも竪穴住居址をのこしていて、美濃で製作されたとみられる灰釉陶器《かいゆうとうき》が多数出土している。そのうち一〇点が墨書土器である。しかも墨書土器の半数に「芳蘭」の二字がある。いずれも九世紀から十世紀の文字である。

「芳蘭」の二字は『丹後国風土記』の浦嶼子の話で重要な役割をしている。三〇〇年ぶりに故郷の与謝郡日置里の筒川村に帰った水江浦の嶼子は、淋しさにたえられず禁じられていた玉匣《たまくしげ》（玉手箱）を開けた。すると瞬時に「芳蘭之体、率二于風雲一翩二飛蒼天一」したという。芳蘭の体とはフジバカマとみられる香のよい草（蘭）のことで、この香りをうけて仙人のようになった嶼子が、風雲を従えて天に飛び去ったという。

寝覚の床に近い小島遺跡から「芳蘭」の墨書土器が、かたまって出土したことには充分注意する必要がある。

ぼくはこのことを、長野の川崎保君から聞き、第一三回「春日井シンポジウム」で「発掘された浦島伝説―謎に満ちた芳蘭の文字」の発表をしてもらった。この発表は、のち『伝説に歴史を読む』にも収録された。寝覚の床の浦嶼伝説がいつまでさかのぼるかはともかくとして、「芳蘭」の墨書土器はこの地での神仙信仰を知る、重要な資料となるであろう。

網野神社

京丹後市の海岸には、東西に九キロへだてて二基の巨大前方後円墳が造営されている。東が神明山古墳、西が網野銚子山古墳である。これら二基の前方後円墳は京都府全域でも最大規模であるばかりか、日本海沿岸地域でも最大規模の古墳である。

この二基の古墳の至近の地には、いずれも古墳時代には舟の入れる潟があり、海上交通の要衝であった。それとともに二基の古墳のごく近くに、神明山古墳は竹野《たかの》神社、網野銚子山古墳では網野神社が鎮座している。これらの二社はともに竹野郡にあって、いずれも『延喜式』神名帳に記載されている。

現在の祭神は両社とも日子《ひこ》坐王《いますおう》を祀り、網野神社では浦嶼子も祀っている。さらに網野神社の北西の海岸には、島児神社があってここでも浦嶼子を祠っている。

松本清張さんの推理小説に『Dの複合』がある。この小説の書き出しは「浦島神社」の項であり、「網野町という小さな田舎町がある。地図の上だと、奥丹後半島が日本海に突き出た左のはじに当る。そこの海岸には浦島太郎の伝説が遺っていて、現に浦島大明神を祭神とする網野神社というのがある」と述べている。

清張さんは、浦島を祭神とする網野神社に興味をもたれたようだが、『Dの複合』では冒頭のほかでは、丹後の神社や伝説はそれほどの役割は果たしていない。

日子坐王と浦嶋の系譜上の関係は、第2章の「日子坐王と丹波」の項で述べた。つまり日子坐王は浦嶼子の先祖であり、浦嶼子は日下部氏の先祖でもあった。だから網野神社が日子坐王と浦嶋子を祀っているということは、伝説上の始祖と伝説上の中興の人物を祀ったということである。

網野から一つ山を越すと古代の木津郷がある。ここには温泉宿があって『Dの複合』では、浦島館という宿があったことになっている。

ぼくも三十数年前に、浜詰遺跡などを見たあと木津温泉に泊った。温泉というはずの湯につかったが冷水風呂のような温度で、出るにでられず困ったことをよく覚えている。この宿では食事も近所の仕出し屋がもってきていた。でも気楽な宿屋だった。

木津温泉の西隣に俵野という山あいの集落があり、大正一一年の耕地整理中に飛鳥時代後期の寺跡が見つかり俵野廃寺とよばれている。塔の心礎と七世紀後葉の瓦が出土していて、かなりの寺院だったとみてよい。丹後四郡のなかでは、最初に造営されたとみられる寺の跡で、もとの木津郷にあった。この寺が竹野郡の郡寺だったか、ある氏の寺だったかはさらに調べる必要がある。

大宮売神社と祭祀遺跡

大宮売《おおみやめ》神社は史料によく出ている割には未解明の謎が多い。もとの町名の大宮町は、大宮売神社があることからついたが、現在は京丹後市に合併されている。

『延喜式』神名帳には丹波郡九座の筆頭として「大宮売神社二座　名神大」と記されている。これによって丹波郡唯一の名神大社であることがわかる。『延喜式』神祇の名神祭の項にも、丹後国の大宮売神社二座が籠神社などの四社とともに記されている。

このように大宮売神社が二座あることは、社伝によって大宮比売命と若宮比売命の二社であることがわかる。大宮比売とはどのような神なのであろうか。

江戸時代の国学者の平田篤胤は、アメノウズメノミコト（天宇受売命、天鈿女命とも）の別名という説をだしている。アメノウズメとは天照大神が天の岩窟（屋）にかくれてしまったとき、天照大神をよびかえすため、石窟の前で下半身を露わにして踊った神である。そのような踊が本当にあったのであろうか。

ぼくはずっと前に、大阪府豊中市野畑の水田から出土した、巫女の埴輪を調べたことがある。上半身には巫女特有の通称袈裟衣をつけ、そのうえに襷を巻きさらに注連縄《しめなわ》をもつけていた。ところが下半身は裸で、陰部と肛門が刻んだ線や点で表現されていた、何かの儀式で下半身には何もまとわない、ということがあったのである。これは『大阪府史』一巻で書いた。なお野畑では、この埴輪は単独（おそらく埋置）で出土したので年代は絞りにくいが、埴輪そのものからみて五世紀ごろのものであろう。この資料によって記紀神話のアメノウズメのような踊があったと考え

大宮売神社

てよかろう。

大宮売神社が鎮座するのは大字周枳《すき》であり、この神社を周枳社（宮）といったこともある。承安四年（一一七四）の年号を鋳出した銅製の磬《けい》には、「周枳宮承安四年甲午三月三日鋳之」の銘文がある。これによって平安時代末には、大宮売神社は所在する地名をとって、周枳宮といっていたことがわかる（『平安遺文』金石文編）。

周枳とは第1章でもふれたけれども、大嘗祭にさいして新穀を栽培するために指定された主基《すき》国のこと、意味は悠紀《ゆき》国にたいして「次」つまり二番めの国ということである。元の丹波国のなかの丹波郡（のちの丹後国）の中心とみられる丹波郷の隣が周枳郷であり、この地に女神を祠る大宮売神社があるのである。

大宮売神社の境内には、弥生時代の遺跡があって、この地が早くから開けていることを物語る。

弥生時代後期の遺跡とは別に、各地の祭祀遺跡でよくみかける、小型にして厚手の土師器（手づくね土器）と扁平の勾玉、短い剣身形石製品、双孔円板とよばれる鏡を模したか、とみられる石製品などがある。勾玉といっても身体を飾るアクセサリーではなく、石製模造品とよばれる祭祀用の品々である。双孔円板や剣身形の石製模造品からみて、五世紀後半か六世紀前半の年代が考えられる。

各地の神社でも、境内に石製模造品などを出す祭祀遺跡のあるのは、奈良県の三輪山を祭神とする大神《おおみわ》神社、玄界灘の沖ノ島や大島を祭祀の場として宗像《むなかた》神社で、伊勢神宮でも若干の石製模造品は見つかっている。このほか奈良県の石上《いそのかみ》神宮や、兵庫県北部の元の但馬にある出石《いずし》神社にも、祭祀遺跡はあるといわれている。いずれにしても古墳時代にさかのぼる祭祀遺跡のある神社は、歴史的に由緒のある神社であり、大宮売神社の重要性が知られる。

なお大宮売神社の考古学的知見については、梅原末治氏が大正一二年刊行の『京都府史跡勝地調査会報告』の第五冊に「大宮売神社」の項を執筆されたのが早い例である。その梅原氏の文中に「弥生式土器図」として掲げられているのは、古墳時代中期ごろの祭祀用の土器であって弥生土器ではない。

大谷古墳と女性の被葬者

大宮売神社の南方二キロの丘陵上に、墳長三二メートルの小型の前方後円墳がある。前方部が短く、帆立貝式古墳ともよぶ。この地が昭和六一年に工業団地となり、その工事にともなっての古墳の発見となった。それが大谷古墳である。

後円部に大きく掘られた墓穴（壙）のなかに箱式石棺があり、骨ばかりとなった遺骸の右胸あたりに日本製の捩文鏡一面が置かれ、そのほか鉄剣一口と鉄斧一個が副葬されていた。首のあたりに硬玉ヒスイの勾玉と、多数のガラス製小玉があった。

大谷古墳の遺骸は、人類学者の池田次郎氏が研究された。それによると熟年前半の女性であり、縄文人的特色をのこしているとみられた。

元の大宮町には約一五〇〇基の古墳がある。しかしその大半が小型の円墳や方墳であるから、大谷古墳は小規模な前方後円墳とはいえ、周枳の地域では盟主墳的存在である。発掘報告書の『大谷古墳』で「当地域が古墳時代中期のある期間、女性首長が統治するところの、いわば女王国であったことが証明された」とまとめている。

当時、古墳時代の女性に関心をもっていたぼくは、発掘終了直後に大谷古墳を見学し「古代の女性を考える視点」(『考古学と古代日本』所収)にも大谷古墳を紹介した。

今回さらに考えてみると、大谷古墳と大宮売神社の祭祀遺跡の年代が接近している。このことから、大谷古墳に埋められた女性と大宮売神社の創始との関係をさらに追求する必要のあることを感じた。これも今後の宿題である。

何鹿郡と綾部と由良川

何鹿郡《いかるがぐん》は丹波国の北部にあって、東西に長い範囲である。郡の北部は丹後国加佐郡、西部は天田郡、南部は船井郡と一部が桑田郡、東部が若狭国遠敷郡と接していた。

何鹿の地名は、音読すると「イカ」だが『和名抄』以来「イカルガ」と発音していた。それと表記はカナ書を別にすると何鹿の二字で統一されていた。この地名の起源については、説得力のある説明に接していない。

奈良県でも、斑鳩宮とか斑鳩寺（法隆寺）の地名が、古代には使われていた。しかし、この歴史的に名高い地名の語源もよくわからない。小鳥のイカル（斑鳩・鵤）の別名を「イカルガ」ともいうけれども、それを斑鳩の地名の源とみるにはさらに説明がいる。とにかく丹波国の何鹿郡は謎に満ちた地名である。

由良川下流（志高）での風景

　何鹿郡を東から西へと流れるのが、大河の由良川で、その流域の生活にとって、由良川の水運が果たした役割はきわめて大きい。由良川は福知山市で流れを北方へと変え、しだいに北東へと流れの向きを変えて、由良で若狭湾に注いでいる。

　由良川の水運は、河口の由良から大江町有路《ありじ》までは、川が深く海船も遡上できた。この間の流域には、すでに述べたように縄文遺跡、弥生遺跡、古墳時代から奈良時代におよぶ集落遺跡などが多く、遺跡が物語っている繁栄は由良川水運によるところが大きかったとみられる。

　近世のことではあるが、有路で底の浅い川舟に荷を積みかえ、中流や上流の福知山や綾部にも水運網ははりめぐらされた。このことは原則的には古代までさかのぼるとみてよかろう。

　有路のような水運の中継拠点は、大阪湾から奈良盆地に達した大和川水系でも、顕著にあらわれていた。大阪平野の南西の端にある柏原《かしはら》（もと中河内郡、今の柏原市）で小型舟に荷を積みかえ、生駒山脈と金剛・葛城山脈のあいだの渓谷を通りぬけたあと、大和川の支流によってほぼ奈良盆地の全域に水路網がとどいていた。最近名高くなった桜井市の纏向遺跡も、大和川水運のほぼ終点に近い位置にある。なお柏原市には船橋遺跡があって、この付近に古代の水運の中継拠点があったとみられる。

　山城での河川水運の中継拠点は、後でも述べる山崎であったり、淀や伏見であったときもある。淀川を遡上してきた海舟は山崎、淀、伏見などで小型の川舟に荷を積みかえ、あとは山城北部にも南部にも達した。

　小型の川舟といっても積荷は七・五トン、米俵にして一二五俵程度は積めたから、陸上の道を使って馬、牛、人が運ぶ量よりはるかに威力が発揮された。とはいえ河川交通の重要さを現代人は理解しにくく、頭を鍛える必要がある。

綾部の遺跡と史料

　綾部に話を集中しよう。ＪＲ山陰本線の綾部駅の北北東すぐのところに、由良川の本流がある。川の右岸ぞいの自然堤防上には、弥生時代から古墳時代におよぶ青野遺跡群がある。

　この遺跡で発掘された竪穴式住居址は、火災で焼失したとみられ、焼けた建築材が落下して埋まっていた。

何鹿郡と天田郡での由良川の流れと主要古墳

青野遺跡群の南東に接して（重複するところもある）、何鹿郡衙跡とみられる場所がある。青野南遺跡から綾中遺跡におよぶ範囲である。年代は飛鳥時代後期から奈良時代にいたっている。さらにその遺跡の南すぐのところに綾中廃寺があって、創建は飛鳥時代後期に遡り奈良時代に栄えていた。この寺は位置関係から郡と密接な関係のあった郡寺だったとみられる。心礎と推定される巨石が出土したことはあったらしいが、破砕されてしまい現存しない。

何鹿郡の郡衙跡や綾中廃寺の所在地は、漢部郷《あやべごう》の中心的な邑があったとみられ、この廃寺には漢部氏の氏寺的な側面もあったのだろう。

何鹿郡にいた古代の豪族について説明する。

貞観六年（八六四）三月四日、何鹿郡の人、従七位下の刑部首夏継《おさかべのおびとなつつぐ》に姓の豊階宿禰《とよしなのすくね》、刑部首弟宮子に豊階朝臣を賜っている。このとき夏継らは〝先は彦坐命より出でし〟といった（『三代実録』）。彦坐命が丹波や丹後で重要な役割を果たしたことは第1

章で述べた。

貞観八年（八六六）九月二〇日、何鹿郡の人、漢部福刀自が伉儷《こうれい》（配偶者）が死んだあと、二二年間の独身を守った。節婦として位を与えるなどして表彰している（『三代実録』）。漢部氏は漢部郷に居住していたのであろう。

仁和三年（八八七）六月五日にも節婦の記事がある。何鹿郡の人、漢部妹刀自売は、一四歳で秦貞雄に嫁ぎ二男一女を生んだ。貞雄の死後三二年も独身生活をして子を育てた。節婦として表彰している（『三代実録』）。この記事によって渡来系の氏同士で、婚姻がおこなわれていたことも知られる。

漢氏は後漢の霊帝の末と称する渡来系集団の名門で、漢部氏は漢氏の部曲《かきべ》（隷属民）とする説もある。しかし綾部市域の遺跡の在り方からみると、前に氏名としての「海《あま》」を漢字二字とする流行によって「海部《あま》」としたと推定できたように、漢部氏も元は漢氏でなかったかと考える。

このことは、さらに古い木簡の出土によって判ることだが、何鹿郡では漢部を綾部と室町時代ごろから書くようになったのである。だから江戸時代には、この地に九鬼氏の綾部藩が置かれた。綾部には明治時代から郡是《ぐんぜ》製糸が操業し、昭和四二年に社名をグンゼと改称し今日にいたっている。グンゼ記念館やグンゼ博物館のあるあたりが古代の漢部郷であることからも、歴史の因縁を感じてしまう。

私市《きさいち》円山古墳と山尾古墳

綾部市域には小型の前方後円墳は点在する。しかし墳長が一〇〇メートルを超す大型の前方後円墳はみられない。そのことと関係するように、古墳時代中期の聖塚《ひじりづか》古墳と菖蒲塚古墳の大方墳が、由良川上流の右岸の多田町の水田のなかに築かれて保存されている。この地における盟主墳とみてよかろう。

聖塚古墳や菖蒲塚古墳と、由良川の支流八田川をへだてた丘陵上には、約八〇基の円墳や方墳で構成される久田山古墳群があって、この地域の有力氏族の氏人の墓地域とみられる。これを何氏に比定するかについての手がかりはないが、古代の郷では八（矢）田郷にあたるとみられる。

由良川を下ると、綾部市域の最西端に私市円山《きさいちまるやま》古墳がある。古代の私市郷、中世の私市庄である。古墳は由良川の右岸にあって、北から南へとのびる山脚先端の高所（海抜九四メートル）に築かれ眼下に由良川が流れる。

この古墳は古くから知られていたのではなく、近畿自動車道敦賀線の建設にともなう調査で発見され、発掘によって古墳時代中期の大円墳であることがわかった。墳丘を葺石でおおい各種の埴輪を立てるなど、大豪族の奥都城《おくつき》であることをうかがわせる。

私市円山古墳は、地名が示すように直径七一メートルの大円墳で、墳丘の裾に小さな造出しを設けている。京都府最大の円墳である。埋葬は木棺を直接封土に埋め、出土した甲冑や武器、帯金具などから中期、つまり五世紀代とみられる。

ぼくは以前に、各地の大円墳は五世紀代に集中していることに気づいて、検討したことがある（図説日本の古代五『古墳から伽藍へ』）。

近畿の大王陵は、墳形に前方後円墳を採用することが主流であるのにたいして、雄略陵とみてよい大阪府の高鷲丸山古墳が直径七六メートルの大円墳であることは、大王陵としては例外であって注目される。

雄略天皇は、中国南朝の宋に遣使した倭王武とみられる。そのころの南朝や北朝の皇帝の陵は円墳であることから、意図的に大円墳を採用した。そのような方針に筑後、備中、尾張、武蔵、越前などの豪族のなかに従った者が、かなりいたと考えたのである。

高鷲丸山古墳は直径七六メートル、これにたいして私市円山古墳の直径は七一メートルで立地条件は異なるとはいえ規模はほぼ同じとみてよい。

このように何鹿郡の豪族の墓とみられる私市円山古墳は、大王並みの大円墳を造営していることに注目してよかろう。

何鹿郡には古墳時代終末期にも、大王陵の影響をうけたとみられる古墳がある。綾部市坊口町にある山尾古墳である。

山尾古墳は私市円山古墳の北北東の由良川支流の犀川右岸にある。北から南へとのびる山脚の先端にあって、文字通り山尾にある古墳である。一九九四年に発掘がおこなわれ、担当は高野陽子さん、ぼくも発掘中に見に行った。

墳丘は一辺二二メートルの方墳で、横穴式石室を設けているが、石室の正面の下方に四段の列石を配するという珍しい構造であった。

奈良県桜井市忍坂《おしさか》に段ノ塚とよばれる古墳時代終末期の古墳がある。六四一年に没した舒明天皇陵に治定されているが、築造年代などからみて舒明陵とみてよかろう。

墳丘は八角形だが、埋没が予想される横穴式石室の正面下方に、三〜四段の外護列石がある。

この列石は墳丘の周囲を繞《めぐ》るのではなく、墳丘正面の斜面（山の尾）へ段々に配置したものである。ぼくは、このような構築法を段ノ塚式墓域と名づけた（『古代学研究』一三三号所収の「段ノ塚式古墳のこと」）。

このように山尾古墳は、段ノ塚式墓域を採用した全国的にも数少ない古墳である。被葬者はまだだせないが、舒明天皇と何らかのかかわりをもった人物の可能性がある。

山尾古墳の東方に、式内社の阿須須岐《あすすき》神社があって、祭神のなかに彦坐王の子の丹波道主王がある。元慶三年（八七九）一一月に、丹波国が「慶雲、管何鹿郡阿須須岐神社に見《あらわ》る」と言上している（『三代実録』）。九世紀に、この地に知識人がいたことが推測でき、留意しておいてよい古社であろう。

山尾古墳と横穴式石室の正面下方に配された段々の外護列石

天田郡と船井郡の補足

天田郡と船井郡の二郡については、第4章の広峯十五号墳と園部垣内古墳の項で付随的に述べたので、ここでは簡単にする。

天田郡には古代に和久郷があった。由良川の支流和久川の流域で、縄文時代や弥生時代から人々が住んでいた。とくに和久川の右岸と左岸には、全域にわたって後期古墳が分布している。和久という地名は、高級な絹織物としての綾や錦を作るときに必要な、ワク（籰）からついた地名ともいわれている。丹波国と丹後国からは、調としてさまざまの綾などの絹織物が貢納されていた（『延喜式』）。

和久川の左岸に和久寺という集落があって、近くの棚田に飛鳥時代後期に創建されたとみられる寺跡がある。これが和久寺廃寺である。

寺跡は一町四方あって、平安時代前期まで存続していたことが出土した瓦から推測される。塔心礎とみられる礎石もあって塔が建立されていたこともわかる。天田郡の郡寺とみられるが、寺跡の周辺に下山古墳群や滝山古墳群など、多数の後期古墳が構築されている。このことからみると、地域の氏集団が合力して営んだ寺かもしれない。

船井郡の園部市街地の南方の丘陵では、須恵器生産が盛んで園部窯址群とよんでいる。京都府全域でも、古墳時代に須恵器生産の活発な土地だった。

ぼくは同志社大学に勤務し始めた直後、学生を考古学に馴染ませる手始めとして、丹波での須恵器窯址の分布調査を始めた。これは途中で中断はしたものの、かなりの数の窯址を見つけることができた。

意外なことに園部窯址群に、古墳時代中期にさかのぼる須恵器窯址があった。五世紀後半の須恵器は初期須恵器ともいい、大部分は堺市と和泉市の丘陵地帯にまたがる大阪府南部窯址群（ぼくは陶邑窯址群の名称は使わない）で、集中しておこなわれていた。

この時期に、他の土地で須恵器生産がおこなわれていたことを示す資料は乏しかったし、西日本や東海の各地で、須恵器生産がおこなわれるようになるのは、古墳時代後期になってである（関東ではこの時期にも須恵器生産はおこなわれていない）。だから園部窯址群の灰原（捨て場）で、ぼくの分類でのI型式の須恵器片を初めて見たときは、驚いたのである。

園部での須恵器生産は、古墳時代中期末から始まり、奈良時代までつづき、五つの支群となって約三〇基の窯址が知られている。支群の一つの徳雲寺では埴輪も製作していたとみられる。これらについては『園部垣内古墳』の「歴史的環境」の項で概観した。そののち佛教大学が園部に校地を設けるに当って壺ノ谷窯址を調査し、その結果を『壺ノ谷窯址群・桑ノ内遺跡発掘調査報告書』として二〇〇〇年に刊行された。なお窯の本体は、嵯峨にある佛教大学宗教文化ミュージアムの中庭に移設されている。

大阪府南部窯址群でも須恵器生産に関与した氏については、土師氏ではなさそうだとみられるとはいえ詳しくは知りえない。初期須恵器の系統からみて、朝鮮半島南部の百済や伽耶の地域との関係は強いとみられるが、新羅と高句麗さらに中国系の技術は初期須恵器については関係はあまりなさそうである。

須恵器生産との関係を示すかどうかはわかならないが、丹波国船井郡から送った木簡がある（『平城宮発掘調査出土木簡概報』七）。

「丹波国船井郡出鹿郷曽民里秦人□□米」である。曽民は曽尼ともみられるが、ぼくは曽民とみて蘇民のことだとみている。

ところで郷名の出鹿の読み方である。『延喜式』神名帳の、丹波国船井郡の十座のなかに出石

京都の繁華街で見た民家の蘇民将来の札
（中京区蛸薬師道にて，2010年３月写す）

鹿岾部《いそべ》神社がある。これからみると出石を省略して「出」一字であらわしたのだろうか。「いずししか」を「いずしか」と呼ぶようになったのであろう。

出石といえば、新羅の王子の天日槍《あめのひぼこ》が住みついた土地である。天日槍は最初〝菟道河をさかのぼって近江に入り、若狭をへて但馬に落着く〟のだが、「近江国の鏡村の谷の陶人《すえびと》は天日槍の従者」（垂仁紀）と記されていて注目される。なおここでの新羅は、三国の一国としての新羅か、それとも統一新羅をあらわし朝鮮半島の全域を指すかについては、検討がいる。

秦人が住んでいた出鹿郷に曽民里があった。曽民で想起されるのは、大陸起源とみられる蘇民将来の信仰である。疫病や田畑の害虫除けの信仰で、現在も各地の神社に根強くのこっており、京都市の八坂神社などでは、蘇民将来子孫之門の文字を書いた六角形の木の護符を頒けている。

蘇民将来の信仰は『備後国風土記』逸文に出ていて、粟飯や茅の輪との関係も語られている。曽民里は、このような蘇民信仰とかかわりのある地名とみてよかろう。この木簡によって、船井郡に渡来系の秦人のいたことはわかる。

亀岡市域（旧桑田郡の中枢の地）における主要遺跡と関係地名

桑田郡と盆地内水運

桑田郡と船井郡は淀川水系の上流の大堰川が貫流している（北桑田郡北部と船井郡北部は由良川水系）。何鹿郡や天田川が、日本海に注ぐ由良川の恵みをうけているのにたいして、桑田郡と船井郡は大阪湾、ひいては太平洋へと注ぐ川の水域である。大堰川水系の丹波を口丹波ということもある。

『嵯峨・嵐山・花園・松尾の巻』でふれたように、丹波と山城の境にある保津峡は、近世以前には筏で材木は流せても、舟運はむずかしかった。しかしそれは保津峡での水運であり、亀岡盆地内では舟運は盛んだったとみられる。このことは信濃の天竜川についてもいえる。つまり信濃から遠江まで舟での往来は無理でも、信濃の伊那の地域では舟運は盛んだった。

桑田郡に川人郷《かわむとごう》がある。大堰川左岸の保津町に比定される。保津は『延喜式』木工寮の項にある丹波国滝額津《たきぬつ》とみられる。歩板や柱を桴《いかだ》に組んで、嵯峨の大井津へ流す拠点があった。中世の保津筏師庄である。

保津町では大堰川を見下ろす山腹や山麓に、小型の前方後円墳二基を含む円墳群がある。「亀岡盆地の後期古墳群について」（『京都府の群集墳』所収）を執筆した土井孝則氏は、「水上交通を意識して築かれたとみられる」と述べていて、着眼点が評価される。これらの前方後円墳は川人衆の先祖の長の墓とみてよかろう。すぐ後でふれる丹波国国分寺も大堰川左岸にある。現在の大堰川から国分寺は少し離れているが、旧河道とみられる古川は国分寺のすぐ西側にある。このことは第2章と第6章で述べた千歳車塚古墳についても同じ視点でのぞむ必要がある。

保津は亀岡盆地の東にあって、盆地内水運の東の発着点とみられる。古墳や須恵器窯址の多い園部町は、盆地内水運の北西の発着点であろう。郡名の船井も盆地内水運に関連して生まれたとみられる。『延喜式』神名帳の船井郡十座の第一に船井神社がある。今日の船井神社は八木町船枝にあって、船枝も盆地内水運の要衝だったのであろう。舟に水を供給する井戸が神聖視されたことはときどきある。

『延喜式』神名帳の桑田郡十九座の筆頭に名神大社の出雲神社がある。今日は広い境内をもつ出雲大神宮として亀岡市千歳町に鎮座している。千歳車塚古墳も至近のところにある。

各地からの人々が集まる桑田

桑田郡の郷名には出雲郷はみられないが、山背国愛宕郡に出雲郷があって、八世紀はじめに雲上里と雲下里の二つに分かれていたことは『洛北・上京・山科の巻』で述べた。出雲郷は、今日の御霊神社の周辺にひろがり、出雲臣をなのる多数の出雲人がいた。おそらく桑田郡の出雲も、出雲人の移動にとって大きな拠点だったとみられるが、まだ細かい研究には接していない。

亀岡市の薭田野《ひえだの》町に太田という大字がある。太田の地名は、出雲人の移住でついたところ（例えば奈良県桜井市の太田は昔の出雲荘の一部、纏向遺跡も古くは太田遺跡とよんだ）があるので、地名も研究に手がかりをあたえる。太田には弥生時代の前期から中期の太田遺跡がある。瀬戸内系の土器や、朝鮮の無文式土器の影響をうけたとみられる土器が出土している。

亀岡盆地に他地域からの交流を物語るものとして、石棚と石障《せきしょう》をそなえた横穴式石室がある。その代表例は、大堰川右岸の千代川町拝田にある拝田一六号墳である。

拝田古墳群は拝田集落の北側の山麓にあって、一六基の古墳のうち一六号墳だけが小型（墳長三五メートル）の前方後円墳で、後円部に横穴式石室が開口している。石棚と石障は石（玄）室の奥につけられている。

亀岡盆地には鹿谷《ろくや》古墳や小金岐《こかなげ》古墳、合計すると三基に石棚をそなえた横穴式石室が知られていて、鹿谷古墳は明治時代にイギリス人のゴーランドも踏査していて、早くから特異な石室として注目されていた。

石障は玄室の奥の遺骸安置の場所を仕切った板石のことで、北部九州や中部九州の横穴式石室にある石屋形《いしやかた》から発達したものであろう。石屋形や石障をもつ石室の平面形は正方形に近いことが多く、分布する土地にちなんで肥後型石室ともよばれている。

高野陽子さんは「亀岡盆地における九州系石障を有する群集墳について―南丹市城谷口古墳群を中心に―」(『京都府の群集墳』所収)において、集成し問題点を論じたことがある。

石棚をもつ横穴式石室は、和歌山市の岩橋《いわせ》千塚古墳群でも顕著な発展を示すけれども、岩橋千塚古墳群の石室も広義の九州系ととらえ、亀岡盆地での石棚や石障をもつ横穴式石室を肥後型石室としたのである。

ここで注目されるのは、古墳群を構成する古墳の大部分に肥後型石室が採用されるのではなく、拝田一六号墳でみたように古墳群のなかでの唯一の前方後円墳に採用されている点である。このことから古墳群に示される集団(氏か)の長の奥都城《おくつき》だけが肥後型石室として構築されたとみてよかろう。以上のことからまだ氏の名は割出せないが、亀岡盆地には九州系、それも絞るならば肥後系の氏が移住していたことが推測できる。

隼人司を管掌した中原康富の日記『康富記』には、丹波の太田に隼人司領があって隼人の末裔が住んでいたとみられる。室町時代のことである。隼人は肥後のある中部九州というより、南九州にいた集団ではあるが、九州系の集団の移住の例として参考にはなる。

和銅六年に丹後国ができてから、丹波国は海のない内陸の国になってしまったが、それ以前の古墳時代の丹波国は海にも面し、出雲や肥後など他地域との交流があったのである。大げさにいえば、丹波でも桑田は古墳時代後期になると、小京都として地域にとって都的な賑わいをみせ始めていて、それが奈良時代まで続いたのである。そのことの原因についてはさらに考えねばならない。

亀岡盆地、山国郷と周山廃寺

ここで亀岡盆地の亀岡の地名について説明する必要がある。今日では亀岡市とか亀岡盆地で亀岡は聞きなれた地名ではあるが、明治二年の廃藩置県にさいし、それまでの地名の亀山が伊勢の亀山と混同されるので亀岡に改められた。つまり亀岡の地名は使われ始めてから一四〇年ほど、だから江戸時代には亀山城であり亀山藩であった。

明治一二年に南北の桑田郡に分れるまでは一つの桑田郡で、甕襲《みかそ》のいた桑田村（垂仁紀）が古墳時代の邑であり、のちの桑田郷であろう。現在の亀岡市篠町とみられるが、大堰川右岸の篠町山本には『延喜式』神名帳の桑田郡十九座のなかの桑田神社がある。

篠町にはのちに述べるように篠村八幡宮がある。よく知られているように、足利高（尊）氏が二度にわたって戦勝を祈願した神社であるが、それだけでなくこの地に源氏の所領があり、この地の富や人的資源をも役立てたとぼくはみている。

亀岡盆地の北東の山間部に桑田郡山国郷がある。大堰川上流にあたり、川の南と北に山のせまる文字通りの山国である。川の右（北）岸にも左（南）岸にも後期古墳群が点在し古墳時代には開けていた土地である。

山国郷は皇室との関係が深く、南北朝の動乱のなか光厳《こうごん》上皇は貞治元年（一三六二）に山国に入り、寺としたのが常照皇寺である。上皇はこの地で没し山国陵に葬られた。幽寂な禅寺でぼくの好きな寺である。

山国は江戸時代には皇室領となった。それもあって、明治元年（一八六八）の戊辰戦争にさいして、この地の郷士隊が西園寺公望の率いた山陰道鎮撫隊に加わり、山国隊として名をのこしている。

毎年一〇月二二日の京都の時代祭では、行列の先頭を行くのが勇壮な維新勤皇山国隊である。ぼくの親友だった中世史研究者の仲村研さん（故人）は、山国の中世文書の研究にしばしば出かけ、よく山国の話を聞かせてくれた。そのことが実を結んで一九六八年に学生社から『山国隊』として刊行された。この本はのち中公文庫となり、そのさい「解説―研さんと山国研究」をぼくが書いた。

明治維新の山陰道鎮撫軍には、千歳車塚古墳の西にある馬路《うまじ》からも弓箭隊として参加している。広義の農民兵であるが丹波の潜在的なエネルギーとして注目される。

大堰川は周山で北から流れてきた弓削《ゆげ》川と合流する。この合流点より北東の大堰川流域が山国郷で、弓削川流域が弓削郷である。

弓削郷の下弓削から文久元年（一八六一）に小型の銅鐸が出土している。富岡鉄斎も所蔵したことがあって、梅原末治氏が「下弓削発見の銅鐸」を『京都府史跡勝地調査会報告』第七冊に寄せている。当時、丹波唯一の銅鐸だった。この銅鐸は鈕を欠いており、鐸身の高さ約二一センチで銅鐸の編年としては扁平鈕の袈裟襷文とみられ、弥生時代中期に遡る。

弓削川流域の山麓にも後期の古墳群は点在していて、山国郷とともに、早くから開けた土地である。

弓削の地名については、養老六年（七二二）に伊賀、伊勢、近江、播磨、紀伊の韓鍛冶《からかぬち》や漢人《あやひと》にまじって「丹波国の韓鍛冶首法麻呂・弓削部名麻呂」の名が見える（『続日本紀』）。弓削部名麻呂は弓削郷にいたと推測され、先祖が後期古墳に葬られたのであろう。弓削とは弓を製作する人たちで、丹波ではイヌガヤやイヌマキなど弓の材料となる木が採れたのであろう。

大堰川と弓削川との合流点が周山である。山国の地名と同様に周囲に山のある地形であることを示している。周山は川ぞいの道によって、山城、近江、若狭、丹後と結ばれる陸上交通の要衝である。ずっと以前の夏に、周山《しゅうざん》の松福亭という旅館に泊り、大堰川の鮎を堪能したことがある。ぼくが食べた鮎で一番印象にのこっている。

周山の北方、つまり大堰川と弓削川の合流点の北方の山麓に周山古墳群がある。一二基の古墳からなり、そのうち墳形の分る四基は方墳である。丹後に多い弥生時代後期の方形台状墓の流れをくむとみられ、割石を用いた積石塚風の方墳もあって円筒埴輪を用いている。古墳時代前期の古墳群である。

周山とその周辺では、百基あまりの後期古墳が知られており、富の集まる山村だった。古墳時代中期には、このような山村にも盟主墳の愛宕山《あたごやま》古墳が出現している。一辺二〇メートルほどの方墳だが、木棺に三面の銅鏡、硬玉ヒスイの勾玉四個、瑪瑙の勾玉四個、水晶の勾玉三個をはじめとする、豊富な玉類を副葬していて、この古墳の主が、多方面からの玉を入手していたことがわかる。

周山古墳群のある山麓のすぐ下の周山中学の敷地一帯が、飛鳥時代後期に創建された周山廃寺である。仏教考古学を開拓した石田茂作氏が戦後すぐに調査され、塔跡を含む六基の基壇をのこしている。塔を中心とした伽藍配置で建物の建立には、かなりの年月を要した節がある。この寺の最古の瓦はヤマトの川原寺式の瓦を使っている。

川原寺式の瓦は各地の寺で使われていて、分布と年代からみて壬申の乱で勝利した天武天皇の援助で建立された寺とみられる。

『洛北・上京・山科の巻』でふれたが、大海人皇子（のちの天武天皇）側に出雲人を率いた出雲狛《こま》が加わっている。戦後に出雲臣の姓が与えられ、出雲臣狛の本貫とみられる山背国の愛宕郡の出雲郷に出雲寺を建立した。

このことから出雲狛の率いた出雲人のなかに、桑田郡、さらに絞ると周山の出雲人がいたのではないかと推測できる。なおこの集団も亀岡市千歳町にある式内社の出雲神社（現在は出雲大神宮）を信奉していたかどうかなど問題はのこる。

周山廃寺から「□田部連君足」の篦描きの文字瓦が一点出土している。粟田部もしくは桑田部のいずれかとは推定されるが、断定はできない。寺の建立に合力した者であろう。

大堰川と弓削川の合流地点のすぐ南方の大堰川右岸に、四基の窯と灰原からなる周山窯址がある。四基の窯では須恵器と瓦を焼いていて、「瓦陶兼業窯」といわれている。しかし同時に須恵器と瓦を焼いたのかそれとも別々の時に焼いたかは問題をのこす。

出土した須恵器の最古のものは、ぼくのいうⅣ期前半、すなわち天智天皇の大津宮前後であり、奈良時代前期まで盛んに須恵器生産をしている。なお出土した奈良時代前期の須恵器の壺に「大家□」の三字を箆描きした文字資料があって三字めは器種をあらわす缶《ほとぎ》と判定された。（『丹波周山窯址』京都大学文学部考古学研究室、一九八二）。

穴太（穂）寺と替馬伝説

亀岡盆地で古い仏教説話をもつ寺に穴太寺《あなおじ》がある。寺伝では慶雲二年（七〇五）に大伴古麿が開いたとされている。大堰川右岸の曾我部町にある。ソガベは『和名抄』の丹波国桑田郡の宗我部郷からつづく地名である。穴太寺の門前には南のほうへ直線で延びる道路があって、門前町のような景観を呈している。丹波の寺のなかで今日も賑わいのある第一の寺といってよかろう。

穴太寺の福給会
（2010年１月３日，深萱眞穂氏撮影）

穴太寺では毎年一月三日に福給会《ふくたまえ》の祭事がおこなわれる。本堂の前にこしらえた櫓の上から僧が三〇〇〇枚の福札をまく。参詣者は三枚だけ混じる赤福という札を手にいれようと競いあう。いつ頃からおこなわれている祭事かは別にして、

穴太寺の本堂

丹波路では一つの歳時記になっている。

穴太寺の仏教説話とは『扶桑略記』が応和二年（九六二）のこととしてのせている。以下、要約する。

〃丹波国桑田郡の宇治宿禰宮成が、婦女に勧めて菩提寺を造った。穴穂寺の観音像である。京洛に仏工人（仏師）を求めると、沙弥感世がやってきた。感世は毎日法華経を読みながら仕事をし、金色の観音像ができた。その功にむくいるため宮成は物を施した。

宮成は本性が猛悪だった。大江山（山陰道の丹波と山城の間にあって大枝山ともいう。老ノ坂あたり）にひそかに隠れ、仏工感世を射殺し禄物を奪い取って帰宅した。次の日に寺に詣って新造の観音を拝した。すると、前の日に自分が放った矢が、観音像の胸に立ち赤い血が流れていた。仏の顔は泣いているように見えた。使いを出して確かめると仏工は無事に京に帰っていた。悔い改めた宮成は新たに、仏工に禄物を与えた。この像は今もある。以上は穴穂寺縁起より。〃

これと似た話が『今昔物語集』巻第一六に「丹波国郡司、観音像を造る語」としておさめられている。粗筋を述べる。ここでは主人公を丹波国郡司としていて、氏名は記していない。さらに仏師が郡司からもらったのは馬になっていて、その馬を郡司の郎等が「篠村ト云フ所」の栗林で待伏せて、仏師を射殺して馬を郡司が取り戻した。しばらくして郡司が郎等を京の仏師の家へ様子を見にやると、仏師も馬も元気でいるではないか。郎等は奇異に思って、郡司のところへ急いで帰った。郡司は郎等から話を聞いて厩に行ってみた。すると馬がいない。郡司は懺悔のため観音のところへ行った。すると観音の胸に箭が射立って血が流れている。これを見て郎等たちと五体を地に投げ音をあげて泣き悲しんだ。そのあと郡司も郎等も僧となって山寺で修業をした。

この『今昔物語集』では、馬が重要な役割を果たしていて、『日本書紀』が雄略天皇九年に河内国からの報告としてあげている替馬伝説と酷似している。渡来系の田辺史伯孫が誉田陵（誉田山古墳、応神陵）のほとりで出会った赤馬に騎る人と馬を取り替えた。次の日に厩へいくと土馬（埴輪の馬）が立っていた。誉田陵へ行ってみると自分の馬が土馬の間にいたという。

雄略紀の替馬伝説を『今昔物語集』が取りいれたとみられる。それと郡司の郎等が仏師を待伏せたのが「篠村」になっている。篠村についてはあとでもふれる。

穴太寺の観音の霊験話は、以上のほか『元亨釈書』、『伊呂波字類抄』、『拾芥抄』にも見え、よく知られた観音の霊験記だった。なお穴太寺の木彫の聖観音立像は盗難にあって行方不明である。

弘安七年（一二八四）に、一遍は丹後の久美浜へ行く途中に穴太寺に滞在している。『一遍上人絵伝』では瓦葺の本堂と鐘楼が描かれていて、お堂の内に一遍らの一行が請じられている様子も示されている。

穴太寺の北方四・五キロの亀岡市千代川町に、丹波の国府だったと推定される千代川遺跡があ

丹波国分寺の山門（塔跡はこの右手にある）

る。大堰川左岸の山麓下の平地にあって、川をはさんで後に述べる丹波の国分寺や国分尼寺址がある。千代川遺跡の北方至近の地に前述した拝田古墳群があり、古墳群の末裔氏族が国府の誘致に関与したことも考えられる。

千代川遺跡では一〇数次の調査がおこなわれ、多数の掘立柱建物跡と「承和七年三月廿五日」と記された木簡や「福敷」「平貴」の墨書土器などが出土していて、ここに初期の丹波国府があったとみられている。

千代川遺跡内の北西部に桑廃寺とよばれる寺跡があり、飛鳥時代後期の創建を示す単弁八葉蓮華文の丸瓦と、重弧文の平瓦が出土している。

桑寺は伝承上の寺名であるが、郡の名をつけた桑田寺でなかったかと推測できる。国府の隣接地にあることから考え、郡寺としての桑田寺が併設されていたのであろう。ことによると千代川遺跡は、最初は桑田の郡衙だったのかも知れない。

亀岡市千歳町国分の山麓下の平地に丹波国分寺がある。無住の寺ではあるが、創建時の主要建物のあった土地に今も本堂があり、本堂の南側に「丹波国分寺」の札を柱に掲げた山門が建っている。塔跡は山門のすぐ東に基壇があって、心礎を含む一七個の礎石がのこっている。元の伽藍の場所に国分寺の名をつぐ寺があるのは全国的にも珍しい。なお本堂と山門は江戸時代の安永年間の建物である。

創建時の瓦は、奈良の唐招提寺と同型の忍冬唐草文丸瓦であり、この寺が官寺だったことを示している。

国分寺に平安時代後期に作られた木造の薬師如来坐像が伝わり、収蔵庫におさめられている。二〇一〇年一月に深萱真穂氏の手配で、寺の総代さんをわずわらせて拝観できた。均整のとれた作品で、この時期ごろまで国分寺は寺勢を保っていたとみられる。

収蔵庫には、木造の行基菩薩の坐像も置かれている。彩色はかなり剥げてはいるものの、平安時代後期の作品で、行基の像としては古く、しかも写実的である。行基が人々を率いて、民衆仏教のリーダーだったのは、国分寺造営の始まるよりも前だったから、どうして丹波の国分寺に行基像があるのか、さらに調べる必

丹波国分寺が伝える行基の坐像
（深萱真穂氏撮影）

要がある。

国分寺の西約四〇〇メートルの河原林町河原尻に御上人林廃寺がある。国分寺は東に、御上人林廃寺は西に整然と並んで配置されていて、御上人林廃寺が丹波の国分尼寺と推定されている。

国分寺も国分尼寺も、大堰川左岸より少し離れているけれども、昔の大堰川の流路とみられる古川は、国分寺や国分尼寺に近く、河川交通との関係が推測される。なお『嵯峨・嵐山・花園・松尾の巻』で述べた丹波国桑田郡の阿多古神社（今日は愛宕神社）は、国分寺の東南東至近の山麓にあることも留意しておいてよかろう。

国分寺の東方の山腹から山麓にかけて、約五〇基からなる国分古墳群がある。古墳時代後期から終末期におよんで形成された。

山麓でも平地に近くある四五号墳は、墳丘斜面に列石を並べ八角形にしようとしている。他の古墳が円墳であるのに、この古墳群形成の最終段階に八角墳のあることは注意しておいてよい。なおこの古墳も、他の古墳と同じく横穴式石室を採用している。

八角墳はヤマトの大王陵が七世紀にしばしば採用している。山背の山科の御廟野古墳（天智陵）の墳丘も、上八角下方で八角墳の一種とみてよかろう。

八角墳は畿内の大王陵のほかにも、甲斐や上野などで終末期に採用されていて、大王陵だけに限ることはできないが、特殊な墳形であることには変わりない。

国分寺古墳群の八角墳（四五号墳）は七世紀後半とみられ、国分寺の建立までに一世紀近くの隔たりはあるけれども、八角墳と国分寺の東端まで約三〇〇メートルの距離であり、国分寺建立に国分寺古墳群の末裔が何らかの役割を果たしたとみられる。

篠窯址群と篠村八幡宮

亀岡盆地は以上見たように、古墳時代後期の古墳群（群集墳）が盆地の周辺山麓のいたるところで構築されていて、奈良時代になると丹波の国府、国分寺、国分尼寺も建てられた。

亀岡盆地は古代の行政では桑田郡であり、桑田の地名が示すように桑の植栽が盛んだったのであろう。穴太寺を穴穂寺ともいうのは、桑の木にできた穴（洞）に稲の穂が生えたという奇瑞からついたという寺伝がある。これも桑田らしい伝承とみてよかろう。

亀岡市東部の篠町は、垂仁紀の甕襲《みかそ》の話にでている桑田村の地で、律令体制下の桑田郷があったともみられる。

篠村は、京から山陰道を西へとり、老ノ坂をこして丹波へ入った最初の村である。この場合の村は江戸時代の農村の村ではなく、古代の邑つまり賑わいのある交通の要衝であった。

篠村は先に引いた『今昔物語集』の、穴太寺の観音霊験記にも出ているし、弘安七年（一二八四）に一遍上人が、丹後の久美浜を目指しての旅のはじめに「林下に草のまくらをむすび、叢辺に苔のむしろをまふけ」て野宿したのが篠村である。篠村では翌日に穴生より身なりのよくない男が七、八人迎えにきたので穴太寺へ行き滞在している（『一遍聖絵』）。

『宇治拾遺物語』の二番めが「丹波国篠村平茸生事」である。この話では篠村では平茸がよくとれたことと、大勢の法師のいたことなどが語られている。

篠村八幡宮の北方の小高い台地上に、奈良時代から平安時代にかけての瓦の出土した観音芝と

篠村八幡宮

いう土地があって、古代の寺跡と推定される。観音芝廃寺とよばれているが篠村廃寺でもよかろう。

篠村の王子、篠、森にかけての山麓一帯に約一〇〇基の須恵器や瓦の窯址があると推定され、篠窯址群とよばれている。大部分が登窯《のぼりがま》である。奈良時代から平安時代中期までの窯址である。とくに昭和二九年に発掘された三軒家瓦窯址は、京都市上京区の法成寺へ瓦を供給していたことで知られている。この瓦は同志社大学歴史資料館に陳列している。また先にあげた観音芝（篠村）廃寺にも供給されている。法成寺については『洛北・上京・山科の巻』でふれたように、藤原道長が建立した寺である。

藤原道長が建立した寺へ瓦を供給したといっても、直接に藤原道長がこの瓦窯を掌握していたのではなく、丹波国の国司が、摂政の藤原道長の法成寺の建立に合力したのであろう。

篠窯址群の黒岩一号窯址では、小規模な平面三角形の窯で平安時代の緑釉陶器をも生産している。平安貴族が愛用した陶器で、これも丹波国の国司が生産を掌握していたのであろう。

緑釉陶器は洛北窯址群の本山窯址で平安時代前期に製作していて、ぼくも調査に参加し、これも同志社大学歴史資料館に陳列している。

緑釉陶器は、京都市西京区石作町や小塩町にまたがる大原野窯址群でも生産している。平安時代中期のもので、黒岩一号窯とほぼ同時期の操業である。

このように篠窯址群は、丹波の国府と関連しての生産とみられ、国府が亀岡盆地北端の八木町（元の船井郡）北屋賀に移転するころから窯業生産が下火となる。

篠村で忘れることのできないのは篠村八幡宮である。平安時代にこの八幡宮がどのようであったかは詳しくはわからない。篠村は京都からみると丹波国との交易の要衝であり、この地に京都の貴族たちが拠点をもっていたとみられ、源氏（源頼義か）も庄をもっていたとみられる。といっても篠村全域を支配していたのではなく平重衡の所領もあった。

河内守をしていた源頼信が、誉田山古墳の後円部に祠られていた八幡権現にたいして、長文の祭文を奉ったことは『北野・紫野・洛中の巻』で述べた。この祭文では、八幡権現である誉田天皇（応神）を源氏の二二代前の祖としての血脈を述べている。頼信の長男が頼義で、篠村八幡宮の社伝（寄進状が伝わる）では頼義が篠村庄を寄進し、河内の誉田八幡宮の分霊を勧請したという。頼義の長男が、東北での前九年の役と後三年の役を戦った義家で、その流れから足利高（尊）氏が現れた。足利は本貫のあった足利庄の足利を氏名としたのである。

足利高氏は鎌倉幕府に属し、元弘三年（一三三三）には伯耆の船上山で、反北条の兵をあげた後醍醐天皇を討つため、京都から山陰道を北上した。篠村に至ったとき反意を明らかにし八幡宮に願文を捧げ六波羅探題を滅ぼし、ひいては鎌倉幕府をも滅亡させた。この願文は篠村八幡宮に伝えられている。

このように丹波国は鎌倉幕府を倒し、南北朝の動乱期をへて室町時代を生みだす始動の土地となるのである。高氏の挙兵のさいに丹波の武士たちが、どの程度参加したかなどは調べてはいないが、丹波の潜在的な力がこの地で高氏に挙兵を決意させたのであろう。高氏はその功によって後醍醐天皇の諱、尊治から一字をもらい尊氏に改めたのである。

第8章　山城の外港、山崎津

長岡京や平安京にとっての山崎津

未完の宮都だった長岡京（宮とも書かれた）址は、今日の向日市と長岡京市を中心に大山崎町と京都市右京区におよんでいた。律令時代の乙訓郡の平地の大半が、長岡京に取りこまれたのである。

長岡京の研究は戦後に始まった。京内の住人だった中山修一氏（故人）の献身的な努力で、やがて公的機関も発掘を進めるようになり、数多くの成果が蓄積されるようになった。

このようにして長岡京の研究は、考古学や古代史学からは重くみられていて、すでに数多くの書物となって発掘成果が紹介されている。それもあって本書では重複を避けようと思う。

ぼくが長岡京について多くを書こうとしないのは、それだけの理由ではない。長岡京の建設が、その後の乙訓地域の発達に寄与した点を見出しにくいからでもある。

あえて今日まで恩恵をうけているとみられるのは、長岡京の地名である。昭和四七年に、それまでの長岡町が市制を施行したのが長岡京市である。このように長岡京の名称が現代の市の名になっていることは一つの遺産とみてよかろう。

延暦三年（七八四）五月一六日に、桓武天皇は藤原朝臣小黒麻呂や藤原朝臣種継らを「山背国《やましろ》に遣《つか》わし乙訓郡長岡村の地を相《み》せしむ。都を遷《うつ》さんがためなり」とある（『続日本紀』）。長岡京建設の始りである。

ここで注意したいことがある。八世紀後半の行政区分は国郡郷制であった。それなのに郷を用いず「長岡村」にしている。この場合の長岡村は長岡郷と同じではなく、長岡京の北辺に東西に連なる向日丘陵の広範な土地をいったのであり、長岡郷・鞆岡郷・長井郷などを含んでいた。

このように長岡とは、丘陵の連続する地形から自然に生まれた地名と推定される。この場合の村は江戸時代のように一つの農村を指すのではなく、複数の郷にまたがる土地をいったとみられる。このことについては前に述べたことがある（「ムラと村について」『山野河海の列島史』所収）。

長岡京は水陸の便のよさがあった。山城の北西端に位置するが、丹波へと向う丹波道（古山陰道）と、摂津をへて西国へ通じる西国街道の起点、もしくは通過地点である。ぼくが重視しているのは、桂川が宇治川や木津川と合し、一本の淀川となる三川合流地点のすぐ北方、細かくみると桂川の右岸に、数十年前までは、えあれ沼と称した沼地形があった。今日は埋立てられ物流拠点となっている。

すでに第1章でもふれたが、えあれ沼は川のほとりにあって、古代には潟地形だったとみられる。このような地形に手を加えると舟溜りとなり、ひいてはその近傍は格好の津となった、と推測される。

えあれ沼の北東に接するようにして、弥生時代と古墳時代の大きな集落があったとみられる、下植野南遺跡がある。川港の先駆的な役割をもっていたとみられる。継体天皇の弟国宮とえあれ沼との関係については第2章で述べた。山崎津は、えあれ沼の三方（南を除く）に津にともなう施設や町家が密集していたのであろう。

山崎津は長岡京にとって物資を陸揚げする重要な港（津）であったし、その役割は平安京の時代にも受けつがれ、京都と神戸間の鉄道が開通する明治一〇年ごろまで、その機能がつづくのである。

山崎の油売りレプリカ
（大山崎町歴史資料館の壁面）

山崎津の賑い

山崎津は前方（南）に桂川が流れ、背後（北）に天王山の山塊がせまっているため、道路や人家に利用できる空間は狭隘である。

この狭い平地に人家が密集し、さらに山陽道の山崎駅、行基が建立した山崎院や平安時代前期に建立された相応寺、山崎院はのちに述べるように、山崎橋の管理と運営を担当していた。平安時代になると嵯峨天皇の離宮である河陽《かや》離宮、その跡地にできたとみられる離宮八幡宮などが集まっていた。

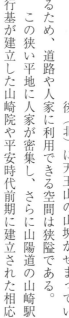

このように人家などが密集していたため、しばしば火災にあうことがあった。斉衡二年（八五五）一〇月一八日に「山崎津頭失火、三百余家延焼」している（『文徳実録』）。津頭とは渡し場のある港町のことであろう。さらに仁和二年（八八六）二月二〇日にも「山城国山崎津頭失火し延びて居民の廬舎数十宇を焼く」とある（『三代実録』）。江戸時代末の元治二年（一八六五）の禁門の変でも、幕府軍が敗走する長州軍と戦い寺や人家が焼失している。

山崎津にあった民家のなかには、酒家（酒造業）を営むものがあった（『日本後紀』大同六年九月二三日条）。承平五年（九三五）に任国の土佐から船出した紀貫之は、淀川をさかのぼって山崎で下船している。このとき山崎の橋と相応寺はあった。絵のある小櫃や、まがり餅を商う店もあった。（『土佐日記』）。小櫃もまがり餅も、石清水への参詣者が求めたもののようである。

平安時代後期には、石清水八幡宮の神人《じにん》たちが西日本各地の荏胡麻《えごま》を集め、油造りを営みだした。荏胡麻は縄文時代から漆器製作にさいして、漆の混和剤として珍重されだし、荏は古くからの有用植物である。奈良時代には荏油は正倉院文書にでているし、『延喜式』には中男作物や交易雑物としてあらわれている。

河陽宮の故地とみられる離宮八幡宮

大山崎では山城国府の発掘にともなって、油搾りの装置とみられる根械《ねかせ》の遺構が発掘されている。なおここで山城国府というのは、嵯峨天皇の河陽宮（離宮）の跡地に貞観三年（八六一）に設けられた。ただし短期間で役割は終ったようである。それと河陽宮とは、石清水八幡宮のある男山から見ると、山崎が大河の陽（北）にあることからの命名である。

鎌倉時代の絵巻物の傑作『信貴山縁起絵巻』の飛倉の巻には、校倉《あぜくら》の持主としての長者が描かれ、屋敷のなかに油搾りの装置とみられる絵もあって、当時有名だった山崎の油商人を『信貴山縁起絵巻』では登場人物としたとみられる。

正治二年（一二〇〇）一二月二三日に、水無瀬（大阪府三島郡島本町）へ向った歌人の藤原定家は、山崎油売小屋に泊っている（『明月記』）。油商人の家は、京都の貴族の屋敷にくらべると庭もなく、小屋と書いたのであろう。

離宮八幡宮の成立の歴史は、まだよくわからないが河陽離宮の跡地であることによって、社名となったのである。境内に古代の寺の心礎が置かれているのは、後に述べる道昭の建立した寺（名称不明）、あるいは相応寺に関する遺物かとみられる。心礎の構造からは、道昭建立の寺が想定される。後世に手水鉢に転用されたらしく、柱穴は改変されていた。

中世の大山崎神人は、荏胡麻の購入と、荏胡麻油販売の独占権をもち、離宮八幡宮に所属していた。

司馬遼太郎さんの『国盗物語』の主人公でのちに美濃国主となった斎藤道三も、元は大山崎の油商人と伝えられている。先日この神社へ詣ったとき、社務所で荏胡麻の油を頒けていたので購入した。原料の荏胡麻は今は愛知から入手しているそうである。

神社の近くに、荏胡麻の油であげる天婦羅を食べさせる三笑亭のあることは前々から聞いていたので、食してみた。荏胡麻油ばかりを使うと天婦羅があげにくいので、今では他の油に混ぜて使っているそうである。この日は四月だったので、タケノコ料理がとても旨かった。そのあと駅前の小さなホテルに泊った。物流会社へ勤める大勢の中国人が利用していて、一晩中騒がしかった。でも現代の大山崎を味わえたのが面白かった。

行基が造った山崎橋と寺

行基の前半期は、和泉・河内・摂津・ヤマトで民衆仏教ともいうべき活動をおこなった。山城でも『嵯峨・嵐山・花園・松尾の巻』で述べたように、嵐山に大井院を建立した。桂川に架かる橋（仮称大井橋）に付随する寺である。同様のことは南山城の木津（泉）川に架けた、泉の大橋のたもとに建立した泉橋寺にもうかがえる。

『行基年譜』によると、神亀二年（七二五）に〝弟子を率いての修行の途中、山崎川に至り河中に大きな柱を見た。村人のなかにこの柱のことを覚えている人がいた。昔、船大徳が渡した（橋の）柱だという。そこで行基も山崎橋を造った〟。

船大徳とは道昭のことである。河内国丹比郡の船氏の出で、入唐の経歴もあり、『宇治・筒木・相楽の巻』で、ふれたように宇治橋を再建したことは名高い。

文武天皇四年（七〇〇）に亡くなったとき『続日本紀』は卒伝を載せている。そのなかに「天下に周遊して路傍に井を穿《うが》ち、諸の津済の処に船を儲けて橋を造る」とある。

道昭も行基も百済系の家の出で、道昭のほうが三九歳年上である。行基が社会事業に奔走したのは、道昭の影響をうけたといわれている。ところが行基の活動は『行基年譜』などで詳しく伝えられているのにたいして、道昭の社会事業をまとめた史料はなく、断片的に宇治橋や山崎橋の架橋がわかる程度である。

道昭が山崎に橋を架けてから半世紀ほどで朽ちて、橋脚だけをのこしていた。木造の橋の宿命である。行基は山崎橋を架け直し、六年のちの天平三年（七三一）に山崎院を建立した。

八世紀に桂川のほとりに橋頭郷《はしもと》があった。山崎橋の南岸の男山の麓にも、橋本（八幡市）の地名が古くからあって、山崎橋の位置の見当がつく。

山崎津があったと推定される、えあれ沼の西南約五〇〇メートルに、山崎側の橋のたもとがあり、その北方に接するように山崎院があったとみられる。

行基は山崎橋を架けた二年のちに、和泉国大鳥郡大野村（現在は堺市中区土塔町）に大野寺を建立した。大野寺は通常の伽藍をもつのではなく、造山としての土塔を核とした寺である。土塔の外見は大きな方墳であるが、地名が示すように土の塔である。この土塔の表面を瓦で葺いていて、その瓦に大野寺建立に合力した人たちの名が篦《へら》で刻まれていることは名高い。ぼくは戦後すぐに開墾中の土塔に足を運び、文字瓦の研究をしたことがある（『僕は考古学に鍛えられた』）。

山崎院の人名瓦

山崎院跡から多数の人名瓦が出土している。出土枚数の多いのは、大山崎の小字龍光と小字上ノ田である。山崎院の主要な建物があった個所とみてよい。

行基が建立にかかわった四九の寺のうち、人名瓦が出土するのは和泉の大野寺と山背の山崎院だけである。

阪急京都線の大山崎駅の近くに大山崎町歴史資料館があって、山崎院出土の文字瓦が陳列してある。ぼくの第一印象は、大野寺の土塔の人名瓦の文字にくらべると、山崎院の人名瓦の文字は全体に大きく書いている。また僧と一般人が造瓦、ひいては寺の建立に参加（合力）していることは大野寺も山崎院も同じだが、両方の寺の造立に参加したとみられる者は、今のところ見当たらない。

山崎院の人名瓦で氏と名の揃った例は多くない。ぼくが注目したのは、六人部《むとべ》連宇麻□《呂か》・佐為《さい》宿禰手子（佐為手子もある）・乙麻呂孫葉栗足鳥□の三点である。

六人部連は、『新撰姓氏録』山城国神別の項に「火明命《ほのあかりのみこと》之後也」とある。火明命は『日本書紀』によると、ニニギ尊とコノハナサクヤ姫との間に生まれ、「是尾張連等始祖」とある。乙訓郡に尾張氏系の氏の多いことは第一章でも述べたが六人部連もその例である。

向日市の向日丘陵南端に、『延喜式』神名帳の乙訓郡の一九座の一つに向神社がある。今日の向日神社のことである。古くから地域の信仰を集めた神社であるが、この神社の神主が代々六人部氏であることは有名である。いずれにしても六人部連は、古代から乙訓にいた豪族とみてよかろう。

佐為宿禰も『新撰姓氏録』の山城国神別の項に見える。宇治宿禰と同じ「饒速日尊《にぎはやひのみこと》六世孫伊香我色雄之後也」とある。ニギハヤヒは神武東遷より前に近畿入りを果たしのち物部氏となる名族である。これも山城の豪族とみてよかろう。

葉栗は羽栗と表記することもある。宝亀七年（七七六）八月に「山背国乙訓郡の人外従五位下羽栗翼に姓と臣を賜う」とある（『続日本紀』）。『新撰姓氏録』の山城国皇別の項に「葉栗　小野朝臣同祖、彦国葺命之後也」とあるから和爾系諸族の一氏である。彦国葺は武埴安彦との戦いで、崇神天皇側に加わって勝利している。以上あげたほか、秦遠波をはじめ秦氏が散見するのは山城の秦氏であろう。

ところで人名を刻んだ瓦は、山崎院のどの建物に使われたのであろうか。『大山崎町埋蔵文化財調査報告書』第二五集の「文字陰刻瓦」の項で寺嶋千春氏は、粗製品が多いことを指摘し「実

離宮八幡宮にのこる塔心礎（道昭の山崎寺のものか）

用に耐えられるかと、首をひねりたくなるものが多い。しかし、出土状況から考えると一定の期間使用されていたと考えるほかない」と述べている。

ぼくの思いつきにすぎないが、山崎院にも建造物のほか小規模な土塔があったのではないか。土塔の表面を葺く瓦なら多少の粗悪品でも使用できる。山崎は利用のできる土地は狭く、不要になったものは次々に撤去される運命にあった。もしそうなら行基は相次いで二つの土塔を造ったことになる。

行基以前の山崎の寺

行基の山崎院と同じ場所に、天武・持統朝のころに建立されたとみられる寺のあった形跡がある。

この寺は、行基の山崎院より立派だったらしく、出土する瓦がその頃の大伽藍の建物に用いられた大きさであり、かつ製作が丁寧なこと、塑像の破片が多数出土していて、半丈六ないし丈六（坐像か）の菩薩像がもと安置されていたとみられること、さらに彩色壁画の断片が出土していることなどが、発掘によって判明している。

前に引いた『大山崎町埋蔵文化財調査報告書』第二五集では、壁画を除く以上あげた諸点から

「行基建立の山崎院に先行する寺院の存在が想定される」とし、「道昭との関わりのもとに創建された可能性を示唆する」と述べている（壁画は行基の山崎院のものとみているが、古く考えてもよかろう）。

このように行基の山崎院の場所には、七世紀に道昭が建立した可能性の強い仮称山崎寺のあったことが、大山崎遺跡群の継続発掘によって明らかとなってきた。

ここで大山崎遺跡群というのは、行基の山崎院跡、山崎駅跡、山崎橋跡、山崎津にともなう港の施設や町家跡、相応寺跡、山崎国府跡などを包括したものである。複合遺跡として発掘にかからねばならないほど、同じ土地が頻繁に再利用されて遺構の重複が生じているのである。このことも大山崎が今日まで続いてきた土地の歴史を如実に物語っている。

大山崎のことを書いて、六冊にわたっての『京都の歴史を足元からさぐる』を終る。

あとがき

『京都の歴史を足元からさぐる』の六冊めの『丹後・丹波・乙訓の巻』が難産のすえ出来た。この巻は、当初は予定していなかったが、京都の地域学のためにぜひ必要と考え、ぼくとしてはかなり無理を重ねて挑戦した。

第5章の弥生時代を丹波在住の高野陽子さん、第6章の古墳時代を丹後在住の三浦到君に執筆を依頼し、二人からは長年の蓄積をぶっつけてもらえた。この二章はそれぞれ独立した著作としても読みごたえがあるだろう。なお今回は頁数が予定をこえたこともあって巻末の索引はつけなかった。

この書物の執筆には、先人の業績、とくに京都府教育委員会や京都府埋蔵文化財調査研究センターをはじめ、各地方自治体の多くの刊行物を参考にした。できるだけ出典は示したつもりだが、それらからの恩恵は大きかった。これらの書物も十月二日に愛知県春日井市に開設が予定されている、森浩一文庫に順次備える用意をしている。
読者へのお願い。このシリーズは折にふれて読み返してほしい。一回限りの読み捨ての本にならず、座右にのこる本になれば著者として冥利につきる。

二〇一〇年六月一五日

森　浩　一

［著者略歴］

森　浩一（もり　こういち）

一九二八年大阪府生まれ。同志社大学大学院修士課程修了。考古学者。同志社大学名誉教授。和泉黄金塚古墳の発掘調査など多くの遺跡を調査。学生のころから、古代学を提唱。

二〇一三年逝去。

主な著編書は『京都の歴史を足元からさぐる［洛東の巻］、［洛北・上京・山科の巻］、［北野・紫野・洛中の巻］、［嵯峨・嵐山・花園・松尾の巻］、［宇治・筒木・相楽の巻］』、『対論　銅鐸』、『対論　日本人の考古学』、『三輪山の考古学』、『三世紀の考古学』、『唐古・鍵遺跡の考古学』、『古代史を解くキーワード』、『「東海学」事始め』（以上学生社）、『山野河海の列島史』、『僕の古代史発掘』、『記紀の考古学』、『食の体験文化史』、『考古学と古代日本』、『古代史おさらい帖』、『日本の深層文化』、『倭人伝を読みなおす』など多数。

高野陽子（たかの　ようこ）

一九六五年京都府生まれ。同志社大学大学院修士課程修了。現在、（公財）京都府埋蔵文化財調査研究センター勤務。

三浦　到（みうら　いたる）

一九四八年京都府生まれ。同志社大学文学部卒業。元・京丹後市立丹後古代の里資料館館長。

本書は2010年9月に刊行した初版の
新装版として刊行するものである。

2010年9月10日　初版発行
2019年3月25日　新装版発行

【新装版】
京都の歴史を足元からさぐる
［丹後・丹波・乙訓の巻］

著　者　森《もり》　浩《こう》一《いち》
　　　　高《たか》野《の》陽《よう》子《こ》
　　　　三《み》浦《うら》　到《いたる》

発行者　宮田哲男

発行所　株式会社　学生社
〒102-0071　東京都千代田区富士見2-6-9
TEL 03-6261-1474／FAX 03-6261-1475
印刷・製本／株式会社ティーケー出版印刷

ISBN 978-4-311-80106-8　C0021
N.D.C.216　384p　19cm